KB104691

팬덤의
시대

개인과 사회를 움직이는 소속감의 심리학

팬덤의 시대

마이클 본드 지음

강동혁 옮김

FANS

Michael Bond

어크로스

추천의 말

마이클 본드의 《팬덤의 시대》를 읽고 나면 이 책의 광범위한 연구와 아름다운 서술 덕분에 팬이 된다는 것이 어떤 의미인지 더 잘 이해하게 될 것이다. 연결, 외로움, 소속감은 사람들에게 인정받는 팬덤(예를 들어 〈스타 트렉〉 팬덤)부터 사람들에게 거부당하는 팬덤(예를 들어 대량 학살범의 팬덤)에 이르기까지 우리가 만나는 모든 팬덤에서 공통적으로 나타나는 주제이다. 팬덤의 가장 깊은 곳에 있는 사람들이 서로를 대하는 태도를 보면 여러분과 다르지 않다. 그들은 커뮤니티의 일원이 되고 싶은 이들이다. 더 많은 것을 알고 싶다면 이 책의 팬이 되어 이 책을 읽어보라.

— 〈라우더 댄 워〉

마이클 본드의 설명에 따르면 변화한 것은 소통이다. 19세기의 팬들은 서로 소통할 수 있는 방법이 거의 없었고, 20세기 초에 이르러서야 잡지 및 최근의 온라인 토론 포럼 등을 통해 팬덤이 자체적인 소통의 중심을 확보하게 되었다. 21세기는 커뮤니케이션의 발전으로 인해 관심사(특정 작가의 작품이든, 취미이든, 프랑스 영화에 대한 심취이든)로 뭉치는 커뮤니티가 직접적인 대면을 바탕으로 한 커뮤니티보다 훨씬 더 중요해지고 있다.

우리가 보고 있는 것은 '팬덤의 부상'이 아니라 우리 안에서 경쟁하는 다른 정체성들의 쇠퇴이다. 특정 공간에서 생활하는 것이 점점 더 의미가 없어지고 원격 근무를 하는 사람들이 많아지면서 우리의 관심사와 취미, 즉 팬덤은 우리 삶에서 더욱 큰 역할을 하게 될 것이다.

— 〈파이낸셜 타임스〉

마이클 본드는 "팬심은 집단적 충동"이라고 말한다. 책의 부제에서 알 수 있듯이 그는 사람들의 삶에 의미와 목적을 부여하는 공유된 경험으로서의 팬덤에 관심을 갖는다. 이 책에서 그는 온라인 모임과 컨벤션에 참여하고, 수집가, 코스플레이어, 팬진 작가, '학자 팬'(어린 시절의 열정을 학문의 주제로 삼은 연구자)과 대화를 나누며 그들이 소속된 팬덤의 형태에 대해 이해하려고 노력한다.

《팬덤의 시대》는 사회심리학자 앙리 타지펠이 개척한 사회적 정체성 이론의 프레임에서 팬덤을 바라보는 것으로 시작한다. 1960년대 후반에 수행된 타지펠의 실험에 따르면 사람들이 자신을 다른 이들과 구분하고 자신이 속한 집단의 구성원을 선호하기 위해서는 아주 작은 자극만 있으면 된다. 집단 정체성은 사회생활에서 피할 수 없는 사실이며, 우리가 세상에서 자신을 위치 짓는 핵심적인 방법 중 하나이다. 본드에 따르면 팬덤은 집단 내 정체성이 꼭 집단 외부에 대한 편협함으로 이어질 필요가 없다는 걸 보여준다. 팬덤은 "폐해가 적은 종족주의의 즐거움"을 제공한다는 것이다.

— 〈타임스 리터러리 서플먼트〉

열정 때문에 고통받는 모든 곳의 모든 팬을 위하여

차례

1장

우리에게
팬덤이란

무언가를 아주 많이 좋아하면
그것을 공유하고 싶어지고, 사람들에게
다가가서 이야기하고 싶어진다.

나는 예전에 런던 중심부의 한 도서관에서 하루를 보내곤 했다.[1]
그 시절에는 버스 정류장에서 걸어가다 보면 피카딜리 워터스톤
서점 본점에서 시작해 저민 스트리트를 빙 두른 뒤 언덕을 따라 내
려가 세인트 제임스 광장으로 이어지는, 몇백 명이나 되는 흥분한
어린이 무리를 뚫고 가야 할 때가 있었다. 그중 많은 아이들이 딴
세상 캐릭터 복장을 하고 있었다. 그들은 마치 조만간 자신들의 삶
을 영원히 바꿀 어떤 일이 일어날 것처럼 행동했다. 그리고 실제로
그렇게 되었다. 몇 시간 후, 이렇게 조금씩 이동해 서점에 몰려든
그들은《해리 포터》시리즈 최근작을 손에 넣은 세계 최초의 어린
이가 되었다.

J. K. 롤링이 만들어낸 이 소년 마법사는 많은 사람들을 끌어모은

상상 속 영웅으로서 역사상 처음이 아니다. 거의 2세기 전에도 찰스 디킨스의 연재소설을 좋아하는 팬들은 신문 가판대와 도서관에서 최신 작품을 구입하고 빌리기 위해 몇 시간 동안 줄을 섰다. 그가 사람들 앞에서 작품을 낭독하는 걸 들으려고 몇천 명이 모여들기도 했다. 마지막 편이 4만 부라는 놀라운 판매고를 올린《픽윅 클럽 여행기》의 성공 이후 디킨스는 문학계 최초로, 말 그대로 유명인이 되었다. 1928년 그의 아들 헨리는 "런던 거리를 아버지와 함께 걷는다는 것은 경이로운 일이었다. 마치 왕실의 행차와도 같았다. 저마다 교육 수준이 다른 사람들, 온갖 계층 사람들이 모자를 벗고 지나가는 아버지에게 인사를 건넸다"[2]고 회상했다. 몇십 년 후, 책을 읽는 대중은 아서 코난 도일의 셜록 홈스 이야기에도 비슷한 애정을 보였다.[3] "기차역 도서 가판대에서는 어떤 할인 행사 때보다 극심한 소란이 일어났다"고 증언한 사람도 있었다.[4]

디킨스와 도일의 팬들도《해리 포터》를 기다리던 어린 독자들과 마찬가지로 현대적 의미의 '팬'이었지만, 당시에는 그런 식으로 분류되지 않았을 것이다. '광신자fanatic'라는 뜻에서 파생한 이 단어는 1884년 야구 행사 기획자인 테드 설리번Ted Sullivan이 좋아하는 스포츠에 열성적인 사람들을 나타내기 위해 만든 것으로, 20세기 초반에야 일반화되었다.[5] 1910년 〈아메리칸 매거진〉에는 "야구팬은 미국 특유의 종으로, 모든 열성적인 사람들 중에서도 가장 과격한 사람"이라며 "야구팬에 비하면 골프 팬, 브리지(카드 게임의 일종—옮긴

이) 팬, 심지어 볼링 팬도 온순한 편"이라는 말이 나온다.[6]

팬심은 집단적 충동이다. 고독한 팬이 되어 멀리서 숭앙하는 것도 가능하지만, 사람들 대부분은 언젠가 남들과 함께 열정을 발산하고 동료 애호가들과 함께 경의를 표하는 날이 오길 기대한다.

조지워싱턴대학교에서 팬 문화를 연구하는 캐서린 라슨은 "무언가를 아주 많이 좋아하면 그것을 공유하고 싶어지고, 사람들에게 다가가서 이야기하고 싶어진다"고 말한다.

하지만 관심사를 공유하는 사람들에게 다가가는 것이 항상 쉽지만은 않다. 19세기와 20세기 초의 팬들은 기껏해야 자기 동네의 팬 말고는 만나기가 힘들었을 것이다(단, 스포츠 팬들은 경기장을 찾는 것만으로도 가려운 곳을 긁는 듯한 느낌을 받을 수 있었다). 그러던 중 1926년 휴고 건즈백Hugo Gernsback이라는 미국 출판인이 SF 전문 월간지 〈어메이징 스토리Amazing Stories〉를 창간했다. 팬들의 사회생활을 변화시킨 혁명은 놀랍게도 이 잡지의 편지 페이지에서 시작되었다. 〈어메이징 스토리〉는 잡지사에 편지를 보낸 구독자의 주소를 잡지에 인쇄해 독자들이 서로 편지를 주고받을 수 있도록 하는 특이한 정책을 채택했다. 자신과 똑같은 것을 좋아하는 사람들이 있다는 사실을 깨닫게 된 독자들은 그 사람들을 매우 찾고 싶어 했다. 그들 중 일부는 펜팔 친구가 되어 팬클럽을 결성하고 자신들만의 잡지, 즉 팬 매거진 혹은 팬진fanzine을 발행하기도 했다. 이들은 최초의 팬 커뮤니티이자 거의 확실하게 최초로 알려진 공상과학 팬덤이라고 할

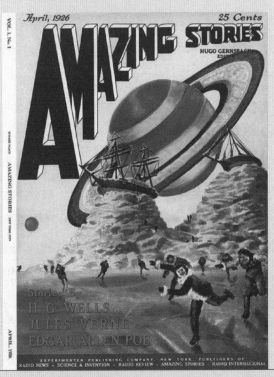

〈어메이징 스토리〉는 편지 페이지에 그 편지를 보낸 구독자의 주소를 인쇄함으로써 최초의
공상과학 팬덤의 기반을 마련했다.

수 있다.[7]

1960년대에 이르러 공상과학 팬들은 소비자에서 한 발 더 나아가 수호자이자 선동가가 되었다. 1967년 NBC가 단 두 시즌 만에 〈스타트렉〉을 폐지하겠다고 위협하자 팬들은 제작자들에게 이 작품을 계속 방영해 달라고 요구하는 편지를 무려 11만 5893통이나 보냈다(제작자들로서는 그 요청을 따르지 않을 수 없었다).[8] 1988년까지 팬들이 제작해 발행한 〈스타트렉〉 잡지는 최소 120종이었다.[9] 그런데 〈스타트렉〉의 이런 팬 몰이도 앞으로 일어날 일에 비하면 일부 소규모 집단에 국한된 현상에 지나지 않았다. 1977년 시작된 〈스타워즈〉는 팬들의 참여를 다른 차원으로 끌어올렸고, 팬덤은 전 세계적 움직임이 되었다. 미디어 연구 전문가 윌 브루커는 2002년 "〈스타워즈〉는 나를 포함한 수많은 사람들의 인생에서 가장 중요한 문화적 텍스트다"라고 말하기도 했다.[10] 이 시리즈에 빠져 있다고 진심으로 선언하는 것은 주류 문화에서 일상적 부분이 되었다. 이를테면 2013년 〈스타워즈〉 온라인 커뮤니티에서 실시한 설문 조사를 살펴보자.

생물학적 필연성과 전반적인 문화적 요인을 제외하면, 내게 〈스타워즈〉만큼 큰 영향을 미치고, 현실 인식을 바꾸고, 삶에 대한 접근 방식을 만들어준 요소는 없다. 내 배를 가르면 아마 〈스타워즈〉의 피가 흐를 것이다.[11]

혼자가 아니다

소셜 미디어가 없던 시절에는 좋아하는 것을 중심으로 사교의 장을 만드는 데 상당한 창의력과 끈기가 필요했다. 배스스파대학교에서 일본 애니메이션(일명 아니메)의 문화와 역사를 연구하는 레아 홈스Leah Holmes는 1980~1990년대에 아일랜드의 작은 마을에서 자랐기에 일본 만화책과 비디오에 대한 사랑을 함께 나눌 사람이 아무도 없어 "매우 외로웠다"고 털어놓는다. 2020년 3월, 코로나19가 전 세계적으로 유행하던 초기, 나는 영국이 봉쇄되기 전 마지막 팬 모임이 열린 미나미 콘(영국에서 열리는 애니메이션 일본 문화 팬 대회—옮긴이)에서 레아와 이야기를 나눴다. 그날 레아는 몇백 명이나 되는 애니메이션 팬들 앞에서 패널로 연설했는데, 30년 전만 해도 방구석 팬질 외에는 대안이 없었던 그녀에게는 특별한 일이었을 것이다.

레아는 새로운 아니메 잡지를 사서 읽던 중 '아니메 베이브Animé Babes'라는 여성 팬클럽에 대한 공지를 발견했는데 이것이 조직적 팬덤에 입문하는 계기가 되었다. 이 팬클럽에 가입한 레아는 클럽 운영자가 자신처럼 10대라는 사실을 알고 놀랐다. 그들은 남성 위주로 형성된 일본 애니메이션 시장에서 여성 팬들을 위한 공간을 만들기 위해 노력하고 있었다. 창립자 중 한 명인 리사-제인 홈스Lisa-Jane Holmes(레아와 친척은 아니다)는 내게 이메일을 보내 아니메를

〈아니메 베이브〉는 남성이 지배하던 시장에 처음으로 출현한 여성을 위한 팬 매거진이다.
ⒸLaura Watton

통해 얻을 수 있는 것은 영국 개봉작 대부분에 등장하는 섹스와 폭력만이 아님을 보여주고 싶다며 "여성 슈퍼히어로, 범죄와 싸우는 여성 경찰, 여성들의 우정에 관한 이야기, 사랑과 관계에 관한 아름답고 로맨틱한 시리즈가 많은데도 아니메 문화는 거대한 로봇과 촉수 포르노, 침실에 혼자 앉아 있는 괴짜 소년들을 위한 콘텐츠라는 오명을 벗지 못한다"고 말했다.

'아니메 베이브'의 가입비는 1.5파운드로, 이 돈을 내면 분기별로 나오는 팬진을 받을 수 있다. 팬진이 제공하는 회원 명단과 주소 덕분에 테이프, 굿즈, 편지를 쉽게 교환할 수 있다는 점은 방구석 팬들에게 더욱 매력적이다. 레아는 "10대 시절 '아니메 베이브'가 내 인생에서 매우 중요했던 건 특히 다른 소녀 팬들과 연락하게 해주었기 때문이다. 그때까지만 해도 나는 남자들이 내 관심 분야를 지배하는 상태에 익숙했다"고 말했다. 그 후 팬층의 인구구성이 크게 바뀌었다. 2017년 레아는 영국의 아니메 팬들을 대상으로 연구를 진행했고, 그 결과 팬의 절반 이상이 여성이라는 사실을 발견했다. "'아니메 베이브' 멤버들이 이런 결과가 나올 줄 알았다면 정말 자랑스러워했을 것이다."[12]

소셜 미디어 덕분에 유명인에 대한 접근성이 높아지긴 했지만, 사람들이 자신만의 영웅이나 열정의 대상과 맺는 관계의 본질, 즉 팬이 된다는 느낌을 인터넷이 근본적으로 바꾸지는 못했다. 1940년대 빌리 홀리데이의 팬들은 오늘날 빌리 아일리시의 팬들만큼이나 감정적이고 헌신적이었다. '팬'이라는 단어가 발명되기 전에도 미국 도시의 젊은이들은 어른들이 경계심을 느낄 만큼 열광하며 콘서트홀에 몰려들었다. 19세기 음악 애호가들의 일기, 스크랩북, 편지를 여러 해 동안 연구해 온 문화사학자 대니얼 카비치는 "미디어 연구에서는 팬덤을 종종 20세기 대중 소비문화의 산물로 규정"하지만 "팬덤과 관련된 기본적 관행, 즉 스타와의 이상화된 연결, 강렬한 추억과 향수, 물건 수집을 통한 자아 계발 등은 전자기기를 통한 '대중 커뮤니케이션' 기술의 발전보다 앞서 나타난 것이다"라고 말한다.[13]

인터넷이 팬 커뮤니티의 역동성과 팬들이 커뮤니티에 접속하는 방식에 큰 변화를 **가져왔다**는 사실에는 의심의 여지가 없다. 자칭 '팬걸'인 대학교수 캐서린 라슨은 "이전에는 모든 것이 우편을 통해 이루어졌다. 그 과정은 매우 느리고 단절되어 있었으며 팬 커뮤니티가 있는 곳에 살지 않는 팬은 꽤 동떨어진 느낌, 심지어 이상한 사람이 된 느낌을 받기도 했을 것이다"라고 말한다. 그러나 "모든 사람이 온라인에 접속하게 되면서 즉각적 소통을 할 수 있었고 팬들 간의 유대감은 이전보다 훨씬 더 강해졌다. 알려지지 않은 TV 프로그램의 팬을 찾고 싶으면 온라인 어딘가에서 친근한 커뮤니티를 발견하는 것이 가능해졌다".

소셜 미디어 덕분에 이전에는 수줍어서 혹은 지리적 이유 때문에 연락할 수 없었던 사람들로 커뮤니티가 이뤄지고 번성하게 되었다. 또한 소셜 미디어는 팬 감정이 정치로 옮겨가는 파괴적이고 불길한 현상도 가능하게 했다. 정치 지도자와 지지자의 관계는 갈수록 연예인과 팬클럽의 관계와 닮아간다. 이는 인지 수준에서 사실일 수 있다.

버지니아공과대학교 연구자들은 2018년 발표한 연구에서 스포츠 팬과 정치 지지자들은 팀이나 정당에 대한 새로운 정보를 거의 동일한 방식으로 처리한다는 사실을 알아냈다. 즉 이들은 단체에 대한 소속감이라는 렌즈를 통해 정보를 걸러내는 것이다. 사람들에게 중요한 것은 정보 자체가 아니라 그 정보가 자신이 속한 집단에 반영되는 방식이다. 팬들은 항상 자신이 속한 종족에 대해 끈질기고 때로는 비이성적인 충성심을 보여왔는데, 이는 정당 정치에서도 고질적 특성이 되었다.[14]

이러한 대중문화 환경에서 정당은 특정 인물을 숭배하는 집단이나 다름없으며, 정당 지도자는 그 집단의 정체성을 상징한다. 따라서 제인 오스틴의 팬인 제이나이트Janeite, 저스틴 비버의 팬인 빌리버Belieber, 테일러 스위프트의 팬인 스위프티Swiftie 외에도 도널드 트럼프의 팬 MAGA, 제레미 코빈의 팬 코비니스타Corbynista, 보리스 존슨의 팬 보리스타Borista가 생겨났다. 영국에는 브렉시트 지지파와 EU 잔류파가 있는데 이들 역시 이와 비슷한 열광적 태도로 자신의 이념에 전념한다. 연예인과 비슷한 지위에 걸맞게 정치인들도 정책보다는 이미지와 개성을 강조하는 것이 관례가 되었고, 이들이 관객으로 삼는 사람들은 이런 풍조에 기꺼이 동참한다. 때로는 관객이 앞장서기도 한다. 2020년 8월에는 새로운 헌법과 왕실의 권력 제한을 요구하며 거리 행진을 하던 태국 반정부 시위대 중 많은 사람이 불의와 독재에 맞서 싸우는 모습을 상징적으로 보여주고자 지팡이를 흔들거나 호그와트에 나오는 캐릭터로 분장했다.

미적 요소나 특정 문화 집단을 대변하는 것으로 보이는 카리스마 있는 인물에 초점을 맞추면 정치 접근성이 좋아진다. 하지만 그러다 보면 이념이나 정책 등 정말 중요한 것에서 눈을 돌려 지도자에게 책임을 묻지 못할 수도 있다. 파티게이트 스캔들(2020년과 2021년 영국 보수당 정치인들이 코로나19로 인한 금지 조치를 위반하고 수시로 파티를 열어 파문을 일으킨 정치 사건—옮긴이)에서 흥미로운 점 중 하나는 보리스 존슨이 도덕성 논란에서 패배한 후에도 여전히 많은 지지를 받는다는 점이다. 우리 편이 앞서기만 한다면 그들이 실제로 무엇을 하든 신경 쓰지 않는 걸까?

팬덤이라는 종족

정치와 팬덤의 융합은 역사상 여러 지점에서 일어났다. 프랑스 대혁명 이후 나폴레옹 보나파르트는 자신의 인기에 기대어 그리고 국민들 애국심에 호소해 시민 군대를 일으킬 수 있었는데 당시 이

군대를 '팬덤 군대'라 부르기도 했다.[15] 최근에는 대중의 삶과 팬덤이 더욱 밀접하게 결합한다. 공통 관심사를 가진 사람들은 소셜 미디어 덕분에 이전에는 불가능했던 규모로 참여하고 협력하게 되었다. 오늘날의 팬들은 전례 없는 수준으로 힘을 가지고 있다. 팬들이 워낙 잘 연결되고, 빠르게 동원되며, 주류의 일부가 되었기에 정치인, 기업, 미디어 제작자들은 팬들에게 구애하고 그들의 생각을 알아내려고 노력한다. 무시하기에는 영향력이 너무 커지고 그 수도 너무 많아졌기 때문이다.

대중적 사회운동이 그렇듯 팬덤도 혁명이 일어날 수 있는 장소다. 팬덤에서 작용하는 힘은 개인의 삶을 바꿀 수 있고, 그 개인들이 세상을 바꿀 수 있다. 2018년 10월 8일, 테일러 스위프트는 모든 정치적인 것에 대해 자발적으로 지켜오던 침묵을 깨고 추종자들에게 미국 중간 선거(대통령 임기 중 실시되는 상하원 의원 및 공직자 선거로 현 대통령 신임 여부를 판단하는 척도가 된다—옮긴이)에 투표하라고 독려했으며 고향 테네시주 하원 의원과 상원 의원으로 각기 민주당 후보 두 명을 지지한다고 발표했다. 테일러 스위프트는 인스타그램에 "지난 2년 동안 지적이고, 사려 깊고, 자기 주관을 가진 수많은 사람들이 18세가 되어 투표할 권리와 특권을 갖게 되었다"고 썼으며, 투표를 하려면 먼저 유권자 등록을 해야 한다고 설명했다.

테일러 스위프트가 선택한 상원 의원 후보가 당선되지는 못했지만, 그녀가 개입하고 나서 24시간 동안 전국에서 유권자 등록 건수가 급증했다. 그중 테일러 스위프트의 팬층인 18~29세 연령대에서 가장 큰 폭의 증가가 나타났다. 테일러 스위프트의 팬들은 세상을 바꾸는 데 성공하지는 못했어도 세상을 바꿀 수 있을지도 모르는 한 가지 방법을 보여주었다.[16]

팬 커뮤니티가 공동 목표를 위해 힘을 모으는 능력에 의구심이 든다면 케이팝을 보기 바란다. 2020년 미니애폴리스에서 조지 플로이드가 경찰의 과잉진압으로 질식사한 후, BTS를 비롯한 한국 가수들 팬 몇만 명은 뛰어난 온라인 기술을 활용해 시위 감시 앱을 차단하고, 인종차별적 트위터 캠페인을 중단시켰으며, '흑인의 생명도 소중하다Black Lives Matter' 운동을 위한 기금을 모금했다.

케이팝 팬덤이라고 해서 늘 한목소리를 내는 건 아니다. 이들도 여타 커뮤니티와 마찬가지로 다양한 견해를 갖는다. 다만 이들은 매우 빠르게 움직인다. 사회정의를 위한 이들의 행동은 믿을 수 없을 만큼 효과적이었다. 백인 보수주의자들의 반발로 트위터에서 #whitelivesmatter라는 해시태그가 유행하자 케이팝 팬들은 자신이 좋아하는 아티스트의 영상을 쏟아내는 데 이 해시태그를 도용했고, 얼마 지나지 않아 #whitelivesmatter를 검색하면 무대에서 춤을 추거나 골반을 흔드는 케이팝 스타만을 볼 수 있었다.

현대 문화에서 팬덤은 새로운 종족이다. 또한 팬덤은 고유한 가치관, 어휘, 열망을 가진 하위문화다. 팬덤은 다양한 경험과 배경을 가진 사람들을 끌어모은다. 남들이 좋아하는 것을 함께 좋아하면 전통적인 사회적 경계가 많이 사라지기 때문이다. 사람들은 단순히 오락을 즐기기 위해서가 아니라 특정한 현실을 경험하고, 시야를 넓히고, 같은 생각을 가진 사람들과 소통하고, 삶의 의미를 찾기 위해 팬덤에 합류한다. 이는 사람들이 종교 생활을 하거나 정당에 가입하거나 심지어 군에 입대하는 이유와도 크게 다르지 않다. 팬덤은 이러한 제도가 가진 모든 힘과 영향력을 보유하며, 그런 제도와 동일한 근본적 심리 사회적 힘에 따라 움직인다.

열정을 공유할 때 일어나는 일들

이 책은 팬덤이 문화에 미치는 영향도 일부 다루지만 대체로 팬덤이 거기에 속한 사람들에게 미치는 영향을 논한다. 우리 모두는 인생의 어느 시점 무언가의 팬이 된다. TV 프로그램, 영화 시리즈, 고전 SF, 문학작품 속 영웅, 역사적 아이콘, 만화, 팝 집단, 유명 브랜드 또는 스포츠 팀 등 모든 문화 현상에는 열성적 팬이 있다. 앞으로 살펴보겠지만, 팬은 생각지도 못한 곳에 존재한다.

제인 오스틴의 가장 충성스러운 추종자들 중에는 20대 페미니스트들이 있다. 런던 탑에서 조카들을 죽였다고 알려진 '꼽추 왕' 리처드 3세는 오늘날 아마추어 역사학자들에게 옹호받는데 이들은 그가 중상모략을 당했다고 확신한다. 미국과 영국에서는 스스로를

'브로니Brony'라고 부르는 중년 남성 몇천 명이 온라인 커뮤니티에 모여 어린이 장난감 브랜드인 '마이 리틀 포니My Little Pony' 캐릭터를 찬양한다. 심리학자들이 가장 광범위하게 연구한 하위문화 중 하나는 사람처럼 표현된 동물 캐릭터에 강한 애정을 느끼는 사람들로 구성된 공동체다. 또한 자신이 인간의 몸에 갇힌 동물이라고 진심으로 믿는 사람들도 있다.

이 책은 열정을 공유하는 사람들과 교류할 때 어떤 일이 일어나는지 다룬다. 나는 다양한 팬덤을 여행하는 과정에서 인간의 조건에 대한 몇 가지 근본적 진실을 보여주고자 한다. 인간의 뇌는 서로에게 다가가도록 연결되어 있다. 이러한 집단주의적 성향은 많은 갈등을 야기할 수 있지만 동시에 가장 큰 만족감을 주는 원천이 되기도 한다. 팬덤은 종족주의의 폐해는 줄이면서도 소속감과 문화를 공유하는 느낌, 의미와 목적의식, 정신적 복지 향상, 가장 엉뚱한 신념도 진지하게 받아들여진다는 확신, 영웅을 모방하고 그 영웅처럼 옷을 입을 수 있는 자유 등 즐거움을 선사한다.

2장에서는 이러한 역학 관계의 근본적 동인 중 하나인 집단 정체성에 대해 살펴볼 것이다. 좋든 싫든 사람들 모두는 생각지도 못하는 가운데 나와 남의 등급을 나누고자 애쓴다. 이때 사람들이 속한 집단은 그들의 행동과 태도에 중요한 영향을 미친다. 이러한 심리를 이해하면 팬들의 삶뿐만 아니라 전 세계적 규모로 일어나는 사회 변화의 역학 관계에 대해서도 알 수 있다.

2장

집단이 만드는 정체성

강하게 융합된 사람이라면 소속된 집단을
포기한다는 것이 현재와 과거의 자신을 완전히
거부하는 것과 같다.

사람들은 집단에 속해 있을 때 어떻게 행동할까? 1960년대 후반 앙리 타지펠이라는 사회심리학자는 브리스틀대학교에서, 이에 대한 이해를 극적으로 변화시킬 일련의 실험을 했다. 타지펠은 사람들이 왜 다른 집단을 자신과 다르게 보는 경향이 있는지 그리고 다른 집단을 배척하는 일에 왜 그렇게 재빠른지 알고 싶었다. 집단 편견은 인류 역사상 아주 중요한 여러 사건에서 심대한 역할을 해왔으며 사람들이 매일 내리는 많은 결정에도 영향을 미친다. 심리학자들은 몇십 년 동안 이러한 편견을 이해하려고 노력했지만 제한적으로만 성공했다.

타지펠은 2차 세계대전과 그 직후의 경험으로 인해 사람들이 남들에게 영향받는 방식을 연구하는 사회심리학에 매료되었다. 그의 가족은 폴란드계 유대인이었는데 그중 대부분이, 사실상 타지펠과 어린 시절을 함께 보낸 모두가 홀로코스트로 사망했다. 타지펠은 나치가 폴란드를 침공했을 때 파리에 유학 중이었기에 살아남았지만 전쟁 기간 대부분을 포로로 지냈다. 그 후 타지펠은 난민 재활을 돕는 일을 했고 훗날 그것이 자신의 인생에서 가장 중요한 일이었다고 회고했다.

런던 버크벡 칼리지를 통해 학계에 입문했을 무렵 타지펠은 정체성, 순응, 억압, 편견 같은 인간 행동의 주요한 문제들에 천착하게 되었다. 그는 몇몇 유대인 사회심리학자들과 함께 당대의 가장 중요한 두 가지 질문, 즉 홀로코스트는 어떻게 일어났는지 그리고 다시는 이런 일이 일어나지 않도록 하려면 무엇을 해야 할지 답을 찾기로 했다. 그는 국적, 문화, 인종, 신념 등 뿌리 깊은 사회적 차이에 답이 있다고 생각했다. 하지만 1960년대에 그가 한 실험을 통해 답은 그보다 훨씬 더 간단하다는 사실이 드러났다.

타지펠은 자신의 아이디어를 검증하고자 지역 학교의 사춘기 소년 64명을 연구실로 초대한 후 두 집단으로 나누었다. 집단을 나누는 기준은 소년이 화면에 표시된 점의 수를 실제보다 많다고 생각하는지 적다고 생각하는지, 아니면 그들이 전혀 들어본 적 없는 화가인 바실리 칸딘스키나 파울 클레의 그림 중 어느 쪽을 선호하는지 등 사소한 것이었다.[1] 그런 다음 타지펠은 소년을 한 명씩 칸막이에 들여보내 돈과 점수표를 주고는 다른 학생들에게 돈을 나눠

주라고 시켰다. 소년들은 모두 서로 아는 사이였지만 연구 목적에 따라 익명으로 처리했고 고유 번호와 속한 집단(칸딘스키 또는 클레, 점의 수를 많거나 적게 평가함)으로만 식별했다.

타지펠은 소년들이 자신이 속한 집단과 다른 집단을 구별하기 시작하는 시점, 즉 집단 차이가 의미 있어지는 지점을 발견할 때까지 집단을 정의하는 기준을 점차 강화할 계획이었다. 놀랍게도 첫 번째 실험에서 곧바로 이런 일이 벌어졌다. 대부분의 경우, 자신이 화면에 나타난 점의 개수를 실제보다 많게 생각했다고 믿는 소년들은 점의 수를 적게 생각한 소년보다 자신처럼 점의 수를 많게 생각한 소년에게 많은 돈을 주었다. 반대 경우도 마찬가지였다. 클레보다 칸딘스키를 선호한 소년들은 다른 칸딘스키 팬에게 더 후했다. 집단 간의 경계가 거의 존재하지 않을 정도로 허술했는데도 소년들은 일관되게 자신이 속한 집단에 편향되어 있었다.

타지펠은 "외부 집단에 대한 차별은 매우 쉽게 촉발될 수 있다"고 결론지었다.[2]

잠시 생각해 보자. 소년들의 결정은 이기심에 의한 것이 아니었다. 소년들은 자신의 성향이나 취향을 공유하지 않는 사람들에게 불이익을 줌으로써 얻을 게 없었고, 돈을 받을 소년이 누군지도 알지 못했다. 사회적 편견에 대한 이전 연구와는 달리 이 실험에서는 집단 간의 적대감이나 경쟁, 이해관계 충돌이라는 배경이 없었다(타지펠은 이런 집단을 '최소 집단minimal group'이라고 불렀다).[3] 그런데도 결과에는 의심의 여지가 없었다. 이 연구는 여러 번 반복되었다. 참가자들에게 무작위 동전 던지기로 집단이 결정된다고 말해 준 뒤에도 타지펠은 동일한 결과를 얻었다.[4] 그는 이 상황을 '부조리의 극치'라고 생각했다.[5]

최소 집단 실험이 말해 주는 것

최소 집단 실험에 따르면 사람들은 아주 작은 자극만 있어도 자신과 남들을 분류하며, 자신이 속한 집단의 구성원을 누구보다도 선호한다. '우리'와 '그들'로 이루어진 움직임, 즉 집단주의는 사회생활에서 상수常數가 된다. 우리는 사회 환경을 이해하기 위해 인종, 성별, 계급, 종교, 국적, 직업 등을 기준으로 항상 사람들을 분류한다. 이는 친구와 적을 구별하는 능력 및 협력에 생존이 달려 있던 아주 오랜 과거를 반영한 것일 수 있다. 인간은 집단생활을 하도록 진화했으며, 이런 현실은 사람들이 하는 거의 모든 일에 영향을 미친다.

가족, 친구, 이웃, 직장 동료, 자녀의 학교, 스포츠 팀, 지역 합창단, 교회, 팬덤, 독서 모임, 뜨개질 교실 등 당신이 속한 집단을 생각해 보라. 아마 당신은 이런 집단이 당신이라는 사람의 정체성에서 큰 부분을 차지한다고 느낄 것이다. 이러한 단체가 당신에게 동료

애와 목적의식, 안정감을 부여하고 혼자서는 할 수 없는 일을 하게 해준다면 좋은 일이다. 이런 집단이 없다면 당신은 어떤 사람일지, 당신 삶이 어떤 모습일지 상상해 보라. 과연 당신은 살아남을 수 있을까?

최소 집단 연구를 마친 타지펠은 동료 존 터너와 함께 사람들이 자발적으로 남들에게 동조하려는 이유 및 이것이 그들 행동에 미치는 영향을 설명하기 위한 이론적 틀을 개발하는 데 몇 년을 바쳤다.[6]

타지펠 등은 집단에 소속되면 사람들이 뚜렷한 정체성을 갖게 된다고 보고, 이를 '사회적 정체성social identity'이라고 불렀다. 그들은 이것이 "어떤 면에서는 공허한 상황에 무언가 의미"를 제공한다고 믿었다.[7] 사회적 정체성은 남들과의 관계 속에서 자신에 대한 감각을 갖게 해준다. 우리는 내집단 사람들과 공유하고 외집단 사람들과는 공유하지 않는 무언가로 인해 우리 자신이 된다는 의미다. 사회적 정체성은 외모나 성격 등 개인의 특성을 반영하는 개인적 정체성과는 별개의 것이다. 예를 들어 축구 경기를 보거나 〈스타트렉〉 팬 모임에 참석하는 등 집단의 일원으로 소속감을 느끼는 순간에는 개인적 정체성보다 사회적 정체성("우리는 〈스타트렉〉 팬이다!")이 더 두드러진다.

사람들이 속한 집단은 그들의 행동에 큰 영향을 미친다. 그들은 자신이 속한 집단의 규범과 요구, 사고와 행동 방식을 빠르게 받아들인다. 그들이 집단의 일부가 되듯이 집단도 그들의 일부가 된다. 집단에 대한 소속은 가변적이다. 사람들은 여러 가지 사회적 정체성을 가질 수 있으나 그중 활성화되는 것은 한 번에 한 가지뿐일 가능성이 높다. 간호사로 일하는 사람은 병원에 있을 때는 간호사복을 입고 의학 용어로 대화하겠지만 대학 동창들과 함께 있을 때는 그렇게 하지 않을 것이다(대학 동창들 역시 간호사라면 몰라도). 대부분의 사람들은 새 코트를 입는 것만큼이나 다양한 사회적 세계를 넘나드는 것을 자주 느끼는데 각각의 세계는 다른 정체성, 다른 자아 등 다른 것을 요구한다. 친구를 사귀게 된 특정한 환경(예를 들면 직장)과는 달라진 환경에서(예를 들면 그 친구가 가족과 함께 있을 때) 그 친구를 관찰한 적이 있다면 누군가 집단의 경계를 뛰어넘는 것을 보는 일이 얼마나 놀랍고 당황스러운지 알게 될 것이다.[8]

집단행동에서 가장 눈에 띄는 점 중 하나는 같은 집단에 속한 사람들에게는 매우 다르게 행동하는 성향이 있다는 것이다. 사람들은 대체로 내집단 사람들에게 더 친절하고 관대하며, 잘 공감하고, 세심하고 빠르게 도움을 준다. 사람들은 모든 면에서 내집단 사람들을 더 신뢰한다. 아마도 그 때문에 코로나19 유행 당시 사람들은 낯선 사람보다 친구로 인해 감염될 가능성이 낮다고 믿었을 수 있다.[9] 또한 사람들은 말 그대로 내집단 사람들의 고통을 느낀다.[10] 이는 그들을 더 잘 알거나 좋아해서가 아니다(그럴 수도 있지만). 타지펠의 최소 집단 실험처럼 무작위 집단에서도 이런 일이 일어난다. 생각하지 않을 때도 그런 일은 발생한다. 뇌 영상 연구에 따르면 뇌의 감정 중추에서는 '외부인'과 상호작용할 때보다 '내부인'과 상호작용할 때 더 많은 신경 활동이 일어난다.[11] 이처럼 내집단 편애는 타고난 기본 상태인 것으로 보인다.

타지펠과 터너의 연구로 사회적 행동에 대한 관심이 급증한 건 사실이지만 이 두 사람이 구성원의 태도가 집단에 의해 왜곡되는 방식을 최초로 연구한 학자는 아니다. 이러한 인간의 보편적 경향에 대한 가장 강력한 설명 중 하나는 미국 사회과학자 윌리엄 그레이엄 섬너의 1906년 저서 《습속》에서 찾아볼 수 있다. 섬너는 한 집단의 사회적 관습이나 생활 방식을 지칭하기 위해 '습속folkways'이라는 단어를 만들었다. 그는 대부분의 사람들이 자기 집단의 길에만 사로잡혀 있는 모습을 관찰했다.

각 집단은 자부심과 허영심을 키우고, 스스로를 우월하다고 자랑하고, 자신의 신성을 높이고, 외부인을 경멸하는 시선으로 바라본다. 각 집단은 자신의 습속만이 옳다고 생각하며 다른 집단에 다른 습속이 있는 것을 보면 이를 계기로 경멸을 작동시킨다.[12]

언제 돕고 싶은 마음이 생길까

집단의 정체성은 날씨처럼 변화무쌍하다. 누군가를 소중히 여기거나 원망하고, 찬양하거나 학대하고, 주목하거나 무시하겠다는 결정은 전적으로 그 사람을 만나는 상황이나 심지어 그 당시의 생각에 따라 달라질 수 있다.

2005년 랭커스터대학교 심리학자 마크 레빈과 그 동료들은 축구 팬을 대상으로 한 실험을 통해 이를 입증했다. 레빈은 낯선 사람이 자신과 같은 팀을 응원한다는 사실을 알면 그가 곤경에 빠졌을 때 기꺼이 도와줄 확률이 높아지는지 알고 싶었다. 그는 맨체스터 유나이티드 팬 45명을 모집해 실험실에서 간단한 안내를 한 뒤 캠퍼스를 가로질러 걸어가라고 했다. 도중에 레빈은 조깅하는 사람이 잔디밭을 달리다가 참가자들 앞에서 넘어져 부상을 입은 척하도록 했다. 조깅하는 사람들은 맨체스터 유나이티드 셔츠나 맨체스터의 숙적 리버풀의 셔츠 혹은 상표가 없는 평범한 셔츠를 입고 있었다. 연구진은 셔츠가 참가자들의 반응에 영향을 미칠지 궁금했다. 과연 영향이 있었다. 조깅하는 사람이 참가자들 팀의 옷을 입고 있을 때 참가자들이 도울 가능성이 세 배 더 높았다.[13]

그런 다음 레빈은 실험을 한 번 꼬았다. 그는 이번에도 맨체스터 유나이티드 팬들을 모집했다. 다만 이번에는 스스로를 맨체스터 유나이티드 팬이 아닌 일반적 축구 팬으로 생각하고, 응원하는 팀에 대한 사랑보다는 축구에 대한 사랑에 집중하라고 간단히 설명하며 그들을 독려했다. 이러한 상황에서 다른 사회적 정체성을 학습한 이들은 기꺼이 리버풀 유니폼을 입었든 맨체스터 유나이티드 유니폼을 입었든 똑같이 조깅하는 사람을 도와주었다. 레빈의 설명에 따르면 축구를 좋아하는 모든 사람을 포함하도록 내집단이 커진 것이다. 하지만 모든 사람에게까지 내집단이 확장되진 않았다. 조깅하는 사람이 상표 없는 셔츠를 입었을 경우 도와주는 사람이 거의 없었다. 집단의 경계에는 항상 한계가 있다. 중요한 것은 그 경계를 어디에 그리느냐 하는 것이다.[14]

증오 없는 집단행동

사람들이 집단을 형성하면 두 가지 일이 일어난다. 첫째, 그 집단이 다른 집단과 구별되어야 한다는 강박관념에 사로잡힌다. 즉 자기 집단만의 고유성을 드러내고자 하는 것이다. 이를 위해 구성원들은 독특한 색상의 유니폼을 입거나(스포츠 팀), 신비로운 의식을 행하거나(종교 단체), 특정 세계관을 옹호하는(정당) 식으로 행동할 수 있다. 두 번째, 지위를 추구한다. 누구나 자신이 속한 집단이 최대한 성공하거나 명성을 얻기를 원하고 그렇게 만들려고 노력한다.

구별과 지위에 대한 이러한 욕구는 외부인에게 불행한 결과를 초래할 수 있다. 한 집단이 자신의 자격을 강화하는 가장 쉬운 방법은 다른 집단을 쓰러뜨리는 것이다. 타지펠의 최소 집단 실험은 집단의 경계가 정의되는 순간 편견이 시작될 수 있음을 보여주었다. 세계의 역사는 이런 일이 일어난 직후 차별과 편견, 증오와 갈등이 뒤따른다는 것을 보여준다. 홀로코스트를 목격한 타지펠 등의 유대인 심리학자들은 이러한 순환의 원인이 무엇인지 이해하고 싶었다. 그들은 이 악순환이 영원히 계속될 것을 두려워했다. 타지펠은 1981년 쓴 글에서 "나는, 당시로서는, 절대 멈추지 않을 것만 같았던 폭풍에 대한 기억을 공유하고 있다"고 말했다. "거의 40년이 지난 오늘날, 우리는 수많은 새로운 학살 그리고 새로운 홀로코스트를 목격한다."[15]

그러나 집단행동이 꼭 비극으로만 끝나는 것은 아니다. 구별에 대한 욕구가 항상 편견으로 이어지는 것은 아니기 때문이다. 타지펠은 집단의 갈등 유발 가능성을 우려하면서도 집단이 종종 선善을 위한 힘이 될 수 있으며 집단의 일원이 되면 변화를 일으킬 수 있다는 점에 수긍한다.

세인트앤드루스대학교 심리학 교수 스티븐 라이처는 타지펠의 사회적 정체성 이론은 차별discrimination이 아닌 차별화differentiation와 관련이 있다고 말한다. "사람들이 차별화를 꾀하는 이유는 집단이 의미와 이해의 원천이기 때문이다. 차별화는 세상에서 자신의 위치를 정하는 방법이다. 하지만 남들을 더 친절하고 관대하게 대하는 등의 방법으로 자신을 차별화하는 것도 가능하다. 더 강해지거나 남을 깎아내리는 방식으로 차별화할 필요는 없다."

라이처는 타지펠이 브리스틀대학교 심리학과 학과장으로 재직하던 당시 이 대학교 학부생이었으므로 타지펠의 연구에 대해 언급하기 좋은 입장이었다. 라이처는 타지펠이 사람들이 집단으로 무엇을 성취할 수 있는지에 대해 "믿기 어려울 만큼 낙관적"이었다고 기억한다. 라이처는 "집단을 모든 문제의 근원으로 보기 쉽다. 타지펠도 바로 그 지점에서 출발했다"고 말한다. "하지만 타지펠은 집단을 해결책의 원천으로 보는 관점으로 전환했다. 그는 집단이 사회적 힘을 준다는 것을 알았다. 내가 생각하기에 집단은 느슨하게 비유하면 다이너마이트와도 같아서 건설에 사용될 수도, 파괴에 사용될 수도 있다. 중요한 것은 집단에 대해 너무 비관적으로 굴 필요도, 너무 폴리애나(엘리너 H. 포터의 책에 나오는 소녀로 언제나 밝은 면만 보는 특징이 있다—옮긴이)처럼 생각할 필요도 없다는 것이다."

때로는 너무 쉽게 비관적 생각에 빠진다. 이 장을 집필하는 동안 전 세계 모든 사람이 그러하듯 나 또한, 불만에 가득 찬 도널드 트럼프 지지자들 몇백 명이 미국 정부 소재지인 워싱턴 DC 국회의사당을 점거해 미국 역사상 가장 심각한 헌법적 위기를 촉발하는 모습을 지켜보았다. 트럼프는 이 집단의 정체성을 상징하는 인물로, 대통령 재임 기간 동안 습관적으로 이러한 관계를 악용했다. 희생양이 필요했던 트럼프는 단순하게도 지지자들이 폄하할 수 있는 외부 집단을 떠올리곤 했다. 멕시코인('마약상과 강간범'), '흑인의 생명도 소중하다' 운동('증오의 상징'), 중국('중국 바이러스') 등이 그 예이다. 집단 심리는 이렇게나 쉽게 악용된다.

이 책은 대부분의 경우 폴리애나 편에 서 있다. 트럼프의 특공대가 집단 지성의 음침한 지하 묘지에 있다면 대부분의 팬덤은 햇볕이 잘 드는 고지대에 있다. 팬덤은 집단의 일원이 되면 소속감을 느낄 수 있고, 정신 건강에 도움이 되며, 혼자서는 결코 할 수 없었던 일을 성취할 수 있다고 가르친다. 또한 집단의 역학 관계가 꼭 편협함으로 이어질 필요는 없다는 생각을 지지한다. 외집단을 증오하지 않고도 내집단을 사랑할 수 있고 갈등 없이도 협력할 수 있다. 패자 없이도 승자가 있을 수 있다. 인간의 사회생활은 제로섬게임이 아니다.

집단 간 관계에 관한 권위자인 심리학자 마릴린 브루어의 경력은 대부분 집단행동에 대한 낙관적 평가를 옹호하며 이룬 것이다. 1960년대 말과 1970년대에 그녀는 동아프리카 민족 공동체 30개를 대상으로 집단 간 관습과 태도에 대한 대규모 연구를 수행했다. 그녀가 연구한 모든 집단은 사회 세계를 내집단과 외집단으로 나누고, 신뢰성이나 정직성 같은 특성에서 자기 집단 구성원을 다른 집단 구성원보다 높게 평가하는 경향을 공통되게 보였다. 그러나 이러한 편견이 편협함으로 이어지지는 않았다. 이 둘은 전혀 무관해 보였다.[16]

브루어는 산타바바라의 자택에서 내게 보낸 이메일에 "이러한 연구 결과를 통해 나는 내집단에 대한 충성심과 편애가 외집단에 대한 경쟁이나 적대감과 무관하다고 확신했습니다"라고 썼다. 그녀는 참가자 중 한 명이 섬너의 《습속》을 반영하는 듯한 발언을 했던 사실을 떠올렸다. "우리에게도 우리의 방식이 있고 그들에게도 그들의 방식이 있다"[17]라는 발언이었다. 브루어는 사람들이 집단을 형성하는 것은 주로 같은 부류의 사람들과 함께 있고 싶기 때문이며, 인간의 진화는 집단 간의 경쟁보다 집단 내 협력에 따라 일어났다고 믿는다.[18]

타지펠이 최소 집단 이론을 연구하던 시기, 브루어는 현장 연구를 통해 데이터를 수집하고 있었다. 브루어는 타지펠을 만나러 브리스틀대학교에 가서 3개월간 머물렀고, 사회적 정체성에 대한 이런저런 생각을 토의하는 타지펠의 연구팀 회의를 참관했다. 브루어는 자신과 타지펠이 편견의 필연성에 대해서는 견해가 달랐으나 둘 다 본질적 진실에 도달했다고 확신했다. 즉 집단 정체성은 인간 심리의 기본 특징이며, 인간의 이기심을 제약하는 요소로서 집단 존재를 가능하게 한다는 것이었다.[19]

브라질 축구팀과 코르티솔 수치

　내집단에 대한 사랑을 옹호하는 브루어조차 고의로 적대감을 조성하는 환경 등 특정 상황에서는 외집단에 대한 증오가 불가피하다는 점을 기꺼이 인정한다.[20] 국가가 특정 공동체를 다른 공동체보다 선호하거나(남아프리카공화국의 아파르트헤이트, 분쟁 당시의 북아일랜드, 이스라엘 점령하의 팔레스타인 영토), 제한된 자원을 놓고 서로 다른 집단이 경쟁하거나(오늘날의 수단과 콩고), 정치 지도자가 인종 또는 이념적 분열을 조작해 내면(1930년대의 히틀러) 내집단에 대한 충성은 더욱 강해지고 외집단은 적으로 변한다.

　이 목록에 또 다른 예를 추가할 수 있다. 바로 스포츠다. 치명적이지는 않은 갈등을 일으키기에 스포츠만큼 좋은 조건은 상상하기 어렵다. 스포츠는 정의상 경쟁이기에 즉각 분위기를 고조시킨다. 대부분의 단체 활동과 달리 스포츠는 **실제로** 내가 이기면 상대방이 지는 제로섬게임이다. 결과는 명확하며 타협의 여지가 없다. 이로 인한 예측 가능한 결과, 즉 자기 팀에 대한 지나친 애정과 상대팀에 대한 지나친 편견이야말로 축구를 인생을 불태울 만한 대상으로 만드는 이유이기도 하다. 축구가 삶과 죽음의 문제라는 누군가의 말에 대해 1959~1974년 리버풀 축구팀 감독을 지낸 빌 생클리가 한 다음과 같은 말은 그야말로 적절하다. "축구는 그보다 훨씬 더 중요한 문제다."[21]

아주 열성적인 스포츠 팬은 자신을 팀의 지지자라고 생각지 않는다. 그들은 그보다 위대한 존재, 곧 팀 자체다. 타지펠과 터너의 표현을 빌리면 그들에게는 팀의 정체성이 개인의 정체성보다 우선하기에 자신을 선수들만큼 팀의 일부라고 느낀다. 닉 혼비는 아스널 팬으로서의 삶에 대한 회고록 《피버 피치》에서 자신의 집착을 '유기적 연결'이라고 표현한다. 그는 "팬으로서 내가 확실히 아는 한 가지는 이것이다. 축구를 보는 것은 대리 만족을 얻기 위해서가 아니다. 보는 것보다 하는 것이 낫다고 말하는 사람들은 요점을 놓치고 있다. 축구란, 보는 것이 바로 하는 것이 되는 맥락 그 자체다"라고 말했다.[22]

팀과 자신을 강하게 동일시하는 팬은 말투부터 남다르다. 그들은 "우리가 이겼다" 또는 "우리가 졌다"고 말하지 "그들이 이겼다" 또는 "그들이 졌다"고 말하지 않는다. 사회과학에서는 이러한 일인칭 대명사를 '범주화된 우리'라고 한다. 이를 통해 화자는 자아의 경계를 확장하여 자신이 포함되는 특별한 범주를 만들 수 있다. 스포츠 팬덤에서 쓰일 때를 제외하면 범주화된 '우리'를 사용하는 경우는 "우리가 전쟁에서 이겼다"처럼 국가 정체성을 표현할 때뿐이다. 이를 보면 스포츠 팬의 참여 수준에 대해 많은 것을 알 수 있다.[23]

그 강렬함은 팬들의 언어와 행동뿐만 아니라 생화학적으로도 두드러진다. 옥스퍼드대학교 인지인류학자 마샤 뉴슨은 2014년 브라질 월드컵 기간에 자국 대표팀 경기를 시청하는 브라질 축구팀 응원단의 코르티솔 수치를 테스트하는 연구를 진행했다. 코르티솔은 스트레스에 대처하기 위해 부신에서 생성되는 호르몬이다. 팀이 생존을 위해 싸우는 상황 등 사회적 지위가 위협받는 경우 코르티솔 수치가 최대치를 기록하리라 예상되었다.

뉴슨과 그녀의 팀은 북동부 도시 나탈에서 브라질의 세 경기를 공개 방영했고, 관전하는 팬들의 타액 샘플을 채취했다. 그 결과 브라질이 이긴 두 경기를 포함해 세 경기 모두에서 코르티솔 수치의 변화를 관찰했다. 놀라운 일은 아니었다. 응원하는 팀의 경기를 볼 때는 승패와 관계없이 스트레스를 받게 마련이니까. 그런데 준결승에서 독일이 브라질을 7대 1로 꺾자 코르티솔 수치는 그야말로 지붕을 뚫었다. 그 경기는 1920년 이후 브라질이 겪은 최악의 패배였다. 브라질이 이미 5대 1로 지고 있던 하프타임에 많은 브라질 팬들이 현장을 떠나거나 최종 스코어에 너무 곤혹스러워한 나머지 연구에 협조하지 않았다. 연구에 필요한 타액 샘플을 수집하는 데 어려움을 겪을 정도였다.[24]

뉴슨의 연구는 집단 유대감이 행동에 미치는 영향에 초점을 맞추고 있다. 월드컵 연구의 목표 중 하나는 팬의 호르몬 분비가 팀에 대한 헌신 수준과 관련이 있는지 알아보는 것이었다. 그녀는 축구 '울트라' 팬, 참전 용사, 리비아 혁명가들을 대상으로 한 이전 연구에서 집단에의 소속으로 삶이 정의되는 사람들, 즉 개인적 정체성과 사회적 정체성이 고도로 일치하거나 '융합'된 사람들은 가족에 대한 헌신까지도 뛰어넘을 만큼 특별한 수준으로 집단에 충성심을 보인다는 사실을 발견했다. 이들은 좋을 때나 나쁠 때나 동료들과 함께할 준비가 되어 있으며 동료들을 위해 죽을 각오까지 한다. 탈영은 상상도 못할 일이다. 뉴슨은 한 논문에서 "강하게 융합된 사람이라면 소속된 집단을 포기한다는 것이 현재와 과거의 자신을 완전히 거부하는 것과 같다. 그것은 인식론적으로나 현실적으로나 악몽이 된다"[25]고 설명한다. 이는 직장, 배우자, 정치 또는 종교는 바꿀 수 있지만 축구팀은 절대 바꿀 수 없다는 낡고 진부한 표현이 진실이란 사실을 시사하기도 한다.

뉴슨은 경기 전 설문 조사를 통해 파악한 브라질의 열성 팬들이 일반 팬보다 독일전 패배에 더 큰 영향을 받으리라 예측했다. 이것이 높은 수준의 개입에 따르는 페널티였다. 열성 팬들은 승리 후에는 자부심과 기쁨을, 패배 후에는 슬픔과 분노를 더 많이 느낀다. 실제로도 이 사실이 입증되었다. 이들의 코르티솔 수치가 가장 높았던 것이다. 일이 뜻대로 되지 않을 경우 열성 팬으로 산다는 건 스트레스가 심한 일이다.

팀의 승리는 나의 승리

응원하는 팀의 우승이 보장된다면, 스포츠 팬으로서 당신은 어떤 희생까지 감수할 수 있는가? 스포츠 팬덤을 전문으로 연구하는 심리학자 대니얼 완은 2011년 미국 야구팬 몇백 명에게 이같이 물으며 팬들의 헌신 수준을 파악했다. 이 질문에 응답자 절반 이상이 월드시리즈 우승을 위해서라면 적어도 한 달 동안은 섹스, 면도, 단음식, 물을 제외한 모든 음료를 기꺼이 포기할 수 있다고 답했다. 3분의 1은 TV를 포기하겠다고 답했다. 5분의 1은 한 달 동안 같은 속옷을 입거나 가장 친한 친구와 대화하지 않겠다고 답했다. 소수는 아예 말을 하지 않겠다고도 했다.

완이 팬들에게 "조금이나마 생각해 볼 수 있는 행동"이 무엇인지 물었을 때는 약 절반이 팀 우승에 도움이 된다면 장기 기증을 고려할 수 있다고 답했다. 헌신적 행동이 아닐 수 없다. 스포츠 팬이 아닌 사람에게는 바보 같은 행동일지 몰라도. 완의 설문 조사 응답자 중 10퍼센트는 손가락 하나를 자를 수도 있다고 답해 당황스럽게 했는데 아마도 질문을 잘못 이해한 것으로 보인다. 예상대로 장기 기증 희망자들은 스스로를 매우 열성적 팬, 그러니까 뉴슨의 표현을 빌리면 '융합'된 팬으로 분류했다. "그들은 팀을 매우 중요하게 생각하며, 그들 자아 개념의 핵심에는 팬으로서의 자신이 자리 잡고 있다. 때문에 팀의 성공을 위해 거의 모든 것을 기꺼이 할 의향이 있다."[26]

스포츠 팬들은 기발하고 멋진 방법으로 자신의 충성심을 표현한다. 어떤 아스널 팬은 딸의 이름을 팀 이름 스펠링을 거꾸로 쓴 라네스라Lanesra라고 지었다. 그 아이가 자라서 첼시를 응원하게 된다면 참 재밌을 테다. 하긴, 이런 식으로 팬의 충성심을 배반하는 표현은 가정에서 꾸준히 나타난다. 시카고 컵스 야구팀의 열렬한 팬인 완은 세인트루이스 카디널스 팬인 집안에서 자랐다. 그가 컵스를 선택한 유일한 목적은 아버지에게서 벗어나고 형을 짜증 나게 하는 것이었다.

사람들 대부분은 큰 소리로 팀을 응원하고 심리학자들이 '후광 반사 효과basking in reflected glory, BIRGing', 즉 버깅이라고 부르는 행동을 함으로써 기꺼이 지지를 표현한다. 버깅은 팀의 성공에 아무런 역할도 하지 않았으면서 성공한 팀과의 관계를 과시하는 행위를 말한다. 1970년대에 심리학자 로버트 치알디니는 미국 대학 캠퍼스에서 그 대학 풋볼 팀이 우승하면 대학 이름이나 로고가 있는 옷을 입은 학생들이 많아지는 것을 보고 이 용어를 만들었다. 응원하는 팀이 승리하면 사람들은 항상 기분이 좋아진다. 학생들도 그 기분에 동참하고 싶어 했다.[27] 당연한 일이지만 팀이 패배한 후에는 충성심을 숨기고 싶어 팀의 깃발을 휘날리는 일을 꺼린다. 심리학자들이 이런 현상을 부르는 약어도 있다. '반사된 실패 차단하기cutting off reflected failure, CORFing', 즉 코핑이다.[28]

언뜻 보기에 버킹과 코핑은 단맛만 보려는 팬들에게서 예상되는 행동 특성처럼 보인다. 하지만 이러한 행동은 모든 사람이 지닌 심리적 욕구, 즉 자신의 가치에 대한 긍정적 인식을 유지하려는 욕구에서 비롯된다. 사람들은 모두 스스로에 대한 좋은 느낌을 원한다. 역사, 목적, 정체성을 공유하는 집단의 일원이 되면 그런 느낌을 받을 수 있다. 팀이 승리하면 나도 승리한다. 더 많이 투자할수록 정서적 보상도 더 커진다. 앞서 살펴본 바와 같이 이는 양날의 칼이다. 팀이 패배하면 열성 팬이 가장 큰 피해를 입는다. 혼비는《피버 피치》에서 아스널의 불행에 대한 자신의 비참한 마음이 "끔찍하고 무시무시한 수준"에 이를지 모른다고 고백한다.[29]

절대 팀을 떠나지 않는 열성 팬들은 어떻게 무너진 자존감을 회복할 수 있을까? 팬들이 선택할 수 있는 유일한 방법은 충성심을 재확인하고, 같은 팬들과 더욱 가까워지고, 상대 팬들에게 욕설을 퍼붓고, 고통이 회복력을 낳는다는 사실을 서로에게 상기시키는 것이다. 2003~2013년 잉글랜드 프리미어리그의 구단들을 대상으로 한 설문 조사에서 뉴슨은 가장 실패한 팀인 헐 시티 팬들이 심리적 친밀감의 척도인 사회적 유대 관계가 가장 강하다는 사실을 발견했다(가장 성공한 팀인 첼시 팬들은 서로 간의 유대 관계가 가장 약했다).[30] 승리도 중요하지만 소속감이 가장 중요하다.

지진 생존자들이 빠르게 회복한 이유

2015년에 나는 이란 국경 근처 터키 도시 반을 여행했다. 지각변동이 활발한 동부 아나톨리아 고원에 있는 도시였다. 그보다 4년 전 2011년 10월, 연이은 지진으로 도시 내 건물 몇천 채가 무너져 650여 명이 사망하고 몇만 명이 노숙자가 되었다. 심리적 회복탄력성에 관한 글을 쓰고 있던 나는 생존자들이 어떻게 대처하고 있는지 알아보려고 반을 방문했다.

지진은 다른 어떤 자연재해보다 커다란 정신적 외상을 남긴다. 땅이 예고 없이 사람을 집어삼킬 수 있다는 사실을 깨닫는 순간 엄청난 불안감을 느끼게 된다. 생존자들은 다시 땅을 딛고 삶을 계속할 것이라는 믿음을 갖기 어려울 수 있다. 재난 직후 터키 연구자들은 반 인구 거의 4분의 1이 외상 후 스트레스 장애를 앓는다고 추정했는데, 이는 뉴욕에서 발생한 9·11테러와 2010년 일어난 아이티 지진 등 비슷한 사건이 보이는 수준의 유병률이다.

하지만 2015년 내가 만난 사회학자와 심리학자들은 회복과 희망에 대한 이야기를 잔뜩 가지고 있었다. 사람들은 다시 일어섰고 두려움 없이 살 수 있는 방법을 찾아냈다. 한 설문 조사에 따르면 생존자 대부분은 자신의 "회복력이 매우 높다"고 생각했다.[31] 친척이나 집을 잃은 사람, 심지어 부상당한 사람들도 많은 의사들의 예상보다 더 잘 회복되는 중이었다.

사람들이 이렇게 놀라운 방식으로 회복된 이유는 무엇일까? 바로 사회적 연결이라는 아주 평범한 요소 때문이었다. 반에 간 둘째 날 나는 유준쿠일대학교 사회학과 학과장 수밧 파린Suvat Parin을 만났다. 단정한 옷차림에 과시욕이라고는 찾아볼 수 없는 그는 평생 반에 살면서 그곳의 사회구조에 대한 권위자가 된 사람이었다. 그는 사회구조야말로 이 도시가 살아남는 방법이라고 말했다. "이곳 터키 남동부에서는 사회적 유대가 전부입니다. 사회적 현실이 우리의 집단적 정체성입니다."

그는 지진 직후 자기 가족에게 일어난 일을 설명했다. 그는 친척들에게 전화를 걸어 어디 있는지, 다친 곳은 없는지 물었고 친척들 모두와 만나기로 약속했다. 그로부터 두 시간 만에 같은 성을 가진 생존자들 100명이 한곳에 모였다. 그들은 공터를 찾아 텐트를 설치했다. 텐트 안에는 음식, 의약품, 의복 등 필요한 것 전부가 있었다. "모든 것이 집단적으로 해결되었습니다. 덕분에 우리는 심리적 지렛대, 즉 상황에 대처할 수단을 갖추었죠. 혼자가 아니라는 것, 내 뒤에 사람들이 있다는 것을 알았기 때문입니다."[32]

긴밀하게 연결된 집단에 속해 있으면 지진의 여파보다 더 극심한 상황에서도 살아남을 수 있다. 아우슈비츠에 수감된 유대인 중 이전 수용소에 있던 동료 수감자들과 함께 그곳에 도착한 사람들은 사망할 확률이 적어도 20퍼센트 낮았다. 사회적 네트워크가 그들에게 사기 진작, 정체성, 추가 배급의 기회 등 이점을 제공했다.[33]

미국 남북전쟁 당시 악명 높고 위험한 남부군 수용소에 수감된 연합군 병사들이 같은 부대 친구들과 함께 있었을 경우 생존 가능성이 더 높았던 것도 같은 이유다. 우정은 여러 가지 악에서 그들을 보호했고, 우정의 깊이는 그 범위만큼이나 중요했다. 다시 말해 유대감이 깊을수록 생존 가능성이 높아졌다.[34]

현대에 이르러 수행된 정치범과 군인 수감자에 대한 연구를 보면, 정치조직에 소속된 고문 피해자는 정치적 소속이 없는 피해자보다 고문으로 인한 심리적 문제를 적게 경험한다.[35] 또한 군인은 민간인보다 포로 생활을 잘 견뎌낸다. 두 경우 모두 사회적 유대가 중요한 보호 기능을 하는 것으로 보인다. 무언가에 맞설 때, 전우들이 자신을 응원한다는 사실을 아는 것보다 더 든든한 건 없다. 사회적 지지는 폭탄 제거 요원, 심장 수술 환자 등 심각한 위협에 처한 많은 사람들의 건강에도 기여하는 것으로 밝혀졌다.[36]

반대로 사회적 지지가 부족하면 극도로 취약해질 수 있다. 2005년 7월 7일 런던 교통망에 자살 폭탄 테러가 발생했을 때에는 전화 네트워크가 다운되어 사랑하는 사람들과 연락할 수 없었던 생존자들이 훨씬 더 높은 확률로 심한 스트레스를 받았다. 재난이 발생했을 때 아는 사람과 대화하는 것만으로도 대처 방식에 큰 차이가 생길 수 있다.[37]

심리학자들은 집단의 치유 효과를 '사회적 치료social cure'라고 부른다.[38] 이 효과는 놀라울 정도로 강력할 수 있다. 총 30만 명 이상이 참여한 건강 연구 148건을 검토한 결과 흡연, 운동, 식단 등 일반적으로 알려진 요인보다 사회적 연결이 개인의 건강에 더 중요하다는 사실이 밝혀졌다.[39] 사회적 연결은 신체만이 아니라 정신에 바르는 연고이기도 하다. 예컨대 우울증을 겪은 사람은 집단에 가입하면 우울증 재발 가능성이 낮아진다. 더 많은 집단에 가입할수록 위험은 더 낮아진다.[40] 연결의 **질**이 중요하다. 집단이 스트레스에서 사람을 보호하고, 회복력을 강화하고, 회복 속도를 높이고, 특정 심리적 필요를 충족시키는 등 치유력을 가지려면 그 집단이 정서적으로 중요하게 느껴져야 한다.[41] 그 이유 중 하나는 서로를 같은 클럽 일원으로 여기고 사회적 정체성을 공유하는 사람들끼리는 서로를 도울 가능성이 훨씬 더 높기 때문이다. 뿐만 아니라 소속감 자체가 동료애, 자존감 향상, 목적의식, 통제감, 도덕적 지남력 같은 심리적 선물을 동반한다. 소속감은 혼자만의 안위를 넘어 더 큰 삶의 이야기로 관심 영역을 확장하고, 남들과 공유하는 이런저런 요소에서 의미를 찾도록 해준다.

심리적 배당금

트라우마 피해자에게 적용되는 것과 똑같은 방식으로 팬덤에도 사회적 치료가 적용된다. 심리학자 대니얼 완은 지난 30년 동안 스포

사고 집단	
당신에게는 팀의 승리가 얼마나 중요합니까?	1=중요하지 않음 8=매우 중요함
스스로 생각하기에 당신은 얼마나 열성적 팬입니까?	1=팬이 아님 8=팬심이 매우 강함
당신 친구들이 생각하기에 당신은 얼마나 열성적 팬입니까?	1=팬이 아님 8=팬심이 매우 강함
시즌 중 다음 방법으로 팀의 성적을 얼마나 자세히 확인합니까? (1) 직접 혹은 TV로, (2) 라디오를 통해, (3) TV 뉴스나 신문을 통해	1=절대 확인하지 않음 8=거의 매일 확인함
팀의 팬이라는 것이 당신에게는 얼마나 중요합니까?	1=중요하지 않음 8=매우 중요함
팀의 라이벌을 얼마나 싫어합니까?	1=싫어하지 않음 8=매우 싫어함
직장이나 사는 곳, 옷에 팀의 이름이나 상징물을 얼마나 자주 표시합니까?	1=절대 하지 않음 8=항상 표시함

대니얼 완의 스포츠 관중 정체성 척도로, 스포츠 팬의 팀에 대한 헌신도를 측정한다.(《국제 스포츠 심리학 저널International Journal of Sport Psychology》)

츠 팬들이 팀 및 동료 팬들과 맺고 있는 관계와 이것이 팬들의 웰빙에 미치는 영향에 관심을 가져왔다. 그가 한 많은 연구에 따르면 팀을 정체성의 중심 부분이자 자신의 **연장**으로 여기는 팬은 정신적 에너지, 자존감, 행복감이 높고 우울증에 걸릴 위험도 낮았다.[42]

스포츠 팬덤에 적용되는 것은 다른 모든 팬 집단에도 적용된다.

완이 연구 결과를 발표한 후 다른 연구자들도 SF 영화, 판타지 소설, 보이 밴드, TV 드라마, 일본 애니메이션 영화 및 만화책 팬들, 더 구체적으로는 〈스타트렉〉의 팬 트레키즈Trekkies, 《해리 포터》의 팬 포터헤드Potterhead, 셜록 홈스의 팬 셜로키언즈Sherlockians, 원 디렉션의 팬 디렉셔너즈Directioners, 〈닥터 후〉의 팬 후비언즈Whovians 그리고 이상하게도 공통된 명칭이 붙지 않은 〈스타워즈〉 팬들도 심리적 배당금을 받아간다는 것을 발견했다. 많은 팬들이 온라인 상호작용을 통해서만 서로를 알았으나 그렇다고 유대감이 약해지지는 않는 듯했다.

퀸즈랜드공과대학교 연구원들은 멜버른에서 열린 컨벤션에서 SF 팬들 몇백 명을 인터뷰한 결과, 그들이 이웃보다 팬덤에 더 큰 공동체 의식을 느낀다는 사실을 발견했다.[43] 열정을 공유하면 쉽게 연결될 수 있다.

팬덤은 과학적 연구로 정량화하기 어려운 또 다른 이점도 제공한다. 〈스타트렉〉이나 《해리 포터》 시리즈 등이 보여주는 환상적 세계는 비루한 현실에 도피처를 제공하고 다양한 우정과 마법 등 다른 세상을 엿볼 기회를 준다. 팬이 되면 독창적 방식으로 근본적 변화를 일으킬 수 있다.

디페쉬 모드(1980년 결성된 영국 밴드—옮긴이)는 소련 치하 동유럽에서 현실에 대한 불만을 표출할 대안을 찾던 사람들에게 큰 인기를 끌었다. 이 밴드의 글로벌 팬덤을 다룬 다큐멘터리 〈그 포스터들은 장벽에서 왔다〉에서는 한 팬이 "우리는 공산주의자나 극우주의자처럼 디페쉬주의자다"라고 선언한다.[44] 오늘날까지도 러시아 팬들은 이 밴드의 리드 싱어 데이브 게한의 생일인 '데이브 데이'를 기념한다. 우연히도 이날이 공휴일이라 디페쉬주의적 공감을 드러낼 완벽한 핑계가 된다.

팬덤은 주류 문화가 숨 막힌다고 느낄 때 숨 쉴 수 있는 곳이다. 팬들은 모두 함께하기 때문에 남들과 다르거나 이상하거나 괴상해도 안전하다. 35년 전, 미디어 연구학자 헨리 젠킨스는 팬덤 문화에 관한 유명한 에세이에서 팬덤을 "소외된 하위문화 집단(여성, 청소년, 동성애자 등)이 문화적 관심사를 표출하고자 비틀어 열 수 있는 공간"이라고 정의했다.[45] 이러한 집단은 사회 변화를 위한 강력한 힘이 될 수 있다. 2015년 보이 밴드 원 디렉션의 성 소수자 팬들이 동성애 혐오에 맞서 싸우기 위해 결성한 레인보우 디렉션Rainbow Direction은 밴드 멤버들이 무대에서 무지개 팔찌를 착용하면서부터 급격히 인지도가 높아졌다.[46] 사회적 상호작용은 이런 운동의 심리적 원동력이 된다.

내가 가장 좋아하는 팬의 사례 가운데 하나는 시카고에 사는 인도계 미국인 작가 프리앙카 보세다. 그녀는 〈미라큘러스: 레이디버그와 블랙캣〉에 푹 빠지기 전까지는 친구를 사귀는 데 어려움을 겪었다. 〈미라큘러스〉는 슈퍼히어로로 변신할 수 있는 10대 둘이 강력한 악당에게서 파리를 지키기 위해 팀을 이룬다는 내용의 프랑스 TV 시리즈다. 프리앙카는 온라인 〈미라큘러스〉 팬클럽에 가입했고, 그룹 채팅을 통해 이 프로그램을 좋아하는 젊은 여성 셋과 친구가 되었다. 결국 프리앙카는 그들을 직접 만났으며 그 후 그들의 부모, 형제자매, 배우자, 심지어 반려동물과도 조우한다. 그녀는 2020년 12월 발행된 온라인 잡지 〈캐터펄트Catupult〉에서 "불친절함이 팽배한 이 세상에서 프랑스 어린이 쇼 덕분에 이렇게 놀라운 친구들을 만나다니 믿기지 않는다"고 썼다. "우리는 약점이 있어도 괜찮은 곳, 서로의 꿈과 야망을 깊이 지지하는 사랑과 우정의 오아시스를 만들었다. 정말이지 '미라큘러스'한 일, 기적과 같은 일이다."[47]

이것이 바로 팬덤이다. 팬덤은 사람들이 놀라운 무언가의 일부가 된 것처럼 느끼게 해준다. 3장에서는 사람들이 애초에 어떻게 자신의 영웅에게 빠지는지, 왜 그런 가상 관계를 그토록 굳게 붙잡는지, 사람들과 열정을 공유할 때 어떤 힘이 나오는지 살펴보기로 하자.

3장

현실을
움직이는
가상 세계

가상 캐릭터에는 언제나 접근이 가능하다.
그들은 결코 갑작스레 잠수를 타지 않는다.
그들은 신뢰할 만한 성격이다.

가상 인물을 실제 인물로 믿는 상황은 대중문화에서 익숙하게 접하는 클리셰다. 이런 클리셰가 없다면 터무니없어 보이는 드라마가 많을 것이다. 특히 이런 현상에 취약한 시청자들이 있다. 셜록 홈스 팬을 생각해 보자. 그들 중 상당수는 아서 코난 도일이 만들어 낸 가상의 탐정이 실존 인물이라고 확신한다. 수많은 사람들이 코난 도일의 소설에 등장하는 홈스의 주소인 베이커가 221b번지로 홈스에게 편지를 보냈다. 반세기가 넘는 기간 동안 그들의 편지는 베이커가 221번지가 본사인 애비로드주택건설조합(훗날 애비내셔널이 되었다)에 도착했다.

2005년 건물을 비울 때까지 애비내셔널은 이러한 편지에 답장하는 일만 전담하는 비서를 두었다. 그중엔 홈스의 사생활에 대해 자세히 묻는 편지도 있었다. 홈스는 왼손잡이였나요, 오른손잡이였나요? 구스베리 잼을 좋아했나요? 결혼은 했나요? 의뢰인과 사랑에 빠진 적이 있나요? 편지를 보낸 수많은 사람들은 뱀파이어와 폴터가이스트(이상한 비명이 들리거나 물체 스스로 움직이고 파괴되는 현상—옮긴이)를 비롯해 기타 초자연적 생명체에 대한 홈스의 의견을 물었다. 한층 철학적인 질문도 있었다. 이를테면 "사랑은 어느 정도까지 범죄의 근원이 되나요?" 등이다. 또는 "한동안 유명인이 그린 돼지 그림을 수집해 왔는데, 최근 당신이 돼지 그림을 그려준다는 조언을 들었습니다"처럼 대놓고 엉뚱한 질문도 있었다. 여동생의 실종, 이모의 피살, 롤스로이스 자동차 도난 등 실제 범죄를 해결하는 데 홈스의 도움을 요청하는 비율도 높았다. 잭 더 리퍼의 정체를 묻는 일도 있었다.[1]

요즘 셜록 홈스에게 보내는 편지는 2010년 웨스트민스터 시의회에서 베이커가 221b번지라는 주소를 부여한 셜록 홈스 박물관으로 배달된다. 실제로는 237번지와 241번지 사이에 위치한 박물관이다. 홈스는 1904년 이후 '은퇴'했지만 팬들의 편지는 끊이질 않는다. 박물관은 하루에 편지를 대여섯 통 받는다. 그중 상당수는 중국에서 오는데 다음 편지도 그중 하나다.

친애하는 홈스 씨

나쁜 소식을 전하기 위해 편지를 쓰게 되어 유감이군요. 제임스 모리어티 교수가 **돌아왔어요!** 지난 금요일, 베이징 나의 집 근처 슈퍼마켓에서 그가 매우 나직하고 이상한 목소리로 누군가와 통화하는 것을 들었습니다. …긴급 상황이라고 생각해요. 당신의 **빠른 답변**과 의견을 기다리겠습니다.[2]

최근 박물관을 방문했을 때 한 관계자는 최근 중국 어느 특파원이 구애를 거절당한 후 어떻게 여성의 애정을 되찾을 수 있을지 편지로 홈스의 도움을 요청했다고 들려주었다. 셜록 홈스의 팬들은 자신이 어느 곳에 살든 자신이 가장 좋아하는 탐정이 어떤 문제에도 도움을 주리라 확신하는 듯하다.

준사회적 관계에서 배우다

심리학자들은 친밀감에 대한 이와 같은 환상을 '준사회적 관계parasocial relationship'라고 부른다. 상대가 가상 인물이든 실제 사람이든, 사람이든 아니든, 인간은 거의 모두와 준사회적 관계를 맺을 수 있다. 이 관계는 전적으로 일방적이고 상호성이 없어서 아무것도 돌려받을 수 없다. 마찬가지로 거절당할 일도 없다.

이 개념이 이상하게 들릴지도 모르지만 1956년 이 용어를 만든 학자들인 도널드 호턴과 리처드 윌[3]은 준사회적 관계가 남들과 연결되고 싶은 인간의 근본적 욕구를 표현한다고 믿었다. 이들은 대중매체 초창기, 인기 있는 가상 캐릭터나 광범위한 사람들에게 매력을 발휘할 만한 유명인이 거의 없던 시절에 연구를 시작했다. 오늘날에는 선택의 폭이 무한하며, 준사회적 유대가 주류 문화의 일부가 되었다. 누군가의 팬은 준사회적 관계에 있는 것이다. 이는 지극히 정상적 현상이므로 걱정할 필요가 없다.

2장에서 살펴본 것처럼 남들과 관계를 맺는 것은 진화의 필수 요소로서 인간 행동의 많은 부분을 주도한다. 하지만 관계는 달성하기 어려운 목표다. 타인은 까다로울 가능성이 있고 관계는 우리를 취약하게 만들지도 모른다. 때로 가상 캐릭터에 사회적 에너지를 투자하고 자신들이 잘 통제할 만한 관계에 안주하는 쪽을 선호하는 것도 그 이점을 생각하면 그다지 놀라운 일은 아니다. 가상 캐릭터에는 언제나 접근이 가능하다. 그들은 결코 갑작스레 잠수를 타지 않는다. 그들은 신뢰할 만한 성격이다. 다시 말해 이들에게 빠질 때는 어떤 사람인지 미리 알 수 있다. 또한 다른 많은 사람들도 같은 인물을 좋아할 수밖에 없으므로 이미 형성된 인간 친구군을 얻을 수도 있다. 프리앙카 보세의 〈미라큘러스〉 팬클럽이나 해리 포터에 대한 공통된 사랑으로 많은 우정이 이뤄진 것이 그 사례다.

심리학자들은 준사회적 관계가 실제 관계를 대체할 수 있다고 주장하지 않는다. 그러나 준사회적 관계가 도움이 될 수 있다는 증거는 많다.[4] 무엇보다도, 준사회적 관계는 불안할 여지가 있는 관계의 측면을 탐구하게 하고, 위험성 없이 애착과 의존의 감정을 실험하게 해준다. 성장의 기회도 제공한다. 환상적 세계로 이동하여 현실에서는 절대 만날 수 없는 캐릭터와 상호작용하는 것은 재미도 있으려니와 생각을 확장할 기회가 되기 때문이다. 또한 준사회적 관계는 역할 모델과 지향할 태도 그리고 누군가와 친밀감을 느끼는 것이 무언지를 상기시키는 이른바 조그마한 '사회적 간식'을 제공한다.

때로는 준사회적 관계가 사람의 생명을 구하기도 한다. 2000년대 초반 덴마크의 어린 소녀 테아 군데센Thea Gundesen은 또래 친구들에게 따돌림당하고 절망적으로 외로웠을 때 그렇게 느꼈다. 27세의 그녀는 내게 "어릴 때부터 잘 어울리지 못했어요. 남들과 달랐고 받아들여진다는 느낌을 받지 못했죠. 아이들은 괴롭히고 때리고 내 물건을 망가뜨렸어요. 어디에도 소속되지 않았음을 의식하며 자라는 건 끔찍한 일이에요. 목숨이 걸린 문제처럼 보이지는 않지만 어떤 면에서는 사실 그래요"라고 털어놓았다.

그러던 중 아버지가 《해리 포터》 시리즈의 첫 번째 영화인 〈해리 포터와 마법사의 돌〉 비디오를 집으로 가져왔고, 그녀는 이 시리즈의 놀라운 배경과 즐거운 동료애에 빠져들었다. "마법사 세계는 구세주처럼 다가왔어요. 그곳에서 위안을 얻었죠. 해리는 왜 주변에서 이상한 일이 일어나는지, 왜 자신을 받아들이지 않는지, 사랑받지 못하는지 이해할 수 없었죠. 해리는 마법사였으니까요. 그는 달랐어요. 달라서 좋았지요. 내가 이상한 게 아니고 혼자도 아니라는 걸 깨달았어요. 단지 날 이해하고 받아줄 마법 같은 사람들을 아직 찾지 못했을 뿐이었어요."

테아는 이 시리즈의 특정 캐릭터에 이입하기보다는 그 대안적 세계관을 즐겼다. 테아는 호그와트로 순간 이동하여 해리 포터 그리고 그의 친구들과 함께 모험을 떠나는 자신의 모습을 쉽게 상상할 수 있었다. 테아는 말했다. "《해리 포터》의 세상은 내가 살던 삶에서 멀리 떨어진 집이자 경이로움으로 가득한 기발한 장소였고, 저를 지지하는 커뮤니티가 있는 곳이었어요. 완벽한 판타지였죠. 그곳에 있을 때는 아무런 고통도 느끼지 않았어요." 그 후 테아는 아스퍼거증후군과 주의력결핍과잉행동장애ADHD 진단을 받았는데 이는 그녀가 어린 시절 느꼈을 고립감과 혼란을 설명한다.

오늘날 그녀는 《해리 포터》 세계관에 대한 사랑을 공유하는 거대한 팬 커뮤니티와 소중한 관계를 맺고 있다. 때때로 그녀는 "호그와트에서는 도움을 요청하는 사람은 언제나 도와준다"는 마법사 학교 교장 알버스 덤블도어의 약속 그리고 "아무리 어두운 시기라도 불을 켜는 것만 기억하면 행복을 찾을 수 있다"는, 어려움에 처한 사람들을 위한 그의 조언을 떠올리면서 마법사들의 세계로 돌아가곤 한다.

테아의 경험은 역할 모델이 반드시 실존 인물이어야 유의미하지는 않으며, 가상 세계에서 묘사되는 규범과 가치가 삶 속에서의 그

것과 똑같이 중요할 수 있음 을 보여준다.

얼마 전 나는 소셜 네트워킹 플랫폼 레딧에서 팬들 사이에서 벌어진 토론에 참여했다. 주제는 〈스타워즈〉가 삶을 어떻게 변화시켰는가였다. 많은 팬들이 유서 깊은 기사단 제다이에게 영감을 받아 명상과 부정적 감정의 조절로 포스Force의 밝은 면을 이끌어내는 법을 배웠다고 말했다. 어느 팬은 제다이 마스터 오비완 케노비처럼 "냉정하고 충성스러우며 지적이고 재치 있고 냉소적인 사람"이 되고 싶다고 했다. 제다이의 정신 수양에 흥미를 느껴 불교에 관심을 갖는 팬도 있었다. 몇몇 팬들은 〈스타워즈〉에 대한 어린 시절 집착을 삶의 철학으로 바꾸어놓았다. 한 팬은 "제다이의 지혜와 이상은 나를 극복하는 데 도움이 되고 주변 모든 것을 사려 깊게 생각하도록 해준다"고 설명하기도 했다.

셜록은 나를 거절하지 않아

도널드 호턴은 준사회적 관계가 끊임없이 외로워하고 사회적으로 불안한 사람들에게 "사교성의 묘약을 누릴 기회"를 제공함으로써 특히 큰 가치가 있다고 생각했다.[5] 심리학 연구에 따르면 그의 생각이 반드시 옳지는 않다. 남의 감정에 공감하는 데 어려움을 겪는 사람들은 상상의 인물에 공감하는 데도 어려움을 겪는 반면, 외향적이고 의사소통 능력이 뛰어난 사람은 두 가지 일 모두에 능숙하다.[6] 그렇지만 준사회적 관계는 심리학자들이 '불안-양가적anxious-ambivalent' 애착이라 부르는 관계를 형성하는 사람들, 즉 친밀한 관계를 원하지만 어린 시절 경험으로 인해 관계를 불신하는 사람들에게 도움이 **된다**.[7] 버려진다는 두려움 없이 원하는 대로 친밀하고 헌신적으로 행동할 수 있다는 점은 그들이 환상 속 인물을 매력적으로 느끼는 이유가 된다. 또 다른 장점은 셜록, 《해리 포터》의 스네이프, 〈스타트렉〉의 스팍 등 성격이 괴팍한 인물과도 성공적 관계가 가능하다는 것을 알면 친근한 이웃 사람에게는 더 많은 기회를 주려는 마음을 내게 된다는 것이다.

준사회적 관계는 현실의 관계가 무너지고 절실히 소속감을 느끼고 싶을 때 특히 중요하다. 사회적 거부는 존재의 핵심이 파열되는 느낌을 줄 수 있다. 그 여파로 사람들은 타인과의 관계 재건에 혹은 새로운 관계 형성으로 사회적 구조에 뚫린 구멍 메우기에 엄청난 공을 들인다. 그들은 가족사진을 보면서, 소셜 미디어에서 친구의 프로필을 검색하면서 혹은 축구 셔츠나 소중한 선물 등 상징적 물건에 많은 시간을 할애하면서 혼자가 아니라는 안도감을 느끼려한다.[8] 심지어 반려동물과 친밀한 관계를 형성하려 애쓰기도 한다. 공허함을 채우려면 무엇이든 상관이 없다. 이처럼 관계 맺기에 대한 절박함 때문에 가상 인물도 실제 인물만큼이나 이런 명분에 동원될 가능성이 높다.[9]

거절에 대한 사람들의 반응을 연구하는 심리학자 메건 놀스는 가상 인물은 '사회적 대리자', 즉 대리적 친구 역할을 할 수 있다고 말한다. 그녀의 실험에 따르면 좋아하는 캐릭터를 생각하거나 그것에 관한 글을 쓰거나 그 캐릭터를 시청하는 것은 실제 우정과 마찬가지로 거절의 해로운 영향을 일부 완화하고 배척의 충격을 줄여준다.[10]

사회적 욕구의 충족을 위해 노력할 때 사람들은 놀라울 정도로 유연해질 수 있다. 휴스턴대학교 심리학자 제이 데릭은 좋아하는 TV 프로그램을 떠올리기만 해도 거절로 인한 외로움과 불안감을 덜 느끼게 됨을 알아냈다.[11] 그 이유 중 하나는 〈그레이 아나토미〉 〈소프라노스〉〈섹스 앤 더 시티〉 등 장수 프로그램이 매주 같은 환경에서 함께 등장하는 출연진을 중심으로 전개되는 덕분일 수 있다. 익숙한 공간에는 쉽게 빠져들게 마련인데 그 경우 소속감을 느끼기 때문이다.

데릭은 "사람들은 이 가상 사회로 이동한다. 그 세계에는 물론 줄거리가 있고 개인, 가족, 집단도 존재한다. 그들 모두가 상호작용하는 가운데 사람들은 그 일부가 된 느낌을 받는다"고 말했다. 또한 데릭은 사회적 관계를 맺고 있는 다른 사람들도 같은 시간대에 동일한 프로그램을 시청할 가능성이 높다고 했다. "이런 프로그램이 사회적인 이유는 부분적으로는 우리가 이런 프로그램을 볼 때 현실에서 가까운 다른 사람들이나 온라인 팬 집단, 혹은 이런 프로그램을 함께 아끼는 다른 대규모 집단과 연결되어 있다고 느끼기 때문이다."

최근 데릭의 제자 매기 브리턴은 가상 세계가 스스로에 대한 느낌을 바꿀 뿐 아니라 부정적 행동을 변화시키는 데 도움이 된다는 사실을 보여주었다. 예를 들어 금연을 결심한 흡연자는 응원해줄 파트너가 있으면 성공할 가능성이 높다. 반면 파트너가 무관심하면 흡연자는 외로운 싸움을 해나가야 한다. 브리턴이 알아낸 바로는 좋아하는 영화나 책, TV 프로그램이 그 보완책이 되기도 한다. 브리턴의 연구는 사회적 대용물이 습관을 끊는 데 거의 인간만큼이나 효과적이라는 사실을 입증했다.[12] 뱀파이어 슬레이어 버피(〈버피 더 뱀파이어 슬레이어〉는 미국 드라마 시리즈로 버피는 이 드라마의 주인공—옮긴이)나 우주선 엔터프라이즈호 승무원에게 마음을 쏟을 수 있다면 굳이 현실의 파트너가 필요하겠는가?[13]

코스플레이어에 관한 의외의 연구 결과

사람들은 가상 세계에서 많은 시간을 보낸다. 가상 세계를 좋아하는 이유는 무엇일까? 몇 가지 가능성이 있다. 먼저 가상 세계는 지루한 삶에서 벗어나는 탈출구를 제공한다. 외로움과 사회적 거부에서 보호한다. 타인의 시선으로 세상을 바라보게 하고 타인의 감정을 상상하도록 돕기도 한다. 진화심리학자들 사이에서 인기 있는 이론은 사람들이 가상 세계를 통해 미래를 시뮬레이션하고, 새로운 관점을 시도하며, 위협적 시나리오에 대비할 수 있다는 것이다.[14] 이 모든 것이 사실일지 모른다. 몇만 년 동안 인간은 이야기를 만들고 소비하는 데 많은 인지적 에너지를 쏟아왔다. 이런 행동에 아무런 쓸모가 없었다면 오히려 이상한 일 아니겠는가.[15]

허구의 창작물을 감상하는 것은 수동적 작업이 아니다. 가장 좋은 경우 허구의 창작물은 상상과 현실의 경계를 시험하는 방법으로써 심도 깊은 상호작용을 하며 변혁을 일으키기까지 한다. 이런 현상이 가장 두드러지게 나타나는 경우는 코스프레 또는 '코스튬 플레이'인데 이는 팬들이 가상의 캐릭터에서 따온 모습으로 분장하는 전통이다.[16] 현대적 형태의 코스프레는 1960년대 미국 SF 컨벤션에서 시작되었다. 매년 팬들 몇만 명이 모이는 대중문화 축제인 샌디에이고 코믹콘 인터내셔널에서 코스프레는 절정을 이룬다. 이 행사가 벌어지는 도처에서 배트맨, 울버린, 대너리스 타르가르엔, 볼드모트 경, 〈아바타〉의 푸른 나비족, 〈스타워즈〉의 수많은 스톰트루퍼, 디즈니 공주, 레아 공주, 톨킨의 드워프 등 정교하게 분장한 상상 속 존재들을 만나 볼 수 있다.

미디어 연구학자 헨리 젠킨스는 코믹콘을 '꿈의 장'으로 보았으며 코스프레는 그 꿈을 대중에 공개하는 방법이라고 설명한다.[17] 그런데 그 꿈은 환상적인 동시에 야심 찬 것이다. 코스프레를 통해 팬들은 한계를 뛰어넘고 유쾌한 방식으로 정체성을 실험할 수 있다. 코스프레를 하는 사람들은 종종 자신과 매우 다른 캐릭터나 다른 성별(크로스플레이라고 한다), 심지어는 다른 연령대의 캐릭터를 일부러 선택해 그 느낌을 경험해 보기도 한다. 일부 코스플레이어(코스프레를 하는 사람—옮긴이)들은 보통 자신이 숨기고 사는 반사회적 특성을 가진 캐릭터를 선택하기도 한다. 이를 내면의 다스 베이더나 볼드모트를 표출할 기회로 삼는 것이다.[18]

어떤 사람들은 닮고 싶은 캐릭터, 즉 존경하는 자질이나 가치관을 지닌 인물을 아우르기도 한다. 소셜 미디어를 통해 모집한 코스플레이어 198명을 대상으로 한 연구에서 심리학자 로빈 로젠버그는 기억이 존재하는 순간부터 원더우먼으로 코스프레하고 싶었다는 응답자의 말을 인용한다.

원더우먼은 아름다운 공주였으되 강인하고 독립적이었다. 자기 자신 및 아끼는 모든 사람을 손수 돌보았고, 왕자의 도움만 기다리지 않았다. 여성으로만 구성된 가정에서 자란 내겐 그것이 중요한 자질이었다. (…) 원더우먼에게서 어머니의 성품에서 가장 좋은 면을, 또 나와 동생이 되기 바라는 여성상을 보았다. 나는 어릴 때부터 항상 원더우먼을 숭배했고 이다음에 커서 원더우먼이 '되고' 싶었다.[19]

상상 속 우주에 등장하는 캐릭터로 분장한 채 안목 있는 팬들 앞에서 행진하려면 어느 정도 자신감이 필요하다. 코스플레이어를 외향적이고 과시욕이 강한 사람으로 생각할 법하지만, 이 커뮤니티에 대한 성격 조사에 따르면 오히려 그 반대다.[20] 코스플레이어는 과시를 위해서가 아니라 차려입는 것을 좋아하기 때문에 옷을 입는다.

일단 그 캐릭터가 되면 성격이 크게 바뀔 수 있다. 이에 대한 증거는 주로 의인화된 동물 캐릭터(인간의 특징을 가진 동물)를 좋아하는 '퍼리족furries'에 대한 연구에서 나온다. 의인화된 동물의 예로는 디즈니의 미키마우스와 밤비, 비디오게임 캐릭터인 고슴도치 소닉, 리처드 애덤스의 소설《워터십 다운》에 등장하는 토끼, 러디어드 키플링의《정글 북》이나 디즈니의 〈라이온 킹〉에 등장하는 동물 등이 있다.

여타 대중문화 팬들과 달리 퍼리족은 기존 캐릭터에 관심을 두지 않고 자신만의 캐릭터를 창조한다. 모든 퍼리족은 자신의 이상적 또는 대안적 형태인 아바타 또는 정령 '퍼소나fursona'를 채택한다. 실제 동물이나 신화 속 동물 등 그 무엇도 퍼소나가 될 수 있다. 가장 인기 있는 동물은 늑대, 여우, 개(특히 허스키), 호랑이, 사자 등이다. 종의 선택은 문화의 영향을 받는데 용은 아시아에서, 캥거루는 호주에서 유행이다. 일부 퍼리족은 혼혈이라는 정체성을 띤다. 예를 들어 개와 늑대의 교잡종이라는 식이다. 퍼리족 모임과 온라인 포럼에서는 대형 포식자 사이에서 인기가 덜한 다양한 동물들이 한자리 차지하려고 경쟁한다. 쥐, 토끼, 너구리, 곰, 말, 뱀, 스컹크, 다람쥐, 까마귀, 올빼미 그리고 이따금 보이는 공룡을 예로 들 수 있다. 피츠버그에서 열리는 세계 최대 규모의 연례 퍼리족 모임인 앤스로콘Anthrocon 주최자이자 연구원 사무엘 콘웨이Samuel Conway는 사무라이 바퀴벌레로 분장했다. 나는 그리핀, 유니콘, 심지어 고대 중앙아메리카에서 숭배한 깃털 달린 뱀 모양 케찰코아틀도 보았다.

이런 모임에 참석하면 퍼리족은 내면의 동물을 표현하고 다채로운 가족의 일원이 된 기분을 느낀다. 털을 휘날리며 종족의 일원이 되는 것이다. 꼬리, 귀, 개목걸이 같은 액세서리와 테두리에 털가죽이 달린 복장은 기본이고, 아주 열성적인 사람들은 만드는 데 몇 주나 걸리는 전신 모피 의상을 입기도 한다. 어떤 옷을 입든 꼬리를 필수 아이템으로 여기므로 퍼리 모임에서는 항상 남의 꼬리를 밟지 않도록 주의하는 것이 좋다.

퍼리족은 한 가지 분야에만 관심이 있을지 모른다. 하지만 이들이 관심사를 표현하는 동기는 다른 많은 유형의 팬들과 같다. 사회심리학자 코트니 플란테는 퍼리족의 취향이 "같은 생각을 가진 사람들을 한 공간에 모으기 위한 핑계"라고 말한다. "퍼리족 모임은 지역 교회 모임이나 매주 같은 펍에 가는 축구 팬들의 동지애 혹은 커뮤니티와 다를 바 없다." 플란테는 지난 10년간 퍼리족의 인구통계, 태도, 행동에 관한 데이터를 수집해 온 사회과학자 집단인 국제 의인화 동물 연구 프로젝트International Anthropomorphic Research Project, IARP 공동 창립자다. 이들의 연구 덕분에 사람들은 스포츠를 제외한 다른 어떤 팬덤보다 퍼리족에 대해 더 많이 알게 되었다.[21]

10대 시절부터 퍼리족이었던 플란테는 이 팬덤에 대해 잘 알고 있다. 그의 퍼소나는 '누카'라는 형광빛 도는 파란색 고양이다. 고양이를 선택한 건 그가 가장 좋아하는 동물이어서, 파란색을 선택한 건 색맹인 그가 볼 수 있는 몇 안 되는 색 중 하나여서다. 그는 연구원으로 일할 때도 퍼리족으로서의 신분을 뽐내는 데 거리낌이 없으며, 가끔 퍼리족 옷을 입고 강의를 하기도 한다(그에 따르면 학생들 피드백은 '대체로 긍정적'이다). 캐나다 퀘벡의 비숍대학교에 있는 그의 연구실에 스카이프로 연락했을 때, 그는 체인 금속 목걸이에 가죽 목걸이를 하고 있었다.

플란테는 퍼리족일 뿐 아니라 애니메이션 〈마이 리틀 포니: 우정은 마법〉 팬인 '브로니Brony'이기도 하다. 이 시리즈는 1980년대에 어린 시절을 보낸 사람이라면 한 번쯤 가지고 놀았을 법한 해즈브로사의 장난감 라인을 기반으로 한다. 어린 소녀들을 겨냥한 이 시리즈는 예상치 못하게 20대 이성애자 남성들 사이에서 인기를 끌었다. 이들은 우정과 공감이라는 주제에 이끌리며 전통적 성 고정관념을 깰 기회를 즐기는 사람들이었다. 이 시리즈에 등장하는 조랑말들은 외모가 독특할 뿐 아니라 색다른 개성이 있다. 여섯 명의 주인공 메인 식스Mane Six(Mane은 '갈기'란 뜻이며 주연이 여섯 명이란 뜻의 Main Six와 발음이 같다—옮긴이)는 각각 '조화의 요소'를 나타내며(플란테가 가장 좋아하는 조랑말인 트와일라잇 스파클은 마법을 의미한다), 각 에피소드는 우정의 본질에 대한 교훈을 남겼다.

퍼리족이 그렇듯 브로니도 2장에서 살펴본 앙리 타지펠과 존 터너의 사회적 정체성 이론으로 예측할 수 있는 여러 행동 경향을 보인다. 플란테와 그의 동료들이 실시한 설문 조사에 따르면 브로니는 〈마이 리틀 포니〉 캐릭터의 긍정적인 사회적 규범과 동일시할 뿐만 아니라 이러한 규범에 영향받는 행동을 한다. 브로니들은 다른 브로니들과 함께 있을 때 더 너그럽다. 자선단체에 더 많이 기부하고 대체로 더 많은 도움을 베푼다. 이런 경향은 프로그램을 많이 볼수록 더 강해진다.[22]

관대함 같은 자질이 상황에 따라 형성된다는 관점은 타고난 성격이 불변한다는 관점과 충돌한다. 그런데 후자의 일반적 인식은 그릇되어 보인다. 사회심리학자들은 대개 개인의 사회적 환경이 사고와 행동 방식, 심지어 성격에까지 지대한 영향을 미친다는 사실을 인정한다. 사회적 정체성 이론은 이러한 원칙에 기초하며,[23] 일부 증거가 IARP의 퍼리족 연구에서 나오기도 했다.

2015년 플란테의 동료 스티븐 레이센이 이끄는 연구팀은 퍼리족 몇백 명을 대상으로 외향성, 성실성, 경험을 향한 개방성, 호감도, 정서적 안정감 등 '빅 파이브'(전술한 다섯 가지 성격 요인을 뜻하는 심리학 용어—옮긴이) 성격 특성을 평가했다. 이들은 평상시의 '비-퍼리족' 신분과 '퍼소나' 신분으로 총 두 번 검사를 받았다. 그런데 퍼소나 성격이 모든 특성, 특히 외향성에서 일상적 성격보다 훨씬 높은 점수를 받는 놀라운 결과가 나왔다. 이렇게 외적 정체성을 바꾸면 내적 정체성도 바뀌는 것처럼 보였다. 플란테는 "퍼소나는 실제보다 더 큰 자아를 가지는 경향이 있다. 그러므로 실제 자아보다 더 행복하고 재미있으며, 더 외향적이고 자신감이 넘친다. 동시에 더 진지하고 탐구적이고 친절하기도 하다. 이상적 자아라고 할 수 있다"[24]고 말한다.

이 원칙은 다른 팬덤에도 적용된다. 레이센은 팬 모드와 팬이 아닌 모드에서 스포츠 팬들의 성격을 평가한 결과 비슷한 패턴을 발견했다. 다만 변화의 방향과 크기는 달랐다. 팀 모드에서 스포츠 팬은 더 외향적이었지만 덜 양심적이었고 호감도가 떨어졌으며 정서적으로 덜 안정적이었다. 타당한 말로 들린다. 축구나 야구 경기 관중석에서는 과격함과 대립이 일반적이다. 팬이 되면 변화가 일어나지만 그 변화의 성격은 팬덤마다 고유하다.

팬픽, 주류의 서사 뒤집기

가상 세계는 기쁨과 심리적 성장을 가져다주는 한편 좌절을 주기도 한다. 때론 줄거리가 실망스럽고 엉뚱한 캐릭터들끼리 서로 빠져든다. 이처럼 자신이 속한 특정 연령대, 성별, 인종, 성적 취향이 작품 내에 표현되지 않으면 팬들은 소외감을 느낄 수 있다. 이런 일이 발생하면 종종 팬들 스스로 문제를 해결한다. 팬덤의 일반적 규칙은 "마음에 들지 않으면 직접 다시 써라"이다. 다른 결과, 다른 영웅 또는 다른 연인을 원하는 사람들이 매일 몇백만 단어로 된 '팬픽fan fiction'을 쓴다. 이런 팬픽이 팬 커뮤니티를 벗어나 공유되는 경우는 거의 없다(E. L. 제임스의《그레이의 50가지 그림자》와 진 리스의《광막한 사르가소 바다》는 대표적인 예외다[전자는《트와일라잇》의 팬픽으로, 후자는《제인 에어》의 팬픽으로 시작되었다―옮긴이]).[25]

현대의 팬픽은 〈스타트렉〉에서 시작되었다고 알려진다. 팬들은 1966년 이 시리즈가 처음 방영된 후부터 대담하게 우주를 재창조해 왔다. 문학 장르로서 팬픽의 역사는 훨씬 더 거슬러 올라간다. 팬들은 근대 소설이 탄생한 이래 이야기를 각색하고 자신만의 목적에 맞게 내러티브를 구성했다.

1726년 조너선 스위프트의 환상적 풍자소설《걸리버 여행기》가 출간된 후, 독자들은 주인공이 마주친 릴리퍼트의 조그만 사람들, 브로브딩내그 거인족, 하늘을 나는 섬 라퓨타, 말하는 말 후이넘에게 큰 즐거움을 느낀 나머지 걸리버에게 직접 모험을 만들어 선사했다. 예를 들어 〈릴리퍼트 제국의 학문 현황에 관하여An Account of the State of Learning in the Empire of Lilliput〉는 걸리버가 자신의 '방대한 학식과 배움'을 증명하는 선언문에 서명하지 않는 한 어떤 책도 내주지 않으려는 오만한 사서와의 만남을 묘사한다. 《걸리버 여행기》는 또한 윌리엄 호가스의 판화 〈레뮤얼 걸리버에게 가해진 벌Punishment Inflicted on Lemuel Gulliver〉 같은 팬 아트에 영감을 주었다. 이 판화는 릴리퍼트 사람들이 '밀덴도 왕궁을 소변으로 모욕한 건'에 대한 벌로 걸리버에게 정교한 관장을 실시하는 장면을 묘사한다.[26]

《걸리버 여행기》 팬픽은 대부분 많은 사랑을 받은 작품에 대한 오마주였다. 하지만 팬픽이 항상 이런 성격을 띠는 것은 아니어서 불만이 강력한 동기가 될 수도 있다. 19세기 문학에서 가장 인기 없는 반전은 1893년 아서 코난 도일이 셜록 홈스를 죽이기로 한 결정이었다. 그 후 오랫동안 실의에 빠졌던 팬들은 단편소설과 연극에서 몇백 번이나 홈스를 부활시켰다. 그 대부분은 〈처브록 홈스의 모험The Adventures of Chubb-Lock Homes〉 〈시어럭 놈즈의 불운Misadventures of Sheerluck Gnomes〉 또는 〈신록 본즈Thinlock Bones〉와 〈왓소네임 박사Dr Watsoname의 모험 이야기〉 등 위대한 탐정의 이름을 조롱하는 것으로 시작된 패러디였다. 결국 작가도 마음을 바꾸고 1901년 셜록 홈스를 다시 살려내어 《배스커빌의 사냥개》를 탄생시켰다. 이후 TV와 라디오에서는 다른 어떤 작품보다도 코난 도일의 추리소설을 많이 재구성하고 각색했다.[27] 팬픽의 목록은 계속 길어지고 있다. '221b'는 정확히 221단어로 된, 마지막 단어가 'b'로 끝나는 이야기들로 베이커가에 있는 셜록 홈스의 주소를 암시하는 인기 있는 트릭이다.

팬픽의 창의력은 무궁무진하다. 팬픽, 팬 아트, 팬 비디오를 저장한 최대 규모 온라인 아카이브 중 하나인 '우리만의 아카이브Archive of Our Own'는 회원 약 500만 명과 작품 950만 편 이상을 보유한다(코로나19 유행 기간에 수치가 급증했다).[28] '우리만의 아카이브'에서는 줄거리를 다시 쓴 TV 프로그램 몇천 편, 영화, 소설, 연극, 만화 및 그래픽노블과 실제 또는 가상의 대중문화 속 거의 모든 캐릭터에 대한 멋진 이야기를 찾을 수 있다. 《호빗》은 1만 개, 《전쟁과 평화》는 400개 이상 되는 버전이 있다. 일반적 접근 방식은 작품의 배경을 21세기로 바꾸는 것이다.

> 결투가 끝난 후, 피에르는 자신의 불만을 레딧에 올리기로 결심했다.[29]

또는 현대의 청중에게 더 어필할 만한 방식으로 내용을 재구성하기도 한다. 아마 톨스토이도 자기가 쓴 고전소설의 오프닝을 이렇게 바꿀 생각은 못했을 것이다.

> 나타샤는 종종 죽은 약혼자의 여동생에게서 위안을 찾는 것이 윤리적 행동인지 궁금해한다.[30]

팬픽은 현실과 상상의 세계를 놀랍고 때로는 기괴한 형태로 표현한다. 팬픽을 읽지 않으면 원 디렉션 멤버들이 할리우드 슈퍼스타로 다시 태어난 사실, 배트맨과 아이언맨이 슈퍼히어로가 되기 전 기숙학교 동창이었다는 사실, 〈엑스 파일〉의 폭스 멀더가 신을 만난 사실, 커크 선장, 스팍 박사, 본즈가 〈스타트렉〉에서 자신들을 연기한 배우들을 만나려고 지구를 여행했다는 사실을 알 도리가 없다. 망치를 휘두르는 슈퍼히어로 토르가 영국의 섭정 시대로 모험을 떠나는 《이성과 감성》식 이중 결혼 음모에 얽힌 이야기도 놓쳤을 것이다.

팬픽 작가들의 주요 관심사는 원작에 등장하지 않는 관계를 발명하는 것인데, 관계relationship를 만든다고 해서 이를 '시핑shipping'이라고 부른다. 좋아하는 캐릭터 두 명을 시핑하는 것은 캐릭터를 발전시키거나 이해하고, 그들이 무엇을 할 수 있을지 탐구하는 방법이다. 팬픽에서는 동성 캐릭터 두 명을 시핑하는 것이 일반적이다. 이 캐릭터들이 반드시 동성애자일 필요는 없다. 이런 형태의 시핑은 '슬래시 픽션'(쌍을 묘사할 때 사용되는 슬래시[/] 기호의 이름에서 따왔다)이라고 알려졌다. 슬래시 픽션을 통해 팬들은 전통적인 내러티브를 재해석하고, 좋아하는 작품의 사회적·성적 역학 관계를 뒤흔들 수 있다. 이는 팬들에게 힘과 해방감을 주는 전략이 된다.

커크/스팍은 슬래시 관계의 기원으로 〈스타트렉〉에서 일어나기만을 기다린 것이 명백해 보이는 연애 사건이다. 그 밖에도 홈스/왓슨, 스타스키/허치(미국 드라마 〈스타스키와 허치〉—옮긴이), 본드/Q, 보디/도일(영화 〈4인의 프로페셔널〉), 윌로우/타라(미국 드라마 〈버피 더 뱀파이어 슬레이어〉) 등이 흔히 볼 수 있는 커플이다.

모든 슬래시 관계가 이렇게 뻔하진 않다. 고대 영국 역사를 공부하는 학생이라면 아서/멀린(멀린은 아서왕 이야기에 나오는 마술사—옮긴이) 커플에 대해 알고 놀랄지 모른다. 우리 어머니와 어머니의 교회 친구들은 예수/유다 커플을 보면 눈살을 찌푸릴 게 분명하다. 1990년대 팝 그룹 NSYNC와 백스트리트 보이즈 멤버들의 가상 관계에만 초점을 맞추는 '팝슬래시popslash'라는 별도의 하위 장르도 존재한다. '래리 스타일린슨Larry Stylinson'은 원 디렉션 멤버인 해리 스타일스와 루이 톰린슨이 맺고 있다는, 팬들은 갈망하지만 가상 관계가 거의 확실한 연애 관계를 가리키는 신조어다. 2차 세계대전 참전 국가를 의인화한 캐릭터들이 등장하는 일본 만화 〈헤타리아: 액시즈 파워〉는 미국/영국 커플의 탄생으로 이어졌다. 이 관계는 별처럼 파란 눈을 가진 활기찬 청년과 요리 실력이 끔찍할 정도인 짜증스러운 청년(누가 누구인지는 굳이 말할 필요도 없다)의 만남을 표현한다.

최근 몇 년 동안 슬래시 팬픽 작가들은 《해리 포터》 시리즈에 존재하는 풍부한 가능성에 매료되었다. 《해리 포터》 팬덤은 웹에서 가장 큰 문학 커뮤니티를 이룬다. '우리만의 아카이브'에는 이 시리즈에 관한 작품이 37만 편 이상 등록되었는데, 이는 두 번째로 많은 팬픽이 등록된 〈스타워즈〉보다 두 배나 많은 수다. 해리/헤르미온느, 해리/론 또는 해리/드레이코의 조합을 상상하는 포터헤드라면 깜짝 놀랄 예상치 못한 조합 몇백 편이 누구나 읽을 수 있게끔 공개돼 있다. J. K. 롤링의 상상의 세계는 이미 정교하고 다양한데 굳이 확장할 필요가 있을까? 팬들은 항상 더 많은 이야기가 있다고 생각한다. 롤링은 《해리 포터》 팬픽의 많은 서브플롯과 캐릭터 묘사를 받아들이지 않지만, 팬덤은 열성 팬이 쓴 버전을 원작만큼이나 유효하다고 간주한다.[31]

지금쯤 슬래시 팬픽 주인공이 거의 모두 남성이라는 사실을 눈치챘는가. 이는 작가들 대부분이 여성이라는 사실과 관련이 있을 수 있다(2013년 실시한 최신 인구통계 조사에서 '우리만의 아카이브' 사용자 80퍼센트가 여성으로 확인되었다).[32] 〈스타트렉〉 초창기부터 대중문화 참여도가 가장 높은 팬들은 여성이었다. 클링온어(〈스타트렉〉 클링온족이 사용하는 언어—옮긴이)를 사용하고, 친구들에게 벌컨식 경례(〈스타트렉〉 벌컨족들이 신체적 접촉을 꺼려 가볍게 손을 들고 손가락을 펴서 하는 인사—옮긴이)를 하는 부적응자 남성이라는 대중적 고정관념에 들어맞는 트레키즈는 상대적으로 적었다. 대부분의 TV 프로그램을 남성이 제작하고 TV가 남성적 관점을 묘사한다는 것이 이러한 성별 차이에 대한 가장 유력한 설명이다. 팬덤에 참여하고 팬픽을 창작함으로써 여성도 자신이 보고 싶은 사회를 반영하는 내러티브를 만들 수 있었다.[33]

최근에는 유색인종, 성 소수자 커뮤니티, 장애인 등 차별받는 소수 집단도 팬 사이트로 몰려들어 좋아하는 이야기와 캐릭터를 자신을 더 잘 대변할 방식으로 재구성한다. 팬픽은 광범위한 교단이 되어 가부장제를 먹어치운다. 백인 이성애자 남성은 작가들 가운데 극소수에 불과하며 점점 더 줄어드는 추세다.[34] 2013년 판타지 작가 레프 그로스먼은 팬픽이 그 패러디 대상이었던 주류 작품보다 훨씬 더 생물학적으로 다양해진 사실을 목격했다.

> 팬픽은 성별, 장르, 인종, 고전, 신체, 종족, 과거, 미래, 의식, 무의식, 허구, 현실 사이의 벽을 허문다. 문화적으로 이러한 작업은 아방가르드의 몫이었지만 이제 여러 면에서 팬픽이 그 역할을 대신하고 있다.[35]

그때부터 10년이 지난 지금 팬픽은 그 어느 때보다 실험적이고 이질적이다. 주류에서는 거의 다루지 않는 주제를 정기적으로 채택하며 종말론적 미래, 남성 임신, 빠른 노화 및 역노화, 신체와 성별의 교체, 시간 여행, 근친상간, 환생 등 상상할 수 있는 모든 성적 반전과 변태적 변형을 포용한다. 이런 팬픽의 카테고리에는 켄타우로스화(캐릭터가 켄타우로스로 변신하는 경우), '외계인이 시켰어요'(기본적으로 섹스를 하도록 시켰다는 뜻), '섹스 못 하면 죽음'(말 그대로다), '날개 픽'(인간에게 날개가 돋는 경우), '커튼 픽'(영웅이 집안일을 하는 경우), '데스 픽'(원작에서 살아남은 캐릭터의 죽음), '다크 픽'(원작보다 훨씬 더 우울한 이야기) 그리고 무엇보다도 주인공이 카푸치노나 마키아토를 마시며 연애하는 '커피숍 픽' 등이 있다.

가장 빠르게 성장하는 팬픽 카테고리 중 하나는 정치 픽션이다. 다음 예시처럼 이러한 팬픽 대부분은 빌 클린턴과 힐러리 클린턴의 연애사를 중심으로 전개되는 듯하다.

> 빌은 그녀를 빙글 돌려서 다시 끌어안았다. "바에 있는 우익들이 우리가 하는 모든 행동을 지켜보고 있어." "그래, 알아." 힐러리는 빌의 가슴에 손을 얹었고 그 즉시 빌의 손이 그녀의 손을 덮었다. "저 사람들 머릿속에서 바퀴 돌아가는 소리가 들릴 지경이군." "글쎄, 자기도 알겠지만 저 사람들은 머리를 쓰는 경우가 별로 없어. 그러니 머리를 굴리면 녹슨 소리가 날 수밖에."
>
> — 레이싱하트RacingHeart, 〈다 아는 이야기The Same Old Thing〉[36]

이 이야기가 너무 현실적이라고? 그렇다면 도널드 트럼프와 슈렉의 관계에 대한 말도 안 되는 이야기도 있다.

트럼프는 갑자기 강한 팔이 자신을 감싸 안고 안심시키며 구해 주는 걸 느꼈다. 그는 자신을 안아준 남자를 올려다보았고, 슈렉이 굳은살이 박힌 커다란 손을 자기 머리 쪽으로 가져가는 순간 다시 한

번 숨이 멎는 것을 느꼈다. "가발이 조금 흘러내렸나 보네요." 슈렉
이 도널드의 머리카락을 바로잡으며 그의 귀에 대고 숨을 내쉬었
다. 그 정도로 키 큰 오우거의 손길이라고는 믿을 수 없을 만큼 부드
러운 손길이었다.

— 오편_어카운트orpan_account,

〈미국을 다시 초록색으로Make America Green Again〉[37]

데이비드 캐머런이 취임 첫날 밤, 마법부 총리를 자임하는 헤르
미온느 그레인저를 만나는 장면을 담은 기묘한 촌극도 있다.

데이비드는 그녀에게 "마법은 존재하지 않아. 동화일 뿐이지"라고
말한다. 그레인저가 한숨을 쉬며 손가락을 튕기자 갑자기 사무실
전체가 극락조로 가득 찬다. 새들은 방 위를 날아다니며 꽥꽥거리
고 깃털을 흩날리더니 사라진다.

— 레이븐(싱글크로)raven(singlecrow),

〈역사적 지각변동A Historic and Seismic Shift〉[38]

사람들은 다양한 이유로 팬픽을 쓴다. 팬픽은 좋아하는 이야기
에 더 깊이 참여하도록 해주거나 심지어 이야기를 전복시킨다. 팬
픽을 통해 가장 좋아하는 캐릭터의 마음속에 들어가거나 끝나지

않기를 바라는 이야기에 조금 더 오래 머물 수도 있다. 타인의 눈을 통해 자신의 정체성을 탐구하거나 현실에서 벗어나거나 새로운 현실을 시도할 수도 있다. 자신을 비판하지 않을 독자를 대상으로 글쓰기 실력을 시험해 보는 것도 가능하다. 팬픽 작가는 종종 자신이 쓰는 글의 캐릭터와 장기적인 준사회적 관계를 발전시키며, 캐릭터를 만든 사람보다 그들을 더 잘 안다고 느낄 수 있다.[39] 팬픽을 쓴다는 건 사회적 활동이므로 그 과정에서 인간 친구도 사귀게 된다. J. K. 롤링이 데려가지 않았던 곳으로 해리 포터를 데려가고 싶다면 다른 팬들이 이미 어디에 데려갔는지 살펴보고 해당 작가 커뮤니티에 참여하는 것이 중요하다. 그럼으로써 그 커뮤니티와 자신은 적어도 두 가지 공통점, 즉 글쓰기에 대한 애정과 글의 소재에 대한 애정이 있다는 사실을 확신할 수 있다.

이 책을 쓰려고 조사하던 초기 단계, 나는 포츠머스대학교에서 열린 '팬 연구' 컨퍼런스(학자들을 위한 일종의 팬 모임)에 참석했다. 참석자 대부분은 어린 시절의 열정을 학문의 주제로 삼은 연구자, 즉 '학자 팬'이었지만 눈에 띄는 발표는 학자 팬이 아니라 팬픽 작가이자 출판인들이 한 것이었다.[40]

애틀린 메릭은 100만 단어가 넘는 팬 픽션을 썼는데 그중 60퍼센트 이상이 셜록 홈스 이야기다. '우리만의 아카이브'에서 매우 인기 있는 그녀의 셜록 이야기는 무대가 1881년 런던 세인트 바르톨로뮤 병원이 아니다. 그녀는 그 밖의 장소에서 위대한 탐정과 그의 동료 존 왓슨이 친구 또는 연인으로서 만나는 방식을 재구성했다. 지금까지 그녀는 이 모티프를 가지고 작품 110편을 썼는데 몇십 년에 걸쳐 웨스트엔드 스트립 클럽, 블리츠 공습(2차 세계대전 당시 영국 기반 시설을 파괴하기 위한 독일 공군의 8개월에 걸친 폭격 작전—옮긴이) 당시의 빈집, 홍콩의 컴퓨터 연구실, 원즈워스 감옥, 킹스 칼리지 강의실, 인도의 경찰서, 워털루역(미아로 만난 곳), 서더크 다리 아래 지하 보행자 터널 등 다양한 장소에서 두 사람을 만나게 했다. 그녀는 이 소설의 핵심이 우정에 관한 이야기라고 말한다. "우정이 없으면 홈스와 왓슨도 없다"는 것이다.[41]

메릭은 프레젠테이션에서 팬덤의 일원이자 팬픽 작가로서 어떤 우정을 맺었으며, 팬덤이 그녀의 '모든 것을 바꾼' 방식이 무엇인지 이야기했다. 그녀는 "팬덤은 사람들에게 힘을 준다"고 했다. 훗날 그 말의 뜻을 물었고 그녀는 '흑인의 생명도 소중하다' 운동 이후, 사회가 자신과 다른 사람들에게는 맹목적 태도를 보이는 경우가 많은 걸 알았다고 설명했다. "무성애자이자 자폐스펙트럼 환자이자 난독증인 사람을 상상할 수 있나요? 그런 사람은 너무 특수하고 작아서 눈에 보이지 않아요. 전체 흑인 공동체도 보이지 않는데 어떻게 그런 사람까지 눈에 띌 기회가 있겠어요? 하지만 글을 써서 누군가 읽게 하거나 누군가의 글을 읽고 그 안에서 자신을 발견하는 건 가능하죠. 자신이 유효하다는 것을 알게 됩니다. 그것이 바로 힘이에요."

오늘날의 문화에서는 권력이, 스타 혹은 스타를 움직이는 기업이라는 마치 기계 같은 어떤 곳에 있다고 느낄 때가 많다. 팬이 된다는 것은 그 권력을 되찾는 방법이다. 4장에서는 균형을 잡기가 어려울 정도로 많은 미디어에서 관심받는 유명인의 팬에 대해 살펴보자. 유명인에 대한 팬심은 그 어떤 분야보다 강박관념과 망상으로 이어지는 경향이 크다. 그럴지라도 유명인과의 준사회적 관계는 대체로 보람을 느끼게 하며 때로는 삶을 변화시키기도 한다. 스타에게는 팬이 필요하다. 팬이 없었다면 대중문화의 역사는 매우 달라졌을 것이다.

4장

우리가
스타를 만들고
살해한다

소리를 지르는 여성 팬들은 자신의 영웅을
소유할 뿐만 아니라 그런 감정을 표현할 수 있는
집단적 권리를 소유한다.

종종 현대에 국한된 현상으로 여기지만 유명인 숭배는 사실 그 역사가 오래된 일이다. 인기인 숭배 문화가 있었던 최초의 민족으로는 그리스를 들 수 있다. 그들의 영웅은 신화 속 전사로, 대부분 전투에서 사람을 죽임으로써, 때로는 전사함으로써 영웅이 되었다. 호메로스의 《일리아스》 주인공 아킬레스는 트로이 전투에서 수많은 트로이 전사들을 학살하여 이름을 알렸다.[1] 아킬레스의 희생자 중 한 명인 헥토르는 아킬레스가 살을 베어 먹겠다고 공언하며 해치운 영웅이었다(아킬레스를 위해 변명하자면, 헥토르가 그리스 병사 3만 1000명과 함께 아킬레스의 친구 파트로클로스를 죽인 직후였다). 그중 가장 용감한 인물은 제우스의 아들 헤라클레스로서 머리가 아홉 개 달린 레르나의 히드라를 처치하는 업적 등을 남긴 것으로 유명하다.

고대 그리스의 이 우상들은 조각상, 회화, 노래, 전설을 통해 불멸의 존재로 남았지만 미덕의 표본이 되진 못했다. 헤라클레스는 음악 교사를 리라(고대 그리스의 현악기—옮긴이)로 때려죽였고, 악독한 계모 때문에 미친 상태였다고는 해도 자신의 아내와 자녀를 살해했다. 아킬레스는 교만했으며, 복수심에 불타는 피에 굶주린 인물이었다. 그는 죽인 헥토르 시신을 전차에 묶어 12일 동안 흙먼지 속에 끌고 다녔다고 한다. 이러한 꺼림칙한 행동에도 아랑곳없이 이 두 남자는 당대의 유명인으로서 광신적 추종자들에게 영웅으로 추앙받았다.[2]

고전주의자들은 고대 그리스인들이 영웅을 존경한 이유가 남을 돕고자 자신을 희생하려 했기 때문이라고 주장하는데 현대 유명인들은 대체로 이러한 동기가 부족하다. 이제부터 살펴보겠지만 사람들이 유명인의 중요한 자질로 여기는 많은 요소들은 그리스인들이 아킬레스, 헥토르, 헤라클레스에게 높이 평가했던 자질과 유사하다. 현대의 팬들은 자기네 우상이 이룬 업적 때문에 그들에게 이끌린다. 기술과 성취에 감명받는 사람들은 뛰어난 인간을 반석에 올려놓는다. 취향이야 변하기 마련이라서 요즘 사람들은 대규모 살인보다는 음악, 문학, 스포츠, 드라마, 예술 분야에서의 우수성을 선호한다, 연쇄살인범도 많은 팬을 보유하긴 하지만…. 사람들은 고대 그리스인들처럼 영웅을 발견하고 그들에게 구원을 기대한다.

우리에겐 왜 영웅이 필요할까? 심리학자 앨버트 반두라가 한 일련의 실험은 그 답이 될 것이다. 1960년대에 반두라는 사람들이 주로 타인을 관찰하고 모방함으로써 행동하는 방법을 배운다는 이론을 내놓았다(이를 사회학습이론social-learning theory이라고 한다). 오늘날에는 당연하게 들리겠지만 심리학자들 대부분이 사람은 환경 변화에 반응을 보이며, 그에 대한 보상이나 처벌을 받음으로써 학습한다고 믿던(이른바 '자극-반응stimulus-response' 모델이라고 한다) 당시에는 급진적이라고 생각되던 이론이다.

반두라는 실물 크기 풍선으로 된 보도Bodo 인형(밑부분이 불룩한 사람 크기 인형으로 넘어뜨리면 다시 튀어오른다)과 상호작용하는 아이들을 연구함으로써 자신의 이론을 검증했다. 아이들은 먼저 어른이 인형을 가지고 노는 것을 지켜보았다. 어른은 인형 얼굴을 때리거나 방에 던지기도 하고, 때로는 완전히 무시하는 등 공격적으로 행동했다. 자기 차례가 된 아이들은 어른이 한 행동을 그대로 따라 하는 경향이 있었다. 공격적 어른을 관찰한 아이들은 주저하지 않고 주먹과 발로 인형을 때리고 폭언을 퍼부었다. 인형에는 무관심한 채 다른 장난감을 갖고 바쁘게 움직이는 아이들도 있었다.[3]

보도 인형 실험은 아이들이 주변 사람들에게 어떻게 영향받는지 보여주었다. 또한 역할 모델의 중요성도 알려주었다. 실험 결과 남자아이는 남자를, 여자아이는 여자를 모방할 가능성이 높은, 강한 성별 편향이 나타났다. 현실 세계에서도 비슷한 사람을 모방하는 경향이 있다. 유사성은 성별, 인종, 나이, 동일한 경험, 유사한 가치관이나 성격에서 나타날 수 있다.[4] 이러한 매개변수에 따른 친밀감은 누구를 선호할지, 누구와 나 자신을 동일시할지, 누구를 모방하려고 할지 예측하는 좋은 지표가 된다. 이것이 바로 친구를 선택하는 방식 그리고 영웅을 선택하는 방식이다.

스타와 나

유명인의 심리를 연구하는 사람은 이내 게일 스티버의 연구와 접하게 된다. 뉴욕 엠파이어 스테이트 칼리지 교수인 그녀는 30년 넘게 이 주제를 연구해 왔다. 이 분야 연구자로서는 특이하게도 그녀는 자신이 연구한 유명인 중 누구의 팬도 아니었다. 그녀는 '팬들의 팬', 자칭 '메타 팬'이다.

스티버가 팬덤에 매료된 것은 1960년대 중반이던 아홉 살 때였다. 비틀즈가 막 새 음반을 발매했을 때 그녀는 음반을 사려고 어머니와 함께 뉴욕 로체스터 시블리 백화점 앞에 줄을 섰다. "문이 열렸다. 나 빼고는 모두 어른이었는데, 갑자기 밟혀 죽지 않으려면 달려야 하는 상황이 되었다. 나는 미친 듯한 주변 사람들과 함께 백화점을 뛰어다니며 '대체 무슨 일이지?'라고 의아해했다."

스티버는 학자로 사는 내내 이 질문을 탐구해 왔다. 그녀는 콘서트장, 팬 모임, 기자회견장, 시상식 등 팬들의 자연스러운 서식지에서 팬들과 어울리는 현장 기반 연구 접근 방식인 '참여자-관찰자 민족지학'을 활용한다. 그녀는 마이클 잭슨, 폴 매카트니, 마돈나, 자넷 잭슨, 조쉬 그로반, 셀린 디온, 마이클 부블레 같은 스타들의 콘서트에 몇십 차례 참석했으며 〈스타트렉〉 팬 모임에도 100회 이상 참여했다. 그녀는 팬들과 함께 줄을 선 채 인터뷰하거나 설문지를 배포하거나 관찰한 내용을 메모하는 등 어떤 경우에도 밖에서 안을 들여다보는 외부인의 시선을 견지하면서 꼼꼼히 의무를 수행한다. 언젠가 〈스타트렉: 넥스트 제너레이션〉의 다섯 시즌을 몇 주 만에 시청하기도 했다. 팬들에게 진지하게 받아들여지기 위함이었다.[5]

스티버가 이 일을 잘하는 이유는 쉽게 알 수 있다. 그녀는 자연스럽게 대화를 이어가며 가볍게 의견을 이야기한다. 콘서트장이나 컨벤션 센터 밖에 줄을 서며 팬들의 신뢰를 얻고, 관심사를 대화하는 스티버의 모습을 떠올려보라. 1988년 마이클 잭슨 팬들에 대한 연구로 경력을 시작한 그녀는 마이클 잭슨 팬들을 어딘가 결핍된, 욕심 많고 강박적인 사람으로 묘사하는 미디어의 고정관념이 잘못되었음을 간파했다. 그녀는 "팬들이 어떤 모습일지 상상하며 첫 공연에 갔는데 그 모든 생각을 버려야 했다". 스티버는 먼저 팬 대다수가 성인이라는 사실에 주목했다. 당시 마이클 잭슨은 서른 살이었고 팬 대부분은 마이클 잭슨과의 나이 차이가 5년 이내였다. 두 번째는 그들이 사회에 대단히 잘 적응한 사람이라는 점이었다.

종종 열정적 성인 팬은 병적이거나 비이성적일 것으로 본다(스포츠 팬에게는 해당되지 않는 듯하다). 스티버는 자신이 만난 팬들은 "마이클 잭슨이나 조쉬 그로반, 〈스타트렉〉에 열정적일 뿐 원만한 인간관계와 직업을 가지고 평범한 삶을 살아가는 보통 사람들"이었다고 말한다. 그들은 열광적이었지만 미친 사람들은 아니었고, 사로잡혀 있었지만 강박적이지는 않았다. 그녀는 30년간의 연구와 몇천 건의 인터뷰를 하는 동안 건강이 좋지 않은 팬은 '열다섯 명 정도'뿐이었다고 했다. 마이클 잭슨처럼 보이기 위해 대대적 성형수술을 한 팬도 그중 하나였다.

스티버의 연구에 참여한 팬들은 대부분 우상과의 관계에 우정이나 특별한 취미 등 중요한 의미를 부여했다. 그들은 자신이 영웅과 **닮았다**고 인식했다. 스티버가 평가한 남성 마이클 잭슨 팬들 거의 모두는 자신이 마이클 잭슨과 성격 유형이 비슷하다고 생각했다(MBTI 성격 유형 중 INF-로, 일반적으로 남성에게는 해당되지 않는다). 스티버의 기억에 따르면 "그들은 '나는 남들과 어울리지 않지만 마이클과는 유사하다고 느끼며 그와 동일시한다'고 말하곤 했다".[6] 우리는 종종 비슷하다고 인식하는 사람들에게 이끌리는데 이는 실제 우정만큼이나 준사회적 관계에도 해당되는 듯하다.[7]

유명인과 준사회적 관계를 맺으면 이점이 많다. 1988년 스티버는 열일곱 살 소녀를 만나러 갔는데 그녀의 아버지는 최근에 집을 나갔다고 했다. 마이클 잭슨의 열렬한 팬인 소녀의 방에는 그의 포

레벨	특징
레벨 1	스타에 대한 부정적 관심. '안티 팬'.
레벨 2	스타에 대한 무관심. 누구의 팬도 아님.
레벨 3	유명인 일반에 평범한 관심이 있으나 특정 개인에게 뚜렷한 관심은 없음.
레벨 4	특정 개인에게 강조점을 두지 않고 스타 혹은 미디어에 평균 이상 관심을 보임. 미디어 팬인 것은 확실하나 특정 개인의 팬은 아님.
레벨 5	스타 한 명 혹은 소규모 스타 집단에만 배타적 관심을 갖지만 그 관심은 스타의 작업물에 한정됨(사람으로서의 스타에 관심을 갖지 않음).
레벨 6	스타를 추종하기 위해 상당한 시간과 돈, 노력의 형태로 비용을 들여가며 대인적 관심을 가짐. 비용이 소모되지만 관심이 집착으로 이어져 일상생활을 만성적으로 방해하지는 않음.
레벨 7	팬의 일상 현실에 침습할 정도로 스타에게 집착에 가까운 관심을 보임. 그러면서도 일상생활을 유지함(직업과 가족 등이 있고, 이 분야에서 의무를 충실히 행함).
레벨 8	부정적 방식으로 팬의 건강에 영향을 주고, 가끔(혹은 만성적으로) 자살 생각을 일으키거나 여타 방식으로 팬에게 이익이 되지 않는 것이 분명하다는 점에서 관심이 명백히 병적임. 스타에 대한 관심이 정상적 취업이나 가족관계나 유의미한 인간관계 혹은 이 모든 분야를 방해함.

게일 스티버의 팬심 척도. 유명인에 대한 팬의 관심 수준을 측정한다. ⓒGayle Stever

스터가 가득했다. 소녀는 아버지와 매우 친밀한 관계였다. 그녀는 스티버에게 "나는 마이클 잭슨을 사랑해요. 그는 날 떠나지 않을 거예요. 내가 더는 그를 따르고 싶지 않다고 결심하면 이 모든 것을 내려놓고 관계를 끝낼 수 있어요. 하지만 그건 제 결정에 달렸죠"라고 털어놓았다. 아버지와의 관계 단절로 인한 슬픔을 극복하는 데 마이클 잭슨이 도움이 되었음이 분명했다.

20년 후 스티버는 조쉬 그로반 콘서트장 밖에서 악성 암으로 남편을 떠나보낸 한 여성을 만났다. 이 여성은 다른 사람에게서는 남편에게 느꼈던 감정을 느낄 수 없다면서 또 다른 관계를 맺겠단 욕심을 버렸는데 그로반에겐 호감을 갖게 되었다. 어리석은 짓이라는 건 알았다. 조쉬 그로반은 너무 어렸고, 그를 만날 수도 없을 테니. 하지만 그녀는 낭만적 감정이 되살아나는 걸 느꼈다. 심지어 새로운 연애의 가능성까지 고려했다. 스티버는 말한다. "그 비슷한 이야기를 여러 번 들었다. 나는 안전하고 멀리 떨어져 있으며 무엇도 요구하지 않는 누군가와 관계를 맺음으로써 상실의 아픔을 다스린 사람들을 많이 만났다. 그들 모두가 여성이었다. 팬심은 동료나 이웃이 아닌 안전한 대상에 감정을 투여할 기회를 제공한다."

유명인에 호감을 가진다고 해서 항상 긍정적 결과가 나오진 않는다. 특히 실제 연애 경험이 거의 없는 젊은 층의 경우 호감은 비현실적 기대감으로 이어질 수 있다. 스티버의 동료 리바 투카친스키는 유명인에게 강한 감정적 애착을 보이는 청소년은 정상적 관계에 이상화된 관념으로 접근하는 경우가 많다는 사실을 알아냈다. 예컨대 그들은 사귀는 사람의 모든 것이 좋아야 하고 바람직한

관계에는 갈등이 없어야 한다고 믿는다. 당연히 현실에서는 이러한 환상이 금방 깨지고 만다.[8]

평범한 미국인 도널드 트럼프

많은 팬들에게는 닮고 싶은 역할 모델인 우상이 있다. 2020년 나는 기억이 존재하는 순간부터 마이클 잭슨을 '사랑'해 왔다는 한 30대 영국계 인도 여성과 이야기한 적이 있다.[9] 10대 시절 그녀는 침실 벽을 그의 사진으로 가득 채웠다. 하지만 그녀가 마이클 잭슨에게 빠진 것은 낭만적 이상 때문이 아니라 그가 표방한 가치에 공감하기 때문이다. "마이클 잭슨은 지구를 아끼고, 서로 돌보고, 좋은 일을 하자는 메시지를 보냈어요. 나는 그 점을 높이 평가하고 덕분에 용기를 얻었죠. 나는 남들을 배려하는 친절하고 공감 능력이 뛰어난 사람이 되고 싶었어요. 부모님도 비슷한 가치관을 심어주셨죠. 부모님은 술이나 담배를 멀리하셨고 마이클 잭슨도 그랬어요. 그러니 난 마약에 손을 대는 건 꿈도 꾸지 않았어요. 마이클 잭슨이 담배를 피우지 않았으니 나도 그랬죠. 내가 아는 한 마이클 잭슨은 술을 마시지 않았으니 술을 마시고 싶지 않았고요. 지금까지 나는 담배를 피거나 어떤 마약도 해본 적이 없고 한 번도 술을 마시지 않았어요. 마이클의 영향을 받은 부분이 많다고 할 수 있죠."

물론 그녀는 최근 마이클 잭슨이 성폭력으로 비난받았고 그런 행위가 이러한 가치와 상충됨을 충분히 인지했다. 이로 인한 불협화음은 7장에서 다룰 예정이다.

때로 사람들이 유명인에게 끌리는 이유는 그들이 이전에는 접근할 수 없었던 태도나 존재 방식을 대표하기 때문이다. 〈엑스맨: 퍼스트 클래스〉〈킹스맨: 골든 서클〉〈킥 애스〉 등의 시나리오 작가인 제인 골드먼은 10대 시절 보이 조지(영국 싱어송 라이터—옮긴이)의 팬이었다. 그의 음악을 좋아하기도 했고, 또 한편으로는 그의 중성적 외모와 독특하고 화려한 스타일에 영향을 받기도 했다. 그녀는 이로써 자신이 받는 기대와는 다른 무언가를 이룰 수 있다고 믿게 되었다. "나는 보이 조지에게서 사회의 지시에서 약간 벗어난 삶을 살 수 있는 추진력과 가능성을 보았다. 보이 조지는 내게 '나만의 길을 개척'하도록 영감을 주었다."

그렇게 그녀는 O레벨 시험(과거 잉글랜드와 웨일스에서 16세 학생들이 치렀던 시험—옮긴이)을 마친 후 학교를 그만두고 음악 잡지 〈스매시 히츠Smash Hits〉 기자로 일하기 시작했다. 1980년대의 열다섯 살 소녀로서는 대담한 결정이었다. 골드먼은 보이 조지의 영향이 없었다면 불가능한 일이었을지 모른다고 말한다. "〈톱 오브 더 팝스〉(영국 음악 차트 프로그램—옮긴이)에서 보이 조지를 처음 봤을 때 뭔가 꽂히는 느낌이 들었다. 나는 같은 경험을 한 많은 사람들과 이야기를 나눴다. 그전까지는 이방인 같았고 이 세상 어디에 속하는지 알지 못했는데 갑자기 나의 길을 찾은 것 같았고 소속감이 생겼다."

영웅과의 관계에 대한 팬들의 평가는 리더와 추종자의 관계에 대한 사회심리학의 최신 연구 결과와 일치한다. 대중이 상상하는 위대한 지도자, 역할 모델, 영웅은 힘, 카리스마, 지성 같은 성격 특성을 보인다. 그런데 사회심리학자들은 리더의 위력은 리더 개인의 특성보다는 그가 추종자들의 가치, 규범, 열망을 얼마나 잘 반영하느냐에 달렸다는 사실을 알아냈다. 영향력 있는 리더는 자신이 속한 집단의 사회적 정체성을 상징한다. 그의 가치관과 일치하는 추종자들은 쉽게 그를 따른다.

이런 면에서 볼 때 2016년 도널드 트럼프는 막대한 부를 가졌음에도 근면하고 평범한 미국인으로 위치 설정을 함으로써 인기를 끌었다. 그는 정치인을 혐오하는 정치인으로서 정치 엘리트에 환멸을 느낀 사람들에게 어필할 수 있었다. 테일러 스위프트를 따르는 몇백만 젊은 팬들은 그녀의 음악뿐 아니라 여성의 권리, 사춘기의 정서적 격동 같은 중요한 주제에 보여준 인식 때문에 그녀를 사랑한다. 팬들은 테일러 스위프트를 알지 못하지만 테일러 스위프트의 노래는 그녀가 팬들을 알고 있음을 분명히 보여준다.[10]

사람들은 유명인이 상징하는 것 때문에, 또는 그처럼 되고 싶어서, 또는 그들과 비슷하다고 생각하기 때문에 그들을 사랑한다. 때로는 단순히 할 일을 탁월하게 잘해 내기 때문에 그들을 사랑하기도 한다. 로저 페더러(스위스의 프로 테니스 선수로 역대 최장 세계 랭킹 1위를 기록하는 등 최고의 선수로 평가받는다―옮긴이)를 숭배하는 몇백만 테니스 팬은 연령, 계층, 국적을 불문하고 거의 종교적 열정을 보이며 그의 경기에 몰려들었다. 2006년 〈뉴욕타임스〉에 실린 유명한 에세이에서 소설가 데이비드 포스터 월리스는 페더러가 과학으로 설명할 수 없는 천재성을 지녔기 때문에 그처럼 존경받을 수 있다고 주장했다. "[페더러는] 천재, 돌연변이, 테니스의 화신이라고 할 만한 (…) 적어도 부분적으로는 물리적 법칙에서 벗어난 듯한 희귀한 초자연적인 운동선수 중 하나다. 그는 결코 서두르거나 균형을 잃지 않는다. 그가 날린 공은 기대한 것보다 아주 조금 더 오래 떠 있다. (…) 그는 (내 생각에) 몸이 육신과 빛 모두로 이루어진 생명체처럼 보인다."[11] 이런 이야기를 들으면 마치 고대 그리스의 영웅 또는 신에게 바치는 찬가 같은 느낌이 든다.

4만 통의 팬레터에 담긴 환상

오늘날 우리가 알고 있는 유명인 팬 문화는 영화가 대중 엔터테인먼트의 주요한 형태로 자리 잡은 20세기 초에 등장했다. 1930년대에는 매달 팬레터 25만 통이 할리우드 영화 스튜디오에 도착했다. 톱스타는 일주일에 3000통 정도 팬레터를 받으리라 예상되었다. 그중에는 청혼도 있었고 선물이 들어 있기도 했지만, 대부분은 사진이나 개인적 기념품을 요청하는 내용이었다. 클라크 게이블의 디너 재킷 단추, 프레드 아스테어(전설적 춤 솜씨를 뽐낸 미국 배우—옮긴이)가 먹은 크리스마스 칠면조에서 나온 위시본 등을 요구하는 식이었다.[12]

팬레터는 사인 요청과는 달리 팬덤 스펙트럼의 극단적 영역에서 오는 경우가 많다. 1990년대에 스티버는 TV 시리즈 〈스타트렉: 딥 스페이스 나인〉에 출연한 두 배우의 팬레터 처리를 도운 적이 있다. 그녀는 "3년 동안 두 배우의 팬 메일을 모두 살펴본 결과 팬레터는 팬들의 정체성을 전혀 대표하지 못했다"고 말했다. "나는 그 당시 팬클럽에 가입한 사람들 대부분을 알았는데 내가 아는 사람에게 온 편지는 한 번도 본 적이 없다."

그럴지라도 일부 팬들이 자신의 영웅에게 어느 정도 열광하는지를 보여주는 팬 메일은 유익한 정보가 될 수 있다.

데이비드 보위에게
귀찮게 해드렸다면 용서해 주세요. 하지만 당신은 내 삶의 중심입니다. 당신 품에 안겨 내가 누구인지를 잊고, 당신의 사랑으로 보호받으며 안전함을 느끼고 싶어요. 꿈만 같아요! 얼마나 이상한 감정인지!

데이비드에게

가끔은 당신에게 무슨 일이 일어날까 봐 너무 무서워서 숨을 쉴 수 없어요. 빨리 내게 와주세요!

데이비드에게
당신은 생각과 행동을 통제하기 위해 만들어낸 모든 규칙을 뛰어넘는 사람입니다.

1980년대 문화평론가 프레드와 주디 버모럴이 팝 음악 팬덤의 사회사를 기록하는 프로젝트의 일환으로 수집한 편지에서 발췌한 문장이다. 프레드와 주디는 4년간 팬레터 4만 통을 읽고 350시간 동안 인터뷰를 진행했으며 일기 400건과 설문지, 꿈 일기를 분석했는데[13] 특히 데이비드 보위가 눈에 띄었다. 많은 팬들이 그를 신의 화신으로 여기는 듯했다.

데이비드 보위는 예수처럼 우리에게 왔다. 그를 외계인이라고 부를 수도 있겠다. ─ 쉴라

나는 데이비드 보위가 새로운 종류의 메시아라고 생각하기 시작했다. ─ 줄리

처음에는 음악에, 그다음에는 한 사람으로서의 데이비드 보위에게

빠져들었다. 음악은 종교가 되었고 모든 것을 바쳐 숭배해야 할 것이 되었다. ― 멜라니

데이비드 보위는 팬들 사이에서 수많은 성적 환상의 대상이었다. 한 여성은 주기적으로 산 정상에서 그와 사랑을 나누는 상상을 했다. 데이비드 보위가 손톱으로 자기 가슴을 긁어서 먹는 꿈을 꾸는 여성도 있었다. 성적 흥분을 일으키는 능력에서 데이비드 보위를 능가한 사람은 기혼 여성들이 특히 좋아한 배리 매닐로우(미국 소프트 록 가수―옮긴이)뿐이었다.

나와 남편은 이제 남매로서 함께 살 뿐이다. (…) 배리가 아닌 다른 남자와의 관계는 더러운 느낌이다. 배리와 성관계를 가질 수 없다면 하지 않으려 한다. ― 로지

남편과 사랑을 나눌 때면 남편이 배리 매닐로우라고 상상한다. 언제나. ― 조앤

이 팬들 중 일부는 비밀스러운 열정으로 스스로가 이상해지고 도덕적으로 타락했다는 생각에 수치심을 느꼈다. 하지만 지역 팬클럽에 가입해 자신만큼이나 열정적이고 비밀스러운 친구들을 만나자 이 모든 감정에서 회복되었다. "저는 머리에 종이봉투를 쓴

사람들이 어두운 망토를 두른 채 옷깃을 여미고, 모두 수상한 눈빛으로 주위를 둘러보며 몰래 옆문으로 들어오는 모습을 예상했어요. 실제론 사람들이 자기 집 벽에 매닐로우의 사진을 붙이고, 티셔츠를 입은 채 자랑스럽게 팬의 색깔을 뽐냈죠." 열성적 '매닐러버Manilover'인 헬렌이 첫 팬클럽 모임 후에 한 말이다. 그녀의 동료 팬 로지(인용문에 나오는 사람 중 하나)는 어머니가 돌아가신 후 팬클럽을 통해 모든 사회적 세계를 구축했다. "배리와 배리를 통해 사귄 소중한 친구들이 없었으면 어떻게 살아갔을까요. 누구도 엄마 자리를 대신할 수는 없지만 배리는 정말 훌륭한 일을 해냈어요."

팝 음악 팬덤에 대한 프로젝트가 끝날 무렵, 버모럴 부부는 연구 결과를 놓고 갈등한 것으로 보인다. 출간된 책 후기에서 그들은 많은 팬레터와 인터뷰 이면에 적대감이 흐르는데 이는 아마도 "완성되지 않았고 완성될 수도 없는 열정"의 결과라고 지적한다. 우상의 노골적 도발에 팬들이 자기네 목적대로 권력을 전복시킴으로써 대응하는 방식은 정치적 행위처럼 보였다.

팬들을 자세히 보면 볼수록 팬이란 다른 무엇보다도 일종의 불쾌한 소비자 신비주의에 복무하는 사제 혹은 여사제처럼 보인다. (…) 열정과 황홀경, 환각 속에서 팬들은 유토피아적 낭만주의의 진정한 계승자로 모습을 드러낸다. 이런 낭만주의적 감정의 흐름이 공언된 여러 형태의 급진주의보다 더 골치 아프고 전복적이며 도전적인 것

이었음은 일관되게 입증된 사실이다.[14]

대중문화 역사상 엘비스 프레슬리만큼 열정과 황홀경, 환상을 불러일으킨 사람은 없다. 엘비스 프레슬리가 만난 적도 없는 수많은 여성들이 그와 결혼한 적이 있다고 확신했다. 몇몇은 엘비스 프레슬리의 아이를 낳았다고 믿기도 했다. 열네 살 때부터 엘비스 프레슬리 팬이었던 베스 카펜터라는 여성은 아들이 태어날 때 엘비스 프레슬리가 함께 있었다고 확신했다.

의사와 간호사들이 하얀 가운을 입은 채 주위를 둘러싸고 날 바라보았다. 바로 그들 사이에서 엘비스 프레슬리가 나타났다. 그는 웃으며 윙크했다. "긴장하지 마, 베스, 괜찮아. 내가 여기 있을게"라고 했는데 정말 엘비스와 똑같았다. (…) 아기가 태어났을 때 "아들이야!"라고 말한 것도 바로 엘비스였다. 엘비스 프레슬리 팬이라면 그가 직접 아기가 태어난 소식을 들려주는 것보다 감격스러운 일은 없을 것이다.[15]

놀랍게도 엘비스 프레슬리의 힘은 사후에도 거의 약해지지 않았다. 전 세계에는 지금도 엘비스 프레슬리 팬클럽 약 400개가 활동 중이며 회원 수는 170만 명에 달한다.[16] 엘비스 프레슬리는 다양한 연령대, 문화권 팬들로 구성된 대단히 폭넓은 팬층을 확보하고 있다. 그의 지속적 인기를 가늠할 한 가지 척도는 전 세계에서 5만 명 정도로 추산되는, 엘비스 프레슬리를 사칭해 생계를 유지하는 사람들이다.[17] 2022년에는 바즈 루어만 감독의 전기 영화 〈엘비스〉가 개봉되었다. 죽은 지 50년이 되어가지만 사람들은 여전히 그를 잊지 못한다.

여러 차례 목격됐다는데도 엘비스가 인터뷰에 응하지 않았기에 나는 차선책으로 가장 유명한 엘비스 프레슬리 아티스트 중 한 명인 벤 톰슨Ben Thompson을 인터뷰했다.[18] 그는 2018년 멤피스에서 열린 궁극의 엘비스 프레슬리 닮은꼴 콘테스트에서 우승했는데 그래미상 수상과 진배없는 일이었다. 벤을 만나고 나면 그가 엘비스 프레슬리가 될 수 있다는 생각은 불가능해 보인다. 그는 런던 남부 크로이던 출신으로 엘비스 프레슬리가 사망한 지 거의 20년 후에 태어났다. 무대 밖에서 그는 소박하고 다정하며 조금도 허세를 부리지 않는다. 그러나 무대에서 그는 완전히 다른 사람, 제왕 엘비스 프레슬리의 분신이 된다. 벤은 엘비스 프레슬리를 닮았을 뿐 아니라 그의 **화신**이다. 목소리, 동작, 태도, 레퍼토리, 점프 수트를 통해 벤은 자신의 영웅을 되살려냈다.

벤의 공연을 보러 오는 사람들은 그가 엘비스 프레슬리가 아니라는 것을 잘 알지만 그렇게 믿고 싶어 하고, 벤은 그들을 만족시키려고 최선을 다한다. 그는 "공연은 마이크를 잡는 순간 승패가 갈립니다"라고 말한다. 닮은꼴 연예인은 엘비스 프레슬리처럼 노래하는 것으론 부족하다. 엘비스 프레슬리처럼 옷을 입고, 행동하고, 움직여야 한다. "나는 팬들이 그 순간을 다시 살아내고 그 순간이 어땠을지 상상하도록 도와요. 팬들에게 내 공연은, 직접 보기 원했던 것을 볼 수 있는 기회입니다." 엘비스 프레슬리로서의 벤은 팬들이 그를 원하는 만큼이나 팬들을 필요로 한다. "팬들 역할이 정말 커요. 나는 팬들에게 공연을 선사하고 다시 공연하길 기대해요. 오십 대 오십이죠. 팬들은 힘이 날수록 나의 동작 하나하나에 더 많이 소리를 질러대고, 그럴수록 나도 더 많이 영감을 받아요. 조화로운 선순환이에요." 엘비스가 했을 법한 말이다. 비록 런던 남부 억양이었다곤 해도.[19]

비틀즈가 돌아왔다

모방은 죽은 스타의 기억을 되살릴 강력한 방법이다. 또한 해체된 집단을 부활시키는 것도 도울 수 있다.

2019년 8월 나는 팬들 몇천 명과 함께 연례 비틀즈 팬 모임에 참석했다. 이 모임은 1977년 리버풀 아델피 호텔에서 처음으로 개최되었다. 그리움과 퀴즈, 즐거움이 어우러진 일주일간의 비틀즈 축제에서 기대할 만한 모든 것이 그곳에 있었다. 오래된 콘서트 티켓, 홍보 포스터, 비닐 사진 디스크, 〈옐로 서브마린〉 장난감 버스, 존,

폴, 조지, 링고를 닮은 풍선 인형, 사인(6000파운드에 네 사람 사인을 모두 살 수 있었다), '유일한 비틀즈 진품 가발'(170파운드에 팔렸다) 등 비틀마니아(열광적 비틀즈 팬을 뜻하는 말―옮긴이)들의 필수품이라 할 상품을 팔고 있었다. 한편 거대한 연회장에서는 비틀즈의 초기 매니저, 세션 뮤지션, 링고의 프로듀서 등 비틀즈의 과거와 관련된 인물들이 어디서 들어본 듯한 이야기로 경건한 관객들을 즐겁게 해주었다.

상당수 팬들이 재방문객이었다. 나는 리버풀에서 온 49세의 사이먼 노블을 만나게 되었는데 그는 열두 살 때부터 매년 공연을 보러 왔다고 했다. "난 1981년 열린 두 번째 팬 모임에 참석했는데 해가 갈수록 행사 규모가 커지는군요. 여기 모인 젊은이들을 보세요. 팬층이 점점 확대되고 있어요."

기념품 판매대와 유명인 행진에는 많은 사람들이 몰렸는데 알고 보니 사이드 쇼에 불과했다. 모두들 보러 온 가장 큰 볼거리는 닮은꼴 공연이었다. 비틀즈 팬 모임에서 닮은꼴을 공연할 기회는 결코 쉽게 오지 않는다. 전 세계에서 온 그룹들과 경쟁해야 하기 때문이다. 2019년 라인업은 멕시코, 핀란드, 스웨덴, 스페인, 캐나다, 아르헨티나, 브라질, 세르비아, 콜롬비아, 노르웨이, 이탈리아, 헝가리, 과테말라의 밴드를 포함했다. 빨강, 파랑, 금색의 〈서전트 페퍼〉(화려한 커버로 유명한 비틀즈의 앨범―옮긴이) 스타일 재킷을 입은 인도네시아 5인조 밴드나 빨간 립스틱을 바르고 비틀즈와 똑같은 대걸레 머리를 한 일본 여성 그룹에 매료되지 않기는 힘든 일이다. 비틀즈가 활동할 당시에는 태어나지도 않았던 수많은 닮은꼴이 비틀즈를 모방해 생계를 유지한다.

독특하다는 이유만으로는 닮은꼴 밴드로서 찬사를 받기 힘들다. 가장 인기가 많았던 이들은 비틀즈와 똑같은 외모와 사운드로 관객들이 실제 비틀즈가 눈앞에 있다고 상상하게끔 했다. 내가 공연장에 도착했을 때는 비틀즈 세션이라는 네덜란드 밴드가 〈페니 레인〉(폴 매카트니가 작곡한 노래. 페니 레인은 존 레논과 폴이 살던 동네의 이름이다—옮긴이)을 넘치는 에너지로 연주 중이었다. 원곡과 비틀즈의 젊은이다운 낙관주의에 매우 충실한 공연이었다. 관객들은 놓치고 싶지 않은 행복한 기억을 떠올리며 환희와 우울 사이에서 갈팡질팡하는 듯했다.

나는 밖에 나가 글래스고 출신 빌리와 산드라 매든 부부에게 비틀즈의 음악이 어떤 의미인지 물었다. 1960년대에 자란 부부는 비틀즈가 그들의 젊음에 대한 사운드트랙을 제공했다고 말했다. 비틀즈의 노래는 그들에게 일어난 일과 그들이 만난 사람들을 기억하게 하는 도구가 되었다. 이들은 비틀즈의 라이브 공연은 한 번도 보지 못했으나 이번에 스물한 번째로 팬 모임에 참석했다. 제인 블로클랜드는 또 다른 팬으로 1994년 첫 공연 후 단 한 번도 빠지지 않고 참석해 이번이 스물여섯 번째라고 했다. 그녀는 비틀즈 이미지를 새겨 홀치기염색을 한 허벅지까지 오는 민소매 티셔츠를 입고 있었다. 그걸 보면 50년간의 공백도 비틀즈 사랑을 약화시키지 못했음을 알 수 있었다. 그녀는 이 팬 모임을 '웅장한 동창회'라고 불렀다. 매년 이곳에서 같은 사람들을 보고, 그 후 몇 달 동안 참석하는 닮은꼴 공연에서 그들을 다시 만난다고 했다.

비틀즈 세션 그룹은 센세이션을 일으켰다. 앞쪽에서 춤추는 10대들과 뒤쪽에서 추억을 회상하는 노인들 모두가 똑같이 즐거워했다. 밴드의 스물두 살 된 가수 마티즈 클라인은 관심에 다소 당황한 모습이었다. "우린 사인을 해달라거나 함께 사진을 찍어달라는 요청에 익숙지 않아요. 우린 아무것도 아니잖아요."

물론, 여기 있는 모두가 알다시피 그건 사실이 아니다. 비틀즈 세션이 어두운 정장과 넥타이 차림으로 무대에 올라 〈올 유 니드 이즈 러브〉를 연주하고 모두가 노래를 따라 부를 때 그들이 누구인지 의심하는 사람은 아무도 없다. 팬들에게 그들은 네덜란드 출신이 아니다.[20]

10대 여성의 반란

1960년대 초 등장한 비틀즈에 대한 열광은 이전과는 차원이 달랐다. '비틀마니아'[21]라는 용어를 만들어낸 돈 쇼트 기자는 비틀즈가 널리 알려지기 전 리버풀 캐번 클럽에서 있었던 공연의 분위기가 이미 "꽤 열광적이었다"고 말한다. 이내 분위기가 더욱 고조되었다. 1963년 비틀즈의 첫 단독 투어 당시 첼튼햄에서 열린 콘서트에서 그의 머릿속에 '비틀마니아'라는 말이 떠올랐다. 그는 회상한다. "팬들은 비명을 질러대고 소리쳤으며, 손을 흔들고 모두가 일어서는 등 믿기 힘든 엄청난 소음을 냈다. 비틀즈는 규칙을 깨뜨렸고 팬들은 그런 비틀즈를 좋아했다. 언론이 비틀즈를 만들었다고 생각하는 사람이 많은데 말도 안 되는 소리다."[22]

1960년대의 비틀즈 팬 대다수는 10대 소녀들이었다. 그들은 주체 못할 열정, 특히 콘서트 중 비명을 지르는 습관으로 널리 조롱받았다. 1963년부터 1966년 8월 29일 샌프란시스코 캔들스틱파크에서 열린 마지막 콘서트까지 비틀즈가 대중 앞에 나설 때마다 이런 비명은 배경음악이 되었다. 심지어 비틀즈가 자신이 연주하는 음악을 들을 수 없을 지경이었다.

기자들은 팬들이 무분별하며 곤욕스러운 행동을 한다고 비난했다. 폴 존슨(영국의 저명한 저널리스트이자 역사가—옮긴이)은 1964년 〈뉴 스테이츠먼〉(영국 정치 주간지—옮긴이)에서 "비틀즈 주위에 몰려다니며 비명을 지르다가 히스테리에 빠지는 사람들은 그 세대 중 가장 운 나쁜 사람들, 지루하고 게으른 사람들, 실패자들"이라고 비꼬았다. "그런 사람이 이렇게나 많이 존재한다는 것은 10년의 학교 교육으로도 그들을 문명인으로 만들지 못한 우리 교육 시스템에 대한 두려운 고발이다."[23]

이제야 돌이켜보며 말하건대 이 젊은 팬들의 행동에 대한 또 다른 해석 방법이 있다. 바로 이것은 거의 전적으로 젊은 여성들이 주도한 혁명이라는 관점이다. 비틀마니아에 대한 어느 젠더 기반 분석에 따르면 이런 비명은 1960년대 초의 성적 억압과 결혼 전 순결하고 고결해야 한다는 부모의 기대에서 벗어나려는 10대 소녀들의 '성인 세계에 대한 폭동'이었다. "언제나 그랬듯 비명이 음악을 덮어버리면 공연의 주인공은 밴드가 아니라 팬들이 되었다."[24] 이러한 평가에 따르면 비틀즈의 젊은 여성 팬들은 음악뿐 아니라 자유, 독립, 장난기, 반항 등 비틀즈가 상징하는 모든 것을 사랑한 셈이다.

반세기 후에는 원 디렉션의 10대 팬들도 똑같은 비웃음과 모욕을 받았다. '디렉셔너즈'는 비틀즈 팬들과 마찬가지로 비명을 지르는 등 거침없는 열광으로 유명했고, 1960년대처럼 또다시 평론가들의 화를 돋우었다. 2015년 남성지 〈GQ〉는 원 디렉션 콘서트의 관객을 "2만 개의 커다랗게 벌린 입, 몇백 개의 애원하는 하얀 눈동자, 하늘로 치켜 든 4만 개의 손바닥, 아이돌이 버릇없이 가랑이를 튕겨댈 때마다 울부짖고 신음하고 물결을 일으키는 짙은 분홍색 기름때로 이루어진 바다"[25]라고 묘사했다.

이 글의 필자인 남성은 당시 서른네 살이었는데 "성인이 된 한 세대 여성 전체의 날카로운 음속폭음"에 불평하며 일찌감치 공연장을 떠났다고 털어놓았다. 그는 내집단의 규범을 외부에서 바라보며 평가하는 흔한 민족지학적 오류를 범했다. 문화를 이해하지 못하는 사람들이 일으키는 최초의 충동은 종종 그 문화에 대해 분노하는 것이다.

비명은 집단적 행위이자 감정적 행위이며, 기존 질서를 전복하는 한 종족의 의식儀式이다. 비명은 강력한 소속감을 전달한다. 누구도 혼자 비명을 지르지는 않기 때문이다. 체스터대학교에서 대중음악 팬덤을 연구하는 마크 더핏은 이를 정치적 자유의 표현으로 인식한다. "소리를 지르는 여성 팬들은 자신의 영웅을 소유할 뿐만 아니라 그런 감정을 표현할 수 있는 집단적 권리를 소유한다."[26]

당시에는 그렇게 느끼지 않았을 수도 있다. 케이틀린 티파니는 원 디렉션 팬덤에 관한 저서《나는 필요한 모든 것을 너희에게 얻는다》에서 자신이 콘서트에서 소리를 지른 이유 그리고 '거칠고 시끄러운' 경험이 의미한 바를 성찰하고 이렇게 결론 내린다. "우리는 우리 삶이 판타지가 아님을 알고 있었다. 다만 그 순간만큼은 예외였다. 우리가 비명을 지른 건 그 순간이 끝난다는 사실을 알았기 때문이다."[27]

비평가들은 몰라도 스타들은 팬들의 행동을 이해하는 경우가 많다. 폴 매카트니는 10대 비틀즈 팬들이 스스로를 표현하는 방식이 축구 팬들과 다를 게 없다고 지적한 적이 있다. "축구 경기, 특히 FA컵 결승전에서는 모든 남자들이 '아아아아아아!' 외치는 모습을 볼 수 있다. 여자들에게는 우리 공연이 축구 경기 같은 것이다."[28] 또한 2017년에는 원 디렉션의 가수 해리 스타일스가 〈롤링 스톤〉과의 인터뷰에서 다음과 같이 말함으로써 10대 소녀 팬들에게 영원히 사랑받는 가수로 남았다.

> 팝 음악을 좋아하는 어린 소녀들이 서른 살 힙스터 남성에 비해 음악적 취향이 별로라고 말할 수 있을까요? 팝pop이라는 말 자체가 인기 있다popular는 말을 줄인 거잖아요? 그건 당신이 판단할 문제가 아닙니다. 음악은 항상 변하니까요. 골대는 없어요. 어린 소녀들은 비틀즈를 좋아합니다. 그런 소녀들이 진지하지 못하다고요? 어떻게 어린 소녀들을 이해하지 못한다는 말을 할 수 있죠? 그들이 우리의 미래입니다. 미래의 의사, 변호사, 어머니, 대통령 등 세상을 이끌어갈 인재들이죠. 10대 소녀 팬들은 거짓말을 하지 않아요. 그들이 당신을 좋아한다면 그들은 **거기** 존재할 거예요.[29]

스타와 가깝다는 착각

유명인이 나타났을 때 행복에 겨운 반응을 보이는 건 매우 흔한 일이다. 반면 심리학자들이 '강박적 소비compulsive consumption'라고 부르는 병적 집착은 보기 드물다. 망상에 빠진 일부 팬들의 과장된 행동에 언론은 과도한 관심을 보인다. 데이브 개로웨이에게 눈독을 들인 팬들이 그랬다.

미국의 TV 진행자이자 NBC 〈투데이쇼〉를 만든 데이브 개로웨이는 여성 팬이 많았다. 그중 어느 날 문득 개로웨이가 사는 시카고에 나타나 그의 아내인 척하며 대형 호텔에 투숙한 여성은 가장 끈질긴 팬이었다. 그녀는 개로웨이 이름으로 신용계좌를 여럿 개설하고 공동 은행 계좌까지 열어 거액을 입금했다. 몇 주 후 그녀는 택시로 개로웨이가 묵는 호텔에 가서 접수 담당자에게 개로웨이의 객실에 함께 묵을 거라고 알렸다.[30]

수다스럽고 친근한 스타일로 방송을 진행하던 개로웨이는 그가 자신을 직접 언급했다고 믿는 사람들에게 자주 편지를 받았다. 그는 일부 팬들에 대처하느라 어려움을 겪었지만 그 팬들 중 누구도 병든 사람으로 보이지 않았다. 단, 그의 가짜 아내는 예외였다. 그녀는 객관적 현실을 무시하며 개로웨이와 준사회적 관계를 구축했다. 망상증 환자에게 문제가 있음을 납득시키기는 쉽지 않기에 이런 경우 대체로 끝이 좋지 않지만 '데이브 개로웨이 부인'은 결국 설득을 받아들여 집으로 돌아갔다.

정신 질환 유병률이 팬덤에서 특히 높지는 않다는 사실은 다소 놀랍다. 당신에 대해 전혀 모르는 사람과 연애하는 건 온전한 사람들에게도 힘든 일일 수 있다. 원 디렉션을 팔로우할 뿐만 아니라 할리우드 배우 제이크 질렌할에게 솔직하게 호감을 드러낸 케이틀린 티파니는 "이러한 관계는 어떤 면에서는 즐겁고 진솔할 수 있지만 (…) 대꾸하지 않는 사람과 대화하다 보면 미쳐가는 기분이 들지도 모른다"고 말한다.[31] 그녀는 1년간 매주 그에 대한 뉴스레터를 썼다. 그녀는 자신을 '강박적'이라고 묘사하면서도 자기 비하식 유머를 잘 구사한다. 이는 관심을 건강하게 유지하는 좋은 전략이다.

내가 이 방에 있다는 걸 제이크 질렌할이 알까? 나는 하루에 40번쯤 자문한다. 제이크 질렌할이 어디서든 내가 뭘 하는지 알아내려 애쓴다고 간주하기 때문이다.[32]

문제는 불행하거나 우울한 팬들이 자신이 좋아하는 스타를 구세주, 즉 자신을 구원할 메시아로 생각할 때 시작된다. 물론 이것은 재앙에 가까운 전략이다. 스타는 그런 역할을 수행할 수 없으며 그 사람이 존재한다는 사실조차 모를 가능성이 높기 때문이다. 프레드와 주디 버모럴이 1980년대에 모은 팬 관련 자료 중에는 셰릴이라는 젊은 여성이 싱어송 라이터 닉 헤이워드에게 한 달 동안 쓴 편지 열아홉 통이 있다. 매우 불행했던 셰릴은 닉 헤이워드가 이를 바꿀 수 있다며 그에게 집착했다. 다음이 그 예다.

9월 12일
닉에게
23일에 만나 주시겠어요? 꼭 할 얘기가 있어요. 이유는 모르지만 왠지 주변 누구보다 당신이 내 마음을 잘 이해하실 거란 생각이 들어요.

9월 22일

닉에게

내일이 진실의 날이네요. 오실 건가요? 왠지 그럴 것 같지 않군요.
그래도 희망을 품을게요.

9월 23일

닉에게

오지 않았군요. 그럴 줄 알았지만 아직도 가슴 아파요. 오늘만 바라
보며 살았거든요. 당신을 만날지도 모른다고 생각하면서. 당신 말
고는 기댈 사람이 아무도 없어요.[33]

이 마지막 편지를 보낸 직후 셰릴은 심한 우울증에 빠져 스스로
목숨을 끊으려 했다. 7개월 후 버모럴 부부가 연구 결과를 발표했
을 때 그녀는 회복 중이었지만 "여전히 닉을 깊이 사랑하고 있었
다"고 한다.[34]

대부분의 유명인은 과도한 팬덤에서 자신을 보호하려고 주의하
지만 팬이 너무 끈질기게 요구하면 감당하기 어렵다. 마이크로소
프트 리서치(마이크로소프트사가 전산학에 관한 문제를 연구하기 위해 설립
한 연구소—옮긴이) 커뮤니케이션 학자 낸시 바임은 최근 뮤지션과 관

객의 상호작용 연구를 위해 유명 연예인 몇십 명을 인터뷰했다.[35] 빌리 브랙, 로이드 콜, 록 밴드 드로잉 뮤지스의 크리스틴 허쉬, 더 큐어의 키보드 연주자 로저 오도넬을 포함한 거의 모든 인터뷰 대상자들은 소수의 팬들이 연예인과의 관계를 상호적인 것으로 간주하고 팬으로서의 추종을 우정으로 착각한다고 말했다. 이러한 잘못된 친밀감은 불안을 일으킨다.

공연자들로서는 균형을 잡기가 어렵다. 연예인은 너무 빈번하고 격렬하게 소통하려는 팬과 거리를 두기 위해 노력하는 한편 청중을 가까이 두기 위해 SNS가 주는 친숙함을 이용하므로 혼란스러운 메시지를 주곤 한다.

팬들은 아이돌의 사생활에 참여하고 싶어 한다. 아리아나 그란데의 인스타그램을 팔로우하는 사람들은 그녀가 반려견에게 피자를 먹이거나 집에서 드레스를 입는 모습을 본 적이 있을 것이다. 트위터에서 어떤 여성보다 많은 팔로워를 보유한 케이티 페리도 이런 방식으로 추종자들에게 사생활을 공개하는 것으로 유명하다. 얼마 전 그녀는 일상적으로 하던 빈도대로, 즉 타코를 좋아한다, 벚꽃이 피어 기쁘다, 특정 대통령 후보를 지지한다는 등의 사적 정보를 일주일 동안 열두 번 트윗했다.[36] 팬들 대부분은 이러한 친밀함을 즐긴다. 하지만 어떤 팬들에게선 이런 정보가 병적 집착으로 이어지기도 한다.

건강한 숭배와 과도한 숭배의 경계는 어디일까? 연구자들은 몇십 년 동안 이 질문에 답하고자 노력했다. 약 20년 전 레스터대학교 존 몰트비와 〈북미 심리학 저널〉의 린 맥커천이 이끄는 심리학자 집단은 유명인 태도 척도Celebrity Attitude Scale라는 설문지를 개발했다.[37] 이 설문지는 유명인에 대한 사람들의 감정의 강도를 평가하는 데 활용된다. 팬은 대부분 세 가지 범주 중 하나에 속한다. 세 가지 범주란 엔터테인먼트-사교적 팬(대부분 재미를 위해 팬이 됨), 강렬한 개인적 팬(좀 더 진지한 팬), 병리적 경계선상에 있는 팬(관심이 역기능적으로 변한 팬)이다.[38]

설문지의 34개 문항에 어떻게 응답하는지에 따라 이 스펙트럼에서의 위치가 달라진다. 예를 들어 재미를 원하는 팬은 "친구들과 함께 좋아하는 유명인이 한 일을 이야기하는 걸 즐긴다" "좋아하는 유명인을 보고, 읽고, 듣는 것이 즐겁게 시간을 보내는 방법이다"처럼 온건한 진술에 가장 강하게 동의하리라 예상된다. 스타에 대한 개인적 애착이 강하면 "좋아하는 스타의 사소한 일상에 집착한다" "좋아하는 스타를 소울메이트라고 생각한다" 같은 문항이 높은 점수를 받을 것이다. "좋아하는 유명인의 생명을 구하기 위해서라면 기꺼이 죽을 수 있다" "운 좋게 좋아하는 유명인을 만났는데 그/그녀가 불법적인 일을 해달라고 부탁한다면 아마 해줄 것이다" "초대받지 못했지만 좋아하는 유명인의 집 문을 열고 들어가면 그/그녀가 나를 보고 기뻐할 것이다" 중 한 가지 항목이라도 동의한다면 아마도 스펙트럼의 극단에 속할 것이다.

병리적 경계선상에 있는 팬은 종종 심리적 기능이 심각하게 손상된 경우가 많다. 몰트비와 맥커천을 비롯한 연구자들은 이들이 불안, 우울증, 강박 장애를 겪을 위험이 높을 뿐 아니라 공상에 빠지는 경향이 있기 때문에 결국 현실과 유리된다는 사실을 알아차렸다.[39] 일단 블랙홀에 들어가면 이들은 환상적 관계에 중독되고 빛과는 점점 더 멀어진다.[40] 분열과 집착으로 인해 폭력적 성향이 나타날 수도 있다.

1996년 9월에는 리카르도 로페즈라는 21세의 우루과이계 미국인 남성이 상해를 입히거나 살해할 목적으로 가수 비요크에게 황산이 든 편지 폭탄을 보냈다. 소포 발송 후 로페즈는 플로리다주 할리우드에 있는 자기 아파트에 돌아가 스스로 목숨을 끊었다. 나흘 후 경찰은 그의 집에 진입해 부패한 시신 및 일기장과 22시간 분량의 비디오테이프를 발견했다. 비디오테이프를 보고 그의 계획을 파악한 경찰은 런던 경시청 형사들에게 연락해 폭탄이 비요크 집에 도착하기 전 압수했다.

그 후 심리학자 루이스 슐레진저는 로페즈의 일기를 분석하면서 무엇이 그를 그렇게 절망적 행동으로 이끌었는지 이해해 보려 했다. 심리적 부검이라고 알려진 이 과정에서 슐레진저는 가족과 친구들이 알던 로페즈의 성격이나 정신 상태와는 완전히 상반되는 부분을 발견했다. 일기에서 로페즈는 스스로를 "운전도 못하는 루저"라 지칭했으며, 자신을 매우 무능하게 느낀다고 묘사했다. "나는 스스로를 존중하지 않는다. (…) 나는 여자를 품에 안아본 적도 없다. 나를 사랑하거나 심지어 좋아하는 여자는 아무도 없다. (…) [나는] 완전히 외롭다고 느낀다 (…) 누가 나한테 개 냄새가 난다고 했다. (…) 당신은 내 기분이 얼마나 이상한지 짐작도 못할 것이다."

로페즈는 803페이지에 걸쳐 비요크를 408번 언급했다. 그는 그녀가 "너무 천사 같고 우아하고 상냥하다"고 묘사하며 "그녀를 너무 사랑했기에 그녀와 섹스를 할 수 없었다"고 덧붙였다. 그는 "그녀의 삶에 영향을 미치고" 그 삶에서 중요한 역할을 하기를 간절히 원했다. 심지어 1970년대 중반으로 돌아가 그녀의 가족과 친구가 되고 그녀를 양육하는 데 관여하는 모습을 상상하기도 했다. 그러다 그녀가 뮤지션 골디와 관계를 맺었음을 알고 로페즈는 태도를 바꿨다. 그로서는 용납할 수 없는 인종 간 혼혈 관계였다. 그는 "나는 8개월을 낭비했다. 비요크에게는 빌어먹을 애인이 있었다"고 썼다. 분노와 배신감에 빠진 그는 15개월 후 우편으로 폭탄을 보냈다.[41]

로페즈 같은 역기능적 팬은 일반적으로 우상과의 관계나 그 우상의 삶에서 하고 싶은 역할에 관해 불가능한 환상을 갖는다. 이들은 망상에 사로잡힌다는 점뿐 아니라 사회적 고립 경향이라는 중요한 측면에서도 여타 팬들과는 다르다. 팬덤은 본질적으로 사교적이며, 그 사교성은 대체로 즐거운 성격을 띠는데 이것은 팬덤이 많은 심리적 이점을 가져다주는 이유다. 팬덤의 일원으로서 받는

혜택 중 하나는 사람들과 함께 무언가 할 수 있다는 것이다. 같은 공연을 보러 가거나 소셜 미디어상에서 아티스트의 새 앨범에 함께 열광하기도 한다. 스펙트럼의 반대쪽 극단에서는 이와 정반대 일이 벌어진다. 병적 팬은 본질적으로 반사회적이다. 이들은 혼자 추종하고, 환상이나 감정의 적절성을 조절해 줄 사람 없이 고립되어 역기능성을 키워간다. 사망 전 2년 동안 리카르도 로페즈는 점점 더 은둔 생활에 빠져들었고, 지인 누구도 비요크에 대한 집착의 정도와 그의 정신 상태를 알지 못했다.

테일러 스위프트를 표적으로 삼은 스토커 몇십 명 가운데 하나인 에릭 스와브릭은 테일러 스위프트가 꿈속에서 자신에게 손을 내밀었다고 확신한 후부터 그녀와 연락을 시도했다. 스와브릭은 4년 동안 테일러 스위프트에게 40통이 넘는 편지와 이메일을 보냈고 편지를 직접 전달하려고 텍사스 오스틴에 있는 집에서 1500킬로미터를 운전하기도 했다. 살해 협박을 하는 이메일도 있었다. 친구가 있었다면 부적절한 행동이라고 충고했을지 모르지만 스와브릭의 친구는 머릿속 목소리뿐이었다.

일부 스토커 팬의 행동은 피해자에게 치명적일 수 있다. 로페즈가 사망한 지 1년 후 비요크는 〈가디언〉 기자 린제이 베이커에게 "누군가 죽었다는 사실이 너무 속상해 일주일이나 잠을 못 잤어요. 겁나지 않았다면 거짓말이에요. 나뿐 아니라 아들이 다칠 수도 있었으니까요."[42]라고 말했다.

싱어송 라이터 릴리 알렌은 갖가지 망상에 사로잡힌 데다 자신이 릴리 알렌의 노래 중 한 곡을 작곡했다고 믿는 한 남자에게 7년간 쫓기는 신세가 되었다. 그는 릴리 알렌에게 협박 편지를 보내고 소셜 미디어에서 공격적으로 그녀를 괴롭혔다. 그러던 어느 날 밤 그는 릴리 알렌의 집 침실에 침입해 그녀를 겁박했다. 그는 체포되었고 이후 정신보건법에 따라 무기한 구금되었는데 릴리 알렌은 그가 풀려나면 무슨 일을 저지를지 두려워한다. 그녀는 자서전에서 "내게 큰 영향을 미친 그 사건으로 내 정신의 모든 분야가 침해당했다. 무서웠고 편집증이 나타났다"고 썼다.[43]

사이코패스가 된 팬들

팬들의 열광적 관심은 직접적 위협이 되진 못해도 아티스트를 당혹케 한다. 영국 밴드 게이 대드는 1990년대 후반 영국 팝의 구세주라는 언론의 홍보로 드라마틱한 상승세를 탔다. 여러 잡지 표지를 장식했고, 앨범도 내기 전 밴드로서는 최초로 BBC 차트쇼 〈탑 오브 더 팝스〉에 출연했다. 리드 싱어 클리프 존스는 자신들이 겪은 일이 "쓰나미 같았다"고 표현한다. "뭔가 다가온다 싶더니 2~3년 동안 발이 땅에 닿지 않는 느낌이었다. 아무도 대비할 수 없는 일이었다." 팬들과의 상호작용은 대체로 긍정적이었지만 때때로 매우 야릇한 느낌을 주기도 했다. 공연이 끝날 때마다 커다란 케이크를 선물하는 팬, 무대 뒤까지 찾아왔으나 눈을 마주치지 못하고 그의 성만 발음하던 팬이 기억에 남았다. 1999년 일본 투어를 마치고 런던으로 돌아간 클리프 존스는 자신의 아파트에 여성 팬 둘이 침입해 폴라로이드 사진을 찍은 후 침대에 두고 간 것을 발견했다. 클리프 존스는 자신을 묘사한 다양한 판타지 시나리오도 받아보았다. 일부는 성적 내용이었고, 일부는 클리프 존스와 밴드 동료들이 슈퍼 히어로로 출연하는 내용이었다. 그는 이를 "**너무** 이상하게 느꼈다"고 말했다.

현재 클리프 존스는 음악 작곡과 제작뿐 아니라 배스스파대학교에서 팬 행동을 포함한 사회 이론을 연구하고 강의한다. 이 역할은 그가 게이 대드와의 경험, 더 나아가 아티스트와 관객 간의 관계를 성찰하는 데 도움이 되었다. 그는 아티스트가 자신의 대중적 페르소나를 통제할 수 없음을 깨닫는 것이 중요하다고 말한다. 아티스트의 페르소나는 그의 정체성이 아니라 팬들이 원하는 것에 기반한다는 것이다. "연예인이라면 자신에 대한 남들의 생각이 자신의 생각만큼이나 유효하다는 사실을 받아들여야 한다. 당신은 사회적 기능을 제공한다. 그 사람들이 집단으로 공유하거나 구현하려는 일련의 가치나 아이디어에 대한 상징이 되는 것이다. 이런 일을 심각하게 받아들이고 '난 그런 사람이 아니에요'라고 반발하면 아티스트에게 해롭다. 팬들이 원하는 것 일부를 제공하는 편이 더 쉬울

지도 모른다. 연예인 자신이 그런 욕구에 공모했다는 사실을 인정해야 하기 때문이다. 나는 너무 늦게 그 사실을 깨달았다."

일부 아티스트는 가장 끈질긴 팬을 설명할 때 '심리적 뱀파이어'라는 용어를 사용한다. 팬은 뭐든 필요하다고 생각하는 것을 집요하게 빨아들이는 경향이 있기 때문이다. 2000년대 후반 나는 심리적 뱀파이어를 끌어들이는 데 묘한 재주가 있는 어떤 가수와 함께 밴드에서 연주한 적이 있다. 솔로 아티스트로도 활동한 그녀는 리지스핏Lizzyspit이라는 예명을 썼는데, 우리가 공연을 할 때마다 그녀가 공연하는 곳이면 어디든 출몰하는 여러 사람들을 짚어내곤 했다. 우리는 주로 런던의 알려지지 않은 외진 클럽에서 공연했는데, 리지스핏은 이런 팬들이 어떻게 항상 자신을 찾아내는지 궁금해했다. 그들은 보통 중년 남성이었고 자기네끼리 조그만 관중석에 모여 서서 뚫어져라 그녀를 바라보곤 했다. 리지스핏은 그다지 신경쓰지 않는 듯 보였지만 그들이 날 기겁하게 만든 건 분명하다.

리지스핏은 2011~2019년 운영된 소셜 네트워크인 구글 플러스에서 가장 인기 있는 솔로 아티스트 중 한 명으로 성장했다. 2011년 초 웨스턴오스트레일리아 작은 마을로 이사한 리지스핏은 현지 관객이 없어서 구글플러스 행아웃(사용자 열 명이 동시에 영상 채팅을 할 수 있는 기능—옮긴이) 동영상 플랫폼을 통해 친구들을 위한 온라인 공연을 진행했다. 리지스핏의 친구들은 이 영상을 자기 친구들과 공유했고, 친구들은 **또 다른** 친구들과 공유했다. 그렇게 리지스핏은 며

칠 만에 팔로워 4000명을 확보했다. 그다음 달에는 팔로워가 1만 6000명으로 늘어났고 1년 후 100만 명에 가까워졌다. 구글은 이러한 상황을 파악하고 리지스핏을 글로벌 인플루언서로 홍보하기 시작했다. 2013년 말 리지스핏은 구글플러스에서 팔로워 약 300만 명을 확보했고 유튜브, 페이스북, 트위터에서도 팔로워가 약 1만 명 정도 더 생겨났다. 그러나 그녀의 인기에는 상당한 대가가 따랐다.

리지스핏이 온라인에 글을 올릴 때마다 댓글 몇백 개가 달렸다. 대부분 긍정적이고 유익한 댓글이었지만 일부는 악의적이었다. 리지스핏 팬들 중에는 스스로를 스핏스라고 부르는 슈퍼 팬이 있었고, 그중 최소한 두 명은 팔에 리지스핏 노래의 가사를 문신으로 새겼다. 이들 중 일부는 몰트비와 맥커천의 유명인 태도 척도에 따르면 거의 확실히 병리적 경계선상에 속하는 사람들이었다. 그들은 리지스핏에게 특별한 관심을 요구했고 충족되지 않으면 불쾌해했다. 리지스핏은 이렇게 말했다. "감사하면서도 한편으론 그들이 나를 소유한 것 같다고 느꼈다. 뭔가를 내놓지 않으면 공격할 것만 같았다. 아버지가 돌아가신 후 약 6주 오프라인 상태였던 적이 있었다. 글을 올리지 못한 걸 사과하려고 다시 온라인에 접속했는데 첫 번째 댓글이 '님이 우리보다 훨씬 잘났다고 생각하나 보네요. 그래서 님 인생을 업데이트하는 것도 귀찮았겠죠'였다. 그걸 읽으며 '맙소사, 내가 대체 어떤 상황에 빠진 거지?' 한탄했다."

최악의 악플은 그녀가 온라인 담론에서 거리를 두려고 하자 분노한 소수의 남성 팬들이 쓴 댓글이었다. 이들은 소셜 미디어로 짤막한 형식의 콘텐츠 제작자를 선정하는 쇼티 어워드에서 그녀에게 반대표를 던지도록 독려하는 캠페인을 시작했다. 이들은 리지스핏을 죽일 방법을 모색하는 웹 페이지를 만들었고, 그중 한 명은 리지스핏의 어머니에게 연락해 증오를 표출하기도 했다. 리지스핏은 몇 차례 살해 및 강간 위협에 시달렸으며 남성 성기 사진도 여러 장 받았다. 누군가는 "오늘 네 뒤에 있었어. 인사를 하진 않았어도 확실한 사실이지"라는 메시지와 함께 리지스핏의 뒷모습을 찍은 사진을 보냈다. 창녀로 불리거나 톱스타 자리를 위해 잠자리를 가졌다고 비난받는 일도 셀 수 없이 많았다.

리지스핏의 노래는 진심과 공감을 불러일으킨다. 모든 팬은 진정성을 갈망하는데 리지스핏에게서 바로 그런 느낌을 받았다. 리지스핏은 그녀 영혼에 접근하도록 허용하는 듯한 인상을 주기에 사랑과 비판 모두에 취약할 수밖에 없다. 오늘날의 많은 소셜 미디어 인플루언서들과는 달리 그녀에게는 팬덤의 무분별한 공격에서 보호해 줄 소속사라는 방패가 없었기에 심리적 뱀파이어들은 원하는 곳에서 마음껏 활개를 칠 수 있었다. 소셜 미디어는 스타와 팬이 이전과는 전혀 다른 방식으로 소통할 정도로 발전했다. 사람들은 더 많은 것을 주고 그 대가로 더 많은 것을 기대했다. 리지스핏의 온라인 팬들이 그녀를 스타로 만드는 걸 도왔으니 합리적 대가였을까?

결국 리지스핏은 그렇지 않다는 판단에 이르렀다. "나는 불안해지고 우울해졌다. 대다수 팬들은 정말 착하고 평범한 사람들이었지만 200여 명 남짓 되는 그 기이한 팬들은 뒤틀린 성격을 가진 사이코패스가 되어갔다. 나는 사람들을 기쁘게 해야만 한다는 생각에 사로잡혔고 와이파이가 연결되지 않아서 뭔가를 올릴 수 없게 되자 공황 발작을 일으키기도 했다. 결국은 대처하지 못했다. 내게 일어나는 일을 견딜 수 없어서였다."

2016년 어머니의 죽음 후 리지스핏은 한 번 더 잠시 소셜 미디어 활동을 접었다. 다시 로그인했을 때 리지스핏은 자신의 반려견이 그녀의 노래에 푹 빠져 있다는 한 팬의 메시지를 발견했다. 이 여성은 강아지 사진과 동영상을 여러 장 보냈는데 리지스핏이 답장을 보내지 않자 자신을 만들어준 사람들을 배려하지 않는 무정한 사람이라고 리지스핏을 비난했다. 다음 날인 2016년 12월 16일 리지스핏은 모든 소셜 미디어 계정을 폐쇄하고 블로그도 삭제했다. "더는 아무것도 하지 않기로 결심한 후 팔로워도 모두 삭제했다. 모든 걸 지워버렸으며 그것이 내 온라인 음악 인생의 끝이었다."

이 결정은 리지스핏의 음악 경력에 부정적 영향을 미쳤지만 그녀는 후회하지 않았다. 병적으로 그녀에게 의존하는 팬들에게서 자신을 보호할 유일한 방법이었기 때문이다. "팬들이 어떤 식으로든 나에게 접근할 수 있는 한 결코 그들에게서 자유로울 수 없었을 것이다." 그녀는 여전히 팬들이 자신을 찾을지도 모른다는 가벼운 두려움을 떨치지 못한 채 살아간다. 최근 팬 중 한 명이 리지스핏의 실명으로 된 링크드인(비즈니스 전문 소셜 미디어—옮긴이) 프로필을 방문했다. "무서워서 공황 발작을 일으킬 뻔했다. 난 그들이 누군지를, 그들이 아직 밖에 있다는 사실을 안다."[44]

다르면서 닮은 팬덤들

병적인 의존성은 제쳐두더라도 유명인 팬덤은 특히 집단의 역학 관계와 심리라는 측면에서 다른 팬덤과 공통점이 많다. 모든 팬덤은 고유한 방식으로 더 넓은 세상과 관계를 맺는다. 5장과 6장에서는 문화 지형에서 완전히 다른 곳에 자리 잡은 두 팬덤을 살펴볼 것이다. 그중 하나는 200년 전으로 거슬러 올라가며 몇백만 명이 공개적으로 열광하는 팬덤이다. 다른 하나는 비교적 최근에 생겨나 몇백 명 회원을 보유하며, 그 존재를 모르는 사람에게는 거의 보이지 않는 팬덤이다.

5장

제인 오스틴이 내 인생을 바꿨어요

어떻게 물건의 물질적 가치보다 지각된 가치가
훨씬 더 클 수 있을까? 팬들은 정확히 무엇에
돈을 지불하는 걸까?

평범한 상황이라면 보닛을 쓰고 치마로 온몸을 가린 채 영국 마을의 거리를 걸으면 웃음과 조롱의 대상이 되거나 심지어 날아오는 달걀을 맞을지도 모른다. 하지만 그 도시가 섭정 시대 스타일의 수도인 배스이고 비슷한 옷을 입은 사람들이 나란히 걷고 있다면 앞사람 옷자락을 밟을 염려 말고는 두려울 게 없다.

매년 9월 섭정 시대 의상 대행진으로 배스의 제인 오스틴 축제가 시작된다. 제인 오스틴은 배스에서 6년 동안 살았고 이곳은 그녀의 소설 두 편의 배경이 되었다.[1] 하지만(이건 비밀인데) 그녀는 이곳을 그다지 좋아하지 않았다.

배스는 런던에 비해 다양성이 거의 없으니 모두가 1년이면 대강 이곳을 파악하지요. "6주 정도 지내기에는 배스도 충분히 즐거운 곳이라는 데 수긍하겠다. 하지만 그 이상 머문다면 배스야말로 세상에서 가장 지루한 곳이 된다." 모든 사람이 그렇게 말할 거예요.(헨리 틸니가 캐서린 모랜드에게, 《노생거 사원》 중에서)[2]

나는 2019년 이 축제에 참여했다. 실망시켜 죄송하지만 섭정 시대 옷으로 여장하지는 않았다. 제인 오스틴에게 모욕받은 사실을 전혀 모르거나 이런 데 무관심한 사람들은 마을의 선전관, 무용단, 붉은 옷을 입은 보병 중대를 따라 위용 넘치는 거리를 유쾌하게 거닐었다. 나는 참가자들에게 몇 가지 질문을 하고 그들이 어떤 삶을 살다가 이 지점에 도달했는지 알아내려고 행사장에 간 참이었다.

상당수 참가자는 직접 옷을 만들거나 친구나 가족이 만들어준 의상을 입었다. 이들의 주된 목표는 당연히 남들의 의상을 면밀히 살펴보고 고증 수준과 옷의 만듦새를 확인하는 것이었다. "경쟁이 너무 치열해요. 모두 남들 드레스를 보면서 '맞춤일까? 직접 만들었을까?' 궁금해하죠." 워딩에서 온 데비 윌콕스의 말이다. 그녀는 오빠, 어머니, 아들딸과 함께 조지 왕정 시대 복장으로 거리를 거닐었다.[3] 그녀는 30년 동안 가족을 이렇게 차려입혔다. 최근 그녀는 제인 오스틴 파인애플 감상회Jane Austen Pineapple Appreciation Society, JAPAS라는 코스프레 집단의 인스타그램 피드에서 새로운 영감을 얻었다. 그날 하루 동안 나는 이 집단에 대한 이야기를 많이 들었다.

배스의 연례 행진이 열리는 동안에는 드레스, 보닛, 숄, 연미복, 양복 조끼, 넥타이, 펠트 모자, 부채, 지팡이, 판탈롱(19세기식 남성 바지―옮긴이), 파라솔 때문에 시내를 돌아다닐 수 없을 지경이다.《오만과 편견》의 거만한 주인공 다아시 씨, 그와 티격태격하는 엘리자베스 베넷,《이성과 감성》의 대시우드 자매 등 제인 오스틴의 삶과 소설에 등장하는 친숙한 인물들이 보였다.

길드홀(중세에 길드 모임이 열리던 곳―옮긴이) 밖에서는 성직자 넥타이를 매고 검은색 펠트 모자를 쓰고 있어 도저히 잘못 알아보기가 힘든《오만과 편견》의 고집스러운 성직자 콜린스 씨와 마주쳤다. 또 다른 삶에서 그는 오리건주의 조나단 엥버그이며 이번 축제를 위해 아내와 어린 두 딸을 데리고 8000킬로미터를 여행했다. 그들은 콜린스 가족이 되어 행진했는데 딸들은《엠마》에 나오는 엠마 우드하우스와 그녀의 가정교사 테일러 양으로 코스프레하고 싶다는 바람을 은근슬쩍 내비쳤다. 엥버그는 "제인 오스틴은 인간 본성에 대한 놀라운 관찰자였습니다. 어디를 가든 그녀가 만든 캐릭터를 찾을 수 있죠"라고 했다. 계속 거리를 걷는 우리에게 한 구경꾼이 "신부님, 저를 축복해 주세요"라고 외쳤고 조나단은 아무렇지도 않게 그 말대로 했다.

사람들은 무수히 많은 방식으로 제인 오스틴과 관계를 맺는다. 행진에 참여한 사람들 상당수는 그녀의 책을 읽지 않았으며, 영화와 TV에서 각색한 그녀의 소설을 접한 사람들이 많았다. 특히

1995년 인기리에 방영된 BBC《오만과 편견》은 (원작에는 전혀 없는) 젖은 셔츠를 입은 콜린 퍼스가 나오는 장면 덕분에 하룻밤 사이에 팬덤 규모를 두 배로 불렸다. 스스로를 제이나이트[4]라고 부르는 진정한 팬들을 정교하게 차려입은 군중 사이에서 구별해 내기는 어렵지만 일단 그들과 만나 보면 바로 차이를 알 수 있다. 그들이 오스틴에게 느끼는 매력은 뿌리 깊은 것이었다.

JAPAS는 현대의 제이나이트를 대표한다. 인스타그램 피드에는 숲에서 식물을 채집하고, 장미 정원을 감상하고, 테라스에서 차를 마시며 호수를 바라보는 등 섭정 시대 복장을 한 채 여유롭게 시간을 보내는 회원이 한 명 이상 등장한다. 때로는 사진에 "약간의 무해한 유혹 같은 것이 일어날 것이다"《노생거 사원》 또는 "좋은 친구는 언제나 찾을 가치가 있다"《설득》 같은 제인 오스틴의 명언을 덧붙여놓기도 했다.

나는 길드홀 내부에서 열리는 '산책가들의 축제'에서 그들을 만났는데 그중 한 명이 책에 사인을 해주고 있었다. 당연히 제인 오스틴에 관한 책이었다. 이들이 너무 많은 관심을 끌어 길드홀 안을 들여다보기가 힘들 정도였다. 앞으로 몇 달에 걸쳐 그중 몇 명과 꽤 잘 알게 되겠지만 당장은 그들을 팬들 관심에 맡기는 것이 최선이었다.

사랑해요 제인!

제인 오스틴은 1817년 마흔한 살 나이에 루푸스[5]로 세상을 떠난 지 200여 년이 지난 지금까지도 영어권에서 가장 유명하고 가장 널리 사랑받는 소설가 중 한 사람이다. 생전의 그녀는 거의 익명으로 지냈는데 1869년 조카 제임스 에드워드 오스틴-리가 '사랑하는 제인 고모'의 전기인 《제인 오스틴 회고록》을 출간하여 대중에 주목받고서야 상황이 달라졌다.[6] '다작'에다 "우스꽝스러운 것에 대해 비정상적일 정도로 빠른 감각"을 지닌 이 아마추어 작가에 대해 알고 싶어 하는 사람들이 갑작스레 많아졌다.[7]

몇 년 후 출판사 조지 러틀리지 앤 선이 대중 시장을 겨냥해 제인 오스틴의 소설을 저렴한 판형으로 만들어 재발간했다. 모두가 그녀의 인기 상승을 반기진 않았으나 문학평론가들은 이미 그녀를 진지하게 받아들이기 시작할 때였다. 버지니아 울프와 버네사 벨의 아버지 레슬리 스티븐은 '제인 오스틴 숭배'를 "아마도 가장 편협하고 독단적인 문학적 신조"일 것이라고 비난했는데[8] 이는 제인 오스틴 애호가들이 그녀의 문학적 장점을 열렬히 옹호한 것과는 반대되는 언급이었다.

제인 오스틴의 팬덤은 조금은 더 남성적이고 엘리트주의적인 오늘날의 모습과는 다소 달랐지만 사실 1870년대 이래 조금도 열기가 식지 않았다. 지식인 여행 작가 레지널드 패러는 제인 오스틴 서

거 100주년을 맞아 발표한 에세이에서 제인 오스틴 팬덤을 "종교처럼 열렬한 광신자 집단"이라고 표현했다. "물 고인 참호에서, 차디찬 산속 동굴에서, 아플 때나 건강할 때나, 지루할 때나 고독할 때나 피로할 때나, 그녀에게 위로받고 그녀와 함께하길 원하는 숭배자들이 그녀의 소설 속 시골집과 커뮤니티로 점점 더 많이, 만족을 모른 채 몰려든다"는 것이었다.[9]

패러가 말한 "물 고인 참호"는 제인 오스틴을 좋아한다고는 예상하기 어려웠던 팬 집단 중 하나에 대한 언급이다. 1차 세계대전 당시 영국 병사들은 제인 오스틴의 작품을 읽으며 자신들이 어떤 영국을 지키기 위해 싸우는지 되새겼다. 러디어드 키플링은 아들 존이 전사한 후 가족에게 제인 오스틴을 읽어주며 위안을 얻었다. 1924년 발표된 키플링의 단편소설 〈제이나이트〉는 서부전선의 영국 병사들이 주변에 도사린 참상을 잊고자 소설 속 인용문을 교환하는 비밀 모임을 묘사한다.[10]

패러는 에세이에서 제인 오스틴을 "인류에 대한 보편적 진리를 특정 인물에 투영하는 능력에 있어 셰익스피어 정도와 비견할 만한 작가"라고 묘사했다. 이것이 문학평론가부터 군인, 페미니스트 이론가, 섭정 시대 코스플레이어에 이르기까지 다양한 집단이 오스틴을 쉽게 감상할 수 있게 만드는 특성 가운데 하나임은 분명하다. 제인 오스틴의 소설은 고급문화와 대중문화 모두에서 필수품이 되었다.

현대의 제인 오스틴 팬들이 그녀에 대한 사랑을 나눌 방법은 무궁무진하다. 이들은 국가별 제인 오스틴 협회에 가입하거나(대부분의 나라에 이런 단체가 존재하는 듯하다), 펨벌리공화국(펨벌리는《오만과 편견》주인공 디아시가 소유한 소설 속 가상의 토지—옮긴이) 온라인 커뮤니티에서 토론에 참여할 수 있다(토론 주제는, 예컨대 "《설득》에서 웬트워스가 앤에게 보낸 편지를 역사상 가장 로맨틱한 작품으로 볼 수 있을까?" 등이다). 제이나이트의 블로그를 읽거나 직접 블로그를 개설해도 된다. 오스틴의 책에서 인용한 문구를 새긴 티셔츠를 입거나《맨스필드 공원》에서 사용된 반어법에 관한 심포지엄에 참석하는 방법도 있다. 또는 제인 오스틴 팬 픽션이 만들어낸 다양한 평행 우주에 뛰어들기도 한다.

2020년 12월, 나는 제인 오스틴의 245번째 생일 기념으로 햄프셔주 초튼에 있는 제인 오스틴 하우스 박물관에서 주최한 가상 티파티에 제이나이트 231명과 함께 참여했다. 브라질, 필리핀, 호주, 일본, 이탈리아, 벨기에, 크로아티아, 체코, 스웨덴, 프랑스, 독일, 네덜란드, 아일랜드, 캐나다, 미국 및 영국 전역에서 다양한 연령대의 팬들이 접속했다. 231명 중 남성은 (나를 포함한) 다섯 명, 유색인종은 한 명뿐이었다. 참가자들 대부분은 거실에 앉아 도자기 잔에 음료를 마시고 있었다. 많은 사람들이 보닛을 썼고('최고의 보닛' 대회도 열렸다) 어느 어머니와 딸은 완벽하게 섭정 시대 복장을 차려입은 모습이었다. 햄프셔에서 온 한 여성은 행사 내내 뜨개질을 했다.

기묘한 즐거움이 가득한 행사였다. 우리가 차를 마시는 동안 주최 측은 섭정 시대의 술인 스파이스드 오렌지 와인 만드는 법, 《오만과 편견》 낭독, 섭정 시대 사람들이 겨울에 입었던 옷에 대한 강의로 우리를 기쁘게 해주었다. 이어서 불협화음으로 시끌벅적하게 〈생일 축하합니다〉를 제창했다. 파티는 퀴즈로 마무리되었고 제이나이트 자격을 뽐낼 기회가 모두에게 돌아갔다. "오스틴 생전에 출판된 소설은 몇 권일까?(네 권)" "《오만과 편견》의 집필 당시 제목은?(첫인상First Impressions)" "제인 오스틴이 하룻밤 동안만 약혼한 사람은 누구일까?(해리스 비그-위더)" 등 다양한 질문에 대한 답변이 단 몇 초 만에 나왔다.

우리는 단체로 손을 흔들고 "사랑해요 제인!"을 합창하며 행사를 마무리했는데, 이 인사말은 가상 세계를 기념하는 다른 팬덤과 제이나이트가 차별화되는 한 가지 지점을 드러낸다. 제이나이트는 제인 오스틴의 캐릭터와 소설 그리고 그들이 사는 마을을 사랑하지만, 특히 제인 오스틴이라는 개인에게 각별한 애정이 있다. 그들은 제인 오스틴을 친구처럼 대하며 쉽게 친근감을 느낀다. 이름을 부르는 사이 아닌가! 20세기 초에는 제인 오스틴 팬들을 오스테나이트라고 불렀지만 이 용어는 그다지 유행하지 못했다. 너무 형식적으로 들렸기 때문이다. 그녀의 이름은 제인이어야만 했다.

나의 말에 지루해하지 않는 사람들

제인 오스틴 팬 대부분이 중년층에 치우친 데 반해 JAPAS는 회원 모두가 20대나 30대라는 점에서 이례적이다. 창립자들은 배스 페스티벌에서 연달아 만나다가 1년에 한 번으로는 충분하지 않다고 판단하고 2015년 9월 이 모임을 결성했다. 첫 번째 모임은 제인 오스틴의 모든 소설에서 볼 수 있는 일주일간의 하우스 파티였는데 이때는 차를 마시고 드레스 차림으로 게임을 했다. 이후 하우스 파티는 연례행사로 자리 잡았고, 3~9월 피크닉, 음악회, 섭정 시대 무도회, 내셔널 트러스트 주택(역사적으로 의미 있는 건물을 보존하기 위해 설립된 법인체 내셔널 트러스트가 관리하는 건물—옮긴이) 견학 등을 진행하는 제인 오스틴과 관련된 다양한 일정의 일부가 되었다.

JAPAS에서는 회원 약 20명이 활동한다. 이들은 역사적 정확성에는 그다지 신경 쓰지 않고 제인 오스틴과 자신들의 다양하고 열정적 관심사를 결합하기를 즐긴다. 그들은 섭정 시대-해리 포터 크로스오버의 날과 디즈니를 가미한 섭정 시대 무도회를 주최한 바 있다. 이들은 재밌게 제인 오스틴을 기념하고 그녀도 좋아하리라 믿는다. 혹시 궁금해할까 봐 하는 말인데 파인애플은 섭정 시대에 최고급 주택에서 귀하게 여긴, 신분을 상징하는 과일이었다(카리브해에서 수입하는 파인애플은 영국의 억압적 식민지 역사를 상징하는 과일이기도 하다. 2020년 12월부터 JAPAS는 소셜 미디어 피드에서 파인애플 사용법과 19세기 초반 백인이 차지한 부의 기원에 대해 지속적 대화를 나눠왔다).

자칭 '제인 오스틴 전문가이자 신봉자'인 스물여섯 살 소피 앤드루스는 JAPAS 행사 기획 총괄이자 가장 눈에 띄는 홍보 대사다. 소피는 어려움에 처했던 열여섯 살 때부터 제인 오스틴을 읽기 시작했다. 당시 소피의 언니와 아버지 모두 중병을 앓았고 자신도 건강이 좋지 않았다. 또한 소피는 학교의 또래 집단과 술, 클럽, 화장, 남학생에 대한 열정을 공유하지 못했고 그들과 어울리는 걸 힘들어했다. 영어 선생님은 그런 소피에게 《오만과 편견》을 읽어보라고 권했고 소피는 이내 제인 오스틴의 유창한 언변과 우아한 세계에 푹 빠졌다. 또 다른 소설을 읽으면서는 더 깊이 빠져들었다. 그녀는 말했다. "제인 오스틴은 내게 탈출구가 되었다. 나는 그녀 이야기에 몸을 던졌다. 좋은 사람들에게 좋은 일이 일어나는 오스틴의 세계는 날 행복하게 했다. 제인이 직접 말했듯이 '죄책감과 비참함은 다른 펜이 다루게 하라'. 나는 현실에서 벌어지는 일에 비하면 편안하고 안전하게 느끼는 곳을 오스틴 작품에서 찾은 셈이다."

소피는 《오만과 편견》의 독립적 여주인공 엘리자베스 베넷과 자신을 동일시하기 시작했다(그녀는 현재 이 소설 판본을 100가지 이상 소장하고 있다). 소피는 리지(엘리자베스의 애칭—옮긴이)의 불손함, 자신의 의견을 내뱉는 결단력, 지위나 관습에 굴복하지 않는 모습, 어머니가 반대하는데도 혼자 진흙탕 산책을 하는 습관 등을 존경했다. "지금 생각해도 모두 훌륭한 특성이다. 오늘날에는 너는 이렇게 보여야 하고 저렇게 행동해야 한다는 또래 집단의 압력이 너무 강하기에 군중에 동조하지 않는 건 어려운 일이다. 리지는 남들이 자신에게 이래라저래라 하도록 절대 허락하지 않았다."

열여섯 살 때 '리지와 함께 웃기Laughing with Lizzie'라는 블로그를 시작해 '제인 오스틴의 재치와 지혜를 전파'하는 데 활용해 온 소피는 소셜 미디어에서 팔로워 3만 명을 보유하고 있다.[11] 소피의 최근 저서 《더욱 제인답게》는 제인 오스틴의 소설과 편지가 21세기 삶이 부가하는 도전에 대처하는 데 어떻게 도움이 될지 탐구한다. 여기에는 자신에 대한 믿음, 여성의 역할, 거짓 친구를 피하는 방법에 대한 교훈이 담겨 있다. 그녀는 시대가 변해도 사람들은 여전히 같은 문제에 직면해 있다고 말한다.[12]

소피와 리지 베넷의 관계는 대중문화의 여타 영역에서 흔히 보는 준사회적 관계의 전형이다. 팬들은 가상 인물과 동일시함으로써 자신이 동경하는 가치를 탐구하며, 결코 실망시키지 않을 역할 모델에게 배움을 구한다. 소피는 JAPAS 회원으로서, 모든 팬덤의 공통점인 친밀한 집단에 속한다는 사실에서 안정감을 얻었다. 제인 오스틴을 읽기 시작했을 때 자신이 제인 오스틴의 유일한 팬인 것처럼 느꼈던 소피는 인터넷에서 제인 오스틴이 이렇게 보편적으로 사랑받는 작가라는 사실을 알게 되어 그지없이 놀랐다. 그녀는 "나와 비슷한 사람들이 있다는 사실 그리고 끝없이 제인 오스틴 이야기를 해도 상대방이 지루해하지 않는다는 사실에 안도했다"고 말한다. 그녀는 행사에 참석해 다른 팬들과 만나기 시작했고, 그 과정에서 JAPAS를 창립했다. 소피가 '파인애플'이라 부르는 이들은 이제 가장 중요한 친구들이 되었고 "타인의 시선을 두려워하지 않고 자신을 있는 그대로 드러내는 곳"이 되었다.

고통과 고립, 구원에 관한 소피의 이야기는 놀랍게도 제이나이트 사이에서는 매우 흔하다. 서부전선에서 전쟁신경증에 걸린 병사들, 우울증에 시달리던 시절 소설에서 위안을 얻었다는 J. K. 롤링 등 많은 사람들이 고통스러운 시기에 제인 오스틴에게서 위안을 얻었다고 밝혔다. 소셜 미디어에 드레싱미스대시우드라는 이름으로 글을 올리는 소피의 친구이자 파인애플 동료 에이미 쿰브스는 오랜 기간 정신 질환을 앓다가 우연히 JAPAS에 참여했다. 그녀는 "이 모임은 더 나은 곳으로 돌아가기 위한 나의 여정에서 큰 역할을 했다. 또래 사람들이 제인 오스틴과 시대극, 예쁜 드레스에 푹 빠진 모습을 보자 '세상에, 드디어 내 사람들을 찾았구나' 생각했다"고 전한다.

이것이 바로 제인 오스틴 팬 문화의 요체다. 직접 참여하지 않으면 그 존재를 모를 수도 있으나 일단 참여하고 나면 인생이 바뀔 수 있다.

헌신적 기독교인에서 페미니스트 영웅까지

제인 오스틴의 소설이 영국 사회의 아주 세밀한 단면과 관련 있다고 해서 그녀의 작품을 감상하느라 토지를 소유한 작품 속 엘리트 집단의 일원이 될 필요는 없다. 문학평론가들은 오랫동안 제인 오스틴이 왜 그토록 광범위한 독자들에게 어필하는지 이해하고자 노력했다. 신랄한 재치? 약점 많은 캐릭터? 완벽한 문장? 로맨틱한 감성? 한 가지 답은 그녀의 이야기에 해석의 여지가 있다는 것이다. 제인 오스틴은 사람들에 내재한 편견과 동기를 불러들인 후 그녀의 세계를 통해 쉽게 그들의 세계를 보도록 해준다.

제인 오스틴이 자신이 쓴 글을 실제로 어떻게 생각했을지 말하기는 어렵다. 그녀는 과연 풍자주의자였을까, 보수주의자였을까, 페미니스트였을까, 혁명가였을까? 그녀는 자신이 관찰한 사회를 공경했을까, 비난했을까?

스스로가 제인 오스틴의 열렬한 팬이라 말하는 데버라 야페는 《제이나이트 사이에서: 제인 오스틴 팬덤의 세계로 떠나는 여행》에서 제인 오스틴의 팬들은 작품에서 항상 무언가 자신의 선입견이 반영되었음을 발견한다고 말한다. 페미니스트들은 가부장적 관습에 저항하는 독립적 여성의 모습을, 기독교인들은 성경적 가치에 헌신하는 것을 본다. 야페는 그렇다고 이러한 다양한 반응이 오스틴의 이야기가 "자신을 투영하는 빈 캔버스"라는 사실을 의미하지는 않는다고 말한다. "이 이야기들은 살아 있는 현실의 복잡하고 모호한 그림이다. 우리 모두가 제인 오스틴에게서 자신을 발견하는 이유는 어떤 의미에서 그녀가 우리 모두를 담고 있기 때문이다."[13]

제이나이트는 때때로 제인 오스틴의 어떤 점을 좋아하는지를 두고 갈등하는 모습을 보인다. 소피와 에이미, 동료 파인애플들은 제인 오스틴이 그린 사교계의 특징이라 할 우아함, 예의, 정중함에 끌리면서도 그러한 관습에 도전하는 등장인물들을 응원한다. 이는 모순이 아니다. 제인 오스틴의 급진주의자들은 독립심이 강한 **동시에** 예의 바른 경향이 있다. 소피는 다른 많은 제이나이트가 그렇듯 엘리자베스 베넷을 가부장적 사회에서 자신을 소외시키지 않으면서도 그 규범에 저항하는 페미니스트의 원형으로 인정한다. 당시 상황을 생각해 보면 성스러운 변태라는 이유로 사촌 콜린스 씨를 거부하는 동시에 오만하고 이기적으로 보인다는 이유로 엄청난 부자인 다아시 씨를 거부하는 것은 상당히 용기 있는 일이었다. 다아시 씨의 성품을 재평가한 후 그와 결혼한 리지는 결국 돈과 사랑을 모두 쟁취한다. 이처럼 제인 오스틴을 통해 용기를 내면 보상받는다는 교훈을 얻을 수 있다.

제인 오스틴의 여주인공 중 비교적 조용한 인물들도 자신을 억압하는 세력에 맞설 기회를 얻는다. 내내 자신감이 부족했던《설득》의 앤 엘리엇은 소설 말미에서 남성과 여성 중 누가 더 사랑에 충실하고 끈질긴지 친구 하빌 대령과 논쟁을 벌이며 자신의 견해를 밝힌다. 하빌이 지금까지 읽은 모든 책이 여성의 변덕스러움과 변심을 이야기한다고 주장하자 앤은 사회적 불평등에 대한 가르침으로 그를 꾸짖는다. 이렇게 자신의 목소리를 찾은 앤은 리지 베넷 못지않은 페미니스트 영웅으로 활약한다.

일부 제이나이트는 제인 오스틴의 전복성을 여성의 권익 신장을 넘어 심각한 사회 비판으로까지 확장한다. 그들은 예의범절 이면에 매서운 풍자가 숨어 있다고 인식한다. 이런 식으로 제인 오스틴을 읽은 최초의 심리학자 가운데 한 사람인 D. W. 하딩은 제인 오스틴 작품의 이러한 측면을 "통제된 증오"라고 부르며, "자신이 싫어하는 바로 그 사람들이 읽고 즐기는 책을 쓰는 것이 오스틴의 의도였다. 오스틴은 자신과 비슷한 태도가 만연해지면 얼마든지 침식될 수 있는 사회를 다룬 고전 문학가다"라고 말했다.[14]

실제로 제인 오스틴이 의도한 바인지 알 수는 없지만 그녀의 책에는 잠시 멈추어 생각해 보게 하는 요소가 많다. 그녀는 속물, 이기주의자, 술주정뱅이, 사기꾼, 건강염려증 환자 등의 모호한 인물은 신속히 깎아내리고 도덕적으로 의심스러운 결정에는 문제를 제기한다. 《오만과 편견》에서 "이해력이 부족하고 지식이 거의 없으며 기질이 우유부단한 여성"[15]이라며 상당히 악의적으로 소개하는 베넷 부인은 내내 작가의 애정을 받지 못한다. 제인 오스틴은 엘리자베스 베넷의 친구 샬럿 루카스가 콜린스 씨를 남편으로 받아들인 결정에 대해서도 엘리자베스 베넷의 입을 빌려 도덕적 판단을 내리는데 이 또한 똑같이 가혹하다. 이렇게 읽으면 제인 오스틴의 작품은 예절과 로맨스 묘사에 매력을 느끼지 못하는 팬들도 충분히 흥미로울 만한 내용을 담았다고 볼 수 있다.[16]

원작을 확장하기

제인 오스틴의 소설은 등장인물마다 풍부한 의미와 뉘앙스를 발산하는 것으로 유명하다. 하지만 일부 제이나이트는 이것만으로는 만족하지 못한다. 그들은 제인 오스틴이 결코 도달할 수 없었던 곳까지 그녀의 이야기를 확장하고 싶어 한다. 팬은 팬인지라 그들은 오스틴을 대신해 기꺼이 그 일을 한다.

제인 오스틴 팬픽은 엄청난 수익을 창출하는 도서 장르가 되었다. 《오만과 편견》은 콜린 퍼스가 무례하고 어색한 '마크 다아시' 역으로 출연한 《브리짓 존스의 일기》,[17] 제인 오스틴의 원작에 좀비가 등장하는 장면을 추가한 《오만과 편견 그리고 좀비》[18](이 책의 작가 세스 그레이엄 스미스는 오스틴의 책이 이미 "유혈gore과 무의미한 폭력으로 가득 차 있었다"고 말한다) 등 600편 이상 되는 문학적 변주에 영감을 주었다.[19] '오스틴풍' 소설을 전문으로 다루는 블로그인 오스틴프로즈는 일주일에 최소한 신간 두 권을 리뷰한다.[20] 팬픽의 온라인 저장소인 '우리만의 아카이브'에는 제인 오스틴 스핀오프가 약 4000편 있는데 이 중 절반 이상이《오만과 편견》에서 영감받은 것이다.

　이런 작품 중 상당수는 제인 오스틴의 등장인물 중 가장 괜찮은 신랑감이 보인 이해할 수 없는 태도에서 무한한 가능성을 탐구한다. 이 같은 하위 장르 작품에는 〈다아시 씨는 어떻게 했을까?〉[21] 〈다아시 씨의 금지된 사랑〉[22] 〈뱀파이어 다아시〉[23] 〈다아시와 함께 눈 속에 갇히다〉[24] 〈나의 다아시가 떨린다〉[25] 등등이 있다. 1995년 방영된 BBC 버전의 악명 높은 젖은 셔츠 장면 이후 다아시는 그의 멋진 성격보다는 생물학적 면에서 더 많은 매력을 뿜어낸다고 볼 수 있다. 내가 만난 제이나이트는 대부분 다아시를 거부할 수 없다고 인정한다. 이 서커스에 영향받지 않는 사람은 거의 없다. 2010년 리버풀대학교 생물학자들은 다아시의 이름을 따서 쥐의 성 페로몬에 다아신darcin이라는 이름을 붙이기도 했다.[26]

　제이나이트가 파생 소설을 쓰는 이유 중 하나는 자신만의 판타지를 자유롭게 탐구할 수 있을 뿐 아니라 섹슈얼리티, 젠더, 인종 문제를 마음대로 다룰 수 있기 때문이다. 파생 소설은 팬들로 하여금 제인 오스틴의 세계에 다른 재료가 활용되었다면 어떤 모습으로 바뀌었을지 생각해 보게 한다. 예컨대 다아시가 게이였거나 사회구조가 모계사회였다면?《오만과 편견》의 한 팬픽 작가는 모든 주인공의 생물학적 성별을 뒤바꾸었다. 다아시가 여성이 되고, 베넷 자매는 모두 남성이 된 것이다. 이 새로운 버전에서는 무도회에 참석하거나 지역 민병대 장교를 만나기 전 긴장감을 떨치지 못하

는 사람은 여성이 아닌 남성이다.[27]

　팬들은 제인 오스틴의 소설을 TV에서 혹은 영화로 개작한 작품에 유색인종이 거의 등장하지 않는다는 비판에 대처할 수 있다 (2022년 넷플릭스 버전 〈설득〉은 눈에 띄는 예외다). 전통주의자들은 소설 속 백인인 제인 오스틴의 등장인물은 백인으로 표현해야 한다고 주장한다. 자세히 살펴보면 그건 그다지 타당하지 않다. 제인 오스틴은 성격, 감정 상태, 사회적 역학 관계를 매우 자세하게 설명했지만 구체적 외모는 묘사하지 않았다. 다아시는 "훤칠한 키에 잘생긴 이목구비, 고상한 미소"로, 엘리자베스 베넷은 "훌륭한 눈동자"와 "가볍고 유쾌한" 모습으로 사랑받았다. 《설득》에서 앤 엘리엇은 "온화하고 겸손하며, 취향과 감각이 뛰어난 매우 예쁜 소녀"로, 그녀의 연인 프레드릭 웬트워스는 "지성과 정신, 명석함을 구비한 매우 훌륭한 젊은이"로 묘사한다. 이러한 폭넓은 묘사는 마음대로 캐릭터를 상상할 수 있게 해주며, 창작자와 제작자에게 제인 오스틴 작품에 다양성을 불어넣을 권한을 부여한다. 팬이라면 환영할 일이다.

　제이나이트 대부분은 그녀가 현대에 살았다면 정치적으로 진보적일 걸로 생각한다. 예를 들어 제인 오스틴은 노예제 폐지 의견 쪽이었던 듯한데 이는 그녀가 속한 사회의 많은 사람이 노예제의 혜택을 받던 시절에는 급진적 태도였다.[28]

문학 순례자들

나는 제인 오스틴이 태어나고 죽었으며, 모든 책을 쓴 장소인 햄프셔에 산다. 제이나이트 순례자들 몇천 명이 자기네 문학적 영웅에게 경의를 표하고 그녀에게 조금 더 가까이 다가가고자 방문하는 주요 목적지다. 집에서 마차로 한 시간 거리에 스티븐턴 마을이 있는데 이곳은 제인 오스틴의 아버지가 목사 생활을 했고 제인 오스틴이 생애 첫 25년을 보낸 장소다. 오스틴 부부가 살던 목사관이자 제인 오스틴이《이성과 감성》《오만과 편견》《노생거 사원》초고를 썼던 집은 1801년 가족이 배스로 이사한 지 얼마 지나지 않아 철거되었다.

제인 오스틴의 집이 있던 들판과 그녀의 큰오빠 제임스가 심었다고 추정되는 라임 나무를 제외하면 그녀의 팬들이 주로 관심을 가지는 장소는 오스틴 목사가 사역한 13세기 교회다. 교회 벽에는 제인 오스틴 가족을 기리는 수많은 기념비를 세워놓았고, 정문 밖에는 그녀의 아버지가 열쇠를 보관했던 16세기 영국 주목이 서 있다. 이곳들은 여전히 관광지로서는 대단치 않다. 스티븐턴에는 제인 오스틴의 흔적이 거의 남아 있지 않기 때문에 방문객들은 제인 오스틴이 진흙 길을 걷거나 이웃에게 음식을 가져다주거나 아버지의 설교를 듣는 모습을 공상에 빠져 상상하는 편이다.

1901년 언니와 함께 '오스틴 랜드'를 여행한 초기 오스틴 전기 작가 콘스턴스 힐은 "그곳에서 움직이는 두 소녀 같은 형체, 즉 제인 오스틴과 언니 카산드라의 모습을 엿본" 듯한 환상에 이끌리며, 목사관 정원의 '과일나무와 꽃' 사이에서 제인 오스틴을 떠올렸다.[29]

문학 순례자들의 상상력은 좋아하는 작가를 그들이 살았던 장소에서 부활시킬 뿐 아니라 가상의 사건을 진짜 사건처럼 혹은 실제 장소에서 일어나는 일처럼 다루기도 한다. 이 시대의 유명한 제인 오스틴 순례자 중에는 영국 시인 테니슨 경과 찰스 다윈의 아들 프랜시스가 있는데 이들은 각각 해안 마을 라임 리지스를 방문하여 《설득》의 배경이 된 몇 군데를 살펴보았다. 이들은 특히 소설에서 루이자 머스그로브가 웬트워스 선장의 품에 안기려고 뛰다가 실수로 포장도로에 넘어지는 장면이 나오는 방파제 난간에 매료되었다. 프랜시스는 몸소 난간을 오르던 중 "아주 갑작스럽고도 설명하할 수 없게 넘어졌고" 그의 친구도 같은 일을 겪었다며 루이자가 겪은 사고의 진짜 원인은 웬트워스 대령이 점프하면서 발을 헛디뎠기 때문이라고 추론한다. 그는 "운동신경이 뛰어나고 유능한 사람이 그렇게 쉽게 잡을 수 있는 대상을 놓친 건 이해 안 되는 일"이라며 이 수수께끼를 풀었다는 사실에 뿌듯해했다.[30]

제인 오스틴은 소설에서 항상 소설의 배경이 되는 카운티(행정 구역—옮긴이)를 명확히 밝혔는데, 때로는 라임 리지스나 배스 같은 실제 마을을 등장시키기도 했다. 그녀는 시골 저택과 지역의 지리를 가상으로 만들어냈으나 사실적 묘사로 인해 팬들은 그곳이 어디인지 많은 단서를 얻을 수 있다. 예컨대 《오만과 편견》에서 다아시 씨의 집인 펨벌리는 더비셔의 채스워스 하우스(16세기 중반 건설해 17세기 후반 고전주의 양식으로 개축한 캐번디시 가문의 주택—옮긴이)로 추정된다. 이처럼 풍부한 자료 덕분에 사람들은 햄프셔에 발을 들여놓지 않고도 제인 오스틴의 영국을 충분히 가상 여행할 수 있다.

아니, 그런 여행으로는 만족스럽지 않다. 대부분의 제이나이트가 진정 매력을 느끼는 대상은 제인 오스틴 자신의 삶이다. 회원을 5000명 이상 보유한 북미 제인 오스틴 협회Jane Austen Society of North America, JASNA는 매년 영국에 있는 상징적 제인 오스틴 유적지의 투어를 주최한다. 스티븐턴에 있는 교회, 제인 오스틴이 많은 작품을 집필한 초튼에 있는 오스틴 가족의 집, 제인 오스틴의 오빠 에드워드가 소유했던 이웃 저택 초튼 하우스, 윈체스터 대성당에 있는 제인 오스틴의 무덤, 제인 오스틴의 삶과 관련이 있는 다양한 개인들의 주택을 포함하는 일정이다.

나는 그중 햄프셔에 있는 이브소프 하우스Ibthorpe House를 잘 아는데 그 저택에 우리 가족과 친한 가족이 살았기 때문이다. 1790년대에는 제인 오스틴의 친구 마사 로이드Martha Lloyd가 이곳에 살았고 종종 일층의 손님용 침실에 머물며 소설을 집필했다. 나도 JASNA 투어에 참여한 수많은 손님들처럼 이 방에서 잠을 잤다. 제이나이트에게는 이 방이야말로 가장 진정성 있는 방이라 할 수 있다. 내 친구들은, 번갈아가며 제인의 방에서 자려고 침실을 바꾸기 위해 새벽 3시 30분에 알람을 맞춰둔 두 부부를 기억한다. 또 제인 오스틴에 관한 황홀경에 빠진 한 신사가 계단 난간을 붙잡고 "오스틴이 여기에 손을 얹었다니!"라고 외치던 모습도 기억난다고 했다.[31]

JASNA 투어에서는 흥분에 빠지기 쉽다. 1990년대 후반부터 열다섯 차례 JASNA 영국 여행 가이드를 맡은 제인 오스틴 전문가 엘리자베스 프라우드먼은 "미국 관광객들은 영국인들과는 행동 방식이 다르다"고 말한다. 엘리자베스는 평생 제이나이트였다. 학창 시절 제인 오스틴의 소설을 처음 읽었을 때부터 제인 오스틴의 등장인물들은 그녀의 '친구'였다. 엘리자베스는 영국 제인 오스틴 협회 전 회장으로서 오스틴의 성지 중에서도 성지라고 할 윈체스터에서 대성당이 보이는 집에 살고 있다.

엘리자베스의 JASNA 투어에는 대학교수, 의사, CEO, 교사, 사서, 회계사, 작가 등이 참가했다. 그중 일부는 조지 왕정 시대의 의상을 입고 나타났다. "그들은 믿을 수 없을 정도로 아는 것이 많았어요. 《엠마》에 나오는 엘튼 부인의 여동생 이름과 거주지를 줄줄 읊을 정도로 정말 대단했죠. 우리는 열흘 동안 함께하며 계속 제인 오스틴을 이야기하곤 했어요. 말도 안 되는 것 같지만 할 얘기가 엄청나게 많았어요." 투어의 하이라이트는 윈체스터 대성당에 있는 제인 오스틴 무덤에서 열린 추모식이었다. 성직자가 기도문을 낭독한 후 방문객들은 저마다 장미 한 송이씩을 놓았다. 엘리자베스는 "모두 눈물을 흘렸어요"라고 했다.

놀라운 박물관

제인 오스틴의 마지막 안식처인 윈체스터 대성당에는 그녀의 짧았던 삶을 되돌아보려는 많은 팬들이 모여든다. 일부는 제인 오스틴이 사망한 집 밖, 몇백 미터 떨어진 칼리지 스트리트에서 추모하기도 한다. 그러나 윈체스터도, 스티븐턴에 있는 제인 오스틴의 생가도 가장 인기 있는 순례지는 아니다. 그 영예가 돌아간 곳은 윈체스터에서 동쪽으로 약 27킬로미터 떨어진 초튼에 있는 삼층짜리 붉은 벽돌집이다. 제인 오스틴은 이 집에서 마지막 8년을 보내며 여섯 권의 소설 모두를 집필하거나 수정했다.

1949년 7월 박물관으로 문을 연 이 집은 제이나이트에게 축제의 장이 되었으며, 보통 한 해 약 4만 명이 방문한다. 수많은 온라인 팔로워가 있으며, 약 3만 명이 구독하는 이 박물관의 페이스북 페이지에서는 코로나19 팬데믹 기간 동안 티 파티, 강연, 가상 워킹투어를 개최하기도 했다. 박물관 방문객들은 마치 성지나 어린 시절 소중한 추억이 깃든 집에 도착한 듯 깊은 감동을 받곤 한다. 이곳을 방문하기 위해 몇천 킬로미터를 여행하는 사람들도 있다.

나는 웰링턴 공작이 이 박물관을 개관한 날에 시작된 방명록 86권을 온종일 살펴보며 꼬박 하루를 보냈다. 무작위로 펼쳐본 2019년 3월의 한 페이지에는 웨스턴오스트레일리아, 버지니아, 런던, 사우스웨일스, 뉴욕, 마드리드, 폴란드, 요크셔, 일본, 헝가리, 뉴캐슬, 스리랑카에서 온 방문객들 서명이 있었다. 뒷면에는 누군가 "인도에 사는 내 연인은 자신이 제인 오스틴 소설에서 나온 줄 안다. 난 그녀를 위해 이곳에 왔다"고 적어놓기도 했다.

2002년부터 박물관은 방문객이 소감을 적게 해주었으며, 그들의 글은 기대를 저버리지 않았다.

숨 막히는 초현실적 경험. 마침내 여기까지 왔다는 사실을 아직도 믿을 수 없다. 오스틴의 소설이 문학에 대한 사랑을 불러일으켰기에 나는 영어 교사가 되는 길을 택했고 지금은 학교에서 오스틴의 소설을 가르친다.

나는 아주 오랫동안 제인을 사랑했다. 이곳에 오니 과거로 거슬러 올라가는 기분이다. 제인의 침실 창밖을 바라보니 마치 제인의 영혼에 사로잡힌 듯하다.

열네 살 때부터 나의 히로인!

정원에서 하루 종일 뜨개질을 하며 정말 즐거웠다.

훌륭하다. 매우 유익하다. 묘한 냄새가 난다.

많은 방문객들은 이곳에 오게 되어 "엄청나게 흥분된다" "꿈이 이루어졌다" "몇 년 동안 이곳에 올 날만 기다려왔다"는 글을 남겼다. 입주할 수 있는지 묻는 여성도 있었다. 어느 여성은 제인의 존재를 느꼈다는 생각에 영감을 받았는지 딸 이름을 제인으로 짓겠다고 결심했다. 놀랍게도 2020년 3월까지 이 집에서 청혼한 사람만 최소한 세 명이었다. 헌신적 제이나이트인 또 다른 사람들은 저자에게 직접 말을 걸 기회를 얻었다.

오 제인, 당신은 정말 사랑받고 있어요.

아름다운 예술 작품에 감사드립니다, 제인.

아름다운 제인.

제인, 당신은 제 인생을 바꿨어요.

제인, 당신은 내 평생의 사랑이에요.

방문객들은 종종 이 집에 대한 스스로의 반응에 놀라워한다. 박물관을 이렇게까지 진짜 집으로 느낄 줄 몰랐기 때문이다. 관리인들은 제인 오스틴이 살던 집을 재현하기 위해 원본 벽지 일부를 복원하고 가족이 소유했던 물건과 가구로 방을 채우는 등 공을 많이 들였는데 그럼으로써 친밀하면서도 약간 으스스한 분위기를 창조했다. 아버지 책장 옆에 서 있거나 책상에 앉아 깃펜을 손에 들고 있는 제인 오스틴의 모습을 상상하기는 어렵지 않다. 제이나이트에게 이곳은 그녀를 부활시킬 확실한 장소다.

그녀가 이 책상에 앉아 있었다

2020년 9월, 코로나19로 인한 영국 봉쇄령이 잠시 해제되었을 때 나는 소피 앤드루스 그리고 JAPAS 소속인 그녀의 친구 아비가일 로즈와 함께 제인 오스틴의 초튼 저택을 방문했다. 그곳을 매우 자주 드나든 소피는 마치 자기 집처럼 느낀다고 했다. 둘 다 정통 섭정시대 의상을 입고 등장했다. 소피는 꽃을 모티프로 한 하늘색 드레스, 아비가일은 깅엄 체크무늬 옷이었다. 두 사람은 한쪽 어깨에 우아한 숄을 걸치고 친구가 만든 밀짚 보닛을 착용했다. 세련된 주름이 잡히고 컬러 매치까지 한 복장의 이들이 마스크를 끼고 있으니 섭정 시대의 팬데믹 현장이라고도 할 법했다. 이들이 복장에 공을 들일 것을 알았기에 나는 섭정 시대 것이라고는 하기 어렵지만 딱히 요즘 시대 것도 아닌 스리피스 트위드 정장을 입었다.

청명한 가을날이었다. 우리는 집 뒤편 작은 정원을 한참 돌아다

햄프셔 초튼에 있는 제인 오스틴의 집 앞, 소피 앤드루스와 아비가일 로즈. ⓒMichael Bond

녔다. 소피와 아비가일은 많은 사람들의 관심을 끌었다. 그들에게 는 익숙한 일이었고, 다행히 즐거운 일이었다. 소피가 말했다. "나 를 완전히 괴짜라고 생각하는 사람들은 어차피 말을 걸지 않겠죠. 하지만 많은 사람들이 와서 '정말 멋져요, 직접 드레스를 만들었나 요? 연극이라도 하나요?'라고 물어요. 모두가 함께 사진을 찍고 싶 어 하죠." 소피가 도전적 엘리자베스 베넷이라면 내성적인 엘리노 어 대시우드라고 할 만한 아비가일은 명랑하지만 수줍어하는 성격 이다. 그런데 그녀는 섭정 시대 의상이 자신에게 힘을 준다고 했다. "자신감이 생겨요. 사실 현대 의상보다는 섭정 시대 의상을 입을 때 자신감을 느끼는 편이죠. 무엇이 스타일리시한지, 어떻게 매치해야 어울리는지 아니까요."

우리는 "다아시 여러분, 한 명씩 떨어져 움직이세요"라는 사회적 거리 두기 지침을 준수하면서 조심스럽게 정원에서 집으로 들어섰 다. 소피와 아비가일은 최근 박물관에서 제인 오스틴 시대의 조각 을 토대로 재현한 벽지 이야기를 시작했다. 나뭇잎을 모티프로 한, 눈이 시리도록 선명한 녹색으로 장식한 응접실이 특히 눈에 띄었 다.[32] 이 방은 제인 오스틴이 집필하던 테이블이 있는 곳으로 성소 중에서도 성소라 할 수 있다. 방에 있는 테이블은 기대와는 다른 모 습이었다. 삼각대 기둥으로 받친 호두나무 상판은 지름이 0.5미터 도 안 되었고, 램프 스탠드 혹은 드물게 사용하는 테이블처럼 보였 다. 소설의 무게와는 모순되는 그 소박함은 다소 어이가 없을 정도였다. 그래도 이곳을 지나는 사람들은 심오하게 반응했고 많은 방문객들이 숨을 죽이거나, 울거나, 숨을 참거나, 그저 가만히 서서 바라보기만 했다.

문학 애호가들은 유명 작가의 책상에 집착하는 경향이 있다. 책상이 작가의 에너지나 산문의 힘을 간직한다고 믿는 듯하다. 작가에게 책상은 그저 기댈 존재였을지도 모른다. 작가와 작가가 남긴 텍스트의 문화적 여운을 전문으로 연구하는 영국 교수 니콜라 왓슨은 다른 작가들의 책상과 차별화되는 특징이 없다는 점에서 제인 오스틴의 테이블이 특이하다고 지적했다. "출처가 어디라는 주장도, '작업'의 흔적도 거의 보이지 않는다. 종이, 잉크, 모래 체, 교정본, 개인 소지품, 책, 양초, 놋쇠 명패나 비문도 없다."[33]

이 테이블에는 중요한 구성 요소 하나가 빠져 있는데, 바로 제인 오스틴이 종이를 올려놓았을 마호가니 필통이다. 그건 영국도서관이 전시 중이다. 꾸밈없이 텅 비어 있는 이 테이블은 그럼에도 제인 오스틴을 불러낸다. 이 테이블을 통해 우리는 제인 오스틴을 이 장면에 밀어 넣은 후 작업 중인 작가를 떠올린다. 바로 **이곳이** 제인 오스틴의 작업실이다. 1901년 이 집이 남성 노동자 사교 클럽으로 사용되던 시절 여동생과 함께 이곳을 방문한 콘스턴스 힐은 "제인 오스틴이 글을 쓰던 바로 그 방에 앉아" 있던 일을 생각했다. 자매는 필통을 손에 들고 "주인의 단단하고 섬세한 필체를 바라보았다"고 회상했다.[34]

우리는 제인 오스틴의 책상을 뒤로하고 삐걱거리는 계단을 걸어 올라 그녀가 언니 카산드라와 함께 썼던 침실에 들어갔다. 나는 이런 곳에 가면 항상 지나칠 정도로 주변 환경과 상호작용하고 싶어지고, 손대면 안 되는 것들 모두를 만져보고 싶은 유혹에 사로잡힌다. 기둥이 네 개인 침대에 몸을 던지지 않기가 힘이 들었다. 소피와 아비가일이 침실에 걸린 옷들에 대한 장광설을 늘어놓는 걸 보며 나는 그들도 비슷한 감정을 느낀다는 것을 알아차렸다. "작지만 정말 멋지네요." 아비가일이 전기 영화 〈비커밍 제인〉에서 앤 해서웨이가 입었던 파란색 긴팔 리넨 드레스를 바라보면서 외쳤다. "나도 저런 소매를 만들고 싶어요"(그녀는 실행했다).

어느 여성이 방에 들어와 소피와 아비가일의 멋진 차림새를 보고는 쇼에 참여하느냐고 물었다. 그들은 조금도 불쾌해하지 않고 킥킥 웃었다. 이 질문은 섭정 시대 코스프레에 참여하고 그 시대와 동일시함으로써 이 시대에 대한 사회적 기대에 반박하는 방법을 토론하는 것으로 이어졌다. 소피는 "그러다 보면 남들 생각이나 사회의 시선에 신경 쓰지 않겠다는 자신감이 생겨요"라고 말한다. "오스틴의 소설 속 여주인공도 마찬가지예요. 그들은 '당신은 내게 이래라저래라 명령할 수 없다. 나는 내가 원하는 대로 하겠다'라고 단언하는 태도와 정신이 있어요."

또 다른 사람들이 내 친구들을 전시물로 삼기 전 우리는 복도를 따라 내려가 제인 오스틴의 가장 추앙받는 소장품을 전시한 방에 들어갔다. 그곳에는 아비가일이 "모슬린도 있고 실도 있어요!"라며 집에서 재현할 계획이던 자수 모슬린 숄이 있었다. 우리는 남동생 찰스가 오스틴과 카산드라에게 선물한 아름다운 토파즈 십자가 두 개, 자매와 어머니가 드레스와 가구 덮개 천으로 함께 꿰맨 커다란 퀼트 조각보, 집안의 가보로 제인이 착용했을지도 모르는 청록색 유리와 아이보리 비즈 팔찌를 면밀히 살펴보았다.

마지막으로 제인 오스틴의 반지 앞에 멈췄다. 신격화된 물건의 위계에서 이 반지는 집필용 테이블과 동등한 위치다. 제인 오스틴이 이 반지를 착용했음을 확실하게 밝히는 출처가 있기 때문이다. 반지는 단순한 골드 밴드에 흠 하나 없는 청록색 스톤을 세팅한, 섬세한 손가락에 어울리게 제작한 물건이었다. 박물관 상점에서 똑닮은 복제품을 구입할 수 있기에 소피를 포함한 많은 제이나이트가 기념품으로 혹은 부적 용도로 그 반지를 착용한다. 소피는 어머니가 18세 생일 선물로 준 이 반지를 가장 아끼는 애장품으로 꼽는다. 매일 그 반지를 끼고 다니는 그녀는 "이 반지는 내가 항상 가지고 다니는 제인의 일부예요"라고 말한다.

전염되기 위한 비용

박물관이 반지를 인수하기 전해인 2012년 제인 오스틴 가족은 경매를 통해 제인 오스틴의 기념품을 수집하는 미국 가수 켈리 클락슨에게 이 반지를 팔았다. 영국 정부는 재빨리 반지에 수출 금지 조치를 내렸고, 덕분에 박물관은 반지를 다시 사들이는 소송을 제기할 수 있었다. 클락슨은 15만 2450파운드를 지불했는데 이는 일반적인 금반지 가격에 비해 과한 금액이었다. 그러나 이 반지의 가격으로는 비싸지 않았다. 특별한 출처가 있는 물건은 항상 특별한 가격에 팔린다. 보통은 기꺼이 손을 들어 사겠다고 할 수집가 팬이 차고 넘친다.

최근 몇 년 동안 팬들은 농구 슈퍼스타 마이클 조던의 나이키 운동화(56만 달러), 마이클 잭슨의 벨벳 재킷(6만 5625달러), 〈스타워즈: 제국의 역습〉에 등장한 다스베이더의 헬멧(89만 8420달러), 초기 제임스 본드의 애스턴마틴 DB5(4100만 달러), 에밀리아 에어하트의 가죽 플라잉 캡(82만 5000달러), 세레나 윌리엄스가 2018년 US 오픈에서 패배했을 때 부수어버린 테니스 라켓(2만 910달러), 〈타이타닉〉에서 케이트 윈슬렛이 입었던 빨간 드레스(33만 달러), 크리스티아누 호날두가 집어던진 주장 완장(64만 유로), 엘비스 프레슬리의 성경(5만 9000파운드), 링고 스타의 드럼 키트(2200만 달러), 존 F. 케네디의 흔들의자(45만 3500달러), 마릴린 먼로의 흉부 엑스레이(4만 5000달러), 존 웨인의 부분 가발(6250달러) 등에 후한 값을 치렀다.

이러한 물건 상당수는 미적 매력이 있다. 하지만 이런 물건들이 그런 이유로 욕망의 대상이 되진 않는다. 필요한 건 명성과의 짤막한 접촉이다. 경매 사회자들은 레이디 가가의 아크릴 손톱(1만 2000달러), 윌리엄 샤트너의 신장 결석(2만 5000달러), 양성반응이 기록된 브리트니 스피어스의 임신 테스트기(5000달러), 트루먼 카포트의 유골(43만 750달러), 존 레논의 어금니(31만 200달러), 저스틴 팀버레이크가 반쯤 먹은 프렌치토스트(1025달러) 등도 어렵지 않게 판매에 성공했다.

사람들은 이렇게 유명인의 유물에 말도 안 되는 가격을 지불할 준비가 되어 있는데 이는 물질적 가치와는 아무런 관련이 없다. 제인 오스틴의 터키석 금반지 복제품의 가격은 450파운드다. 아마도 클락슨은 작가의 손가락에 끼웠던 물건 가격을 3만 3800퍼센트 정도 인상해 주면 그럭저럭 합리적이라고 판단했을 것이다. 클락슨이 왜 그렇게 생각했는지 궁금한가? 어떻게 물건의 물질적 가치보다 지각된 가치가 훨씬 더 클 수 있을까? 팬들은 정확히 무엇에 돈을 지불하는 걸까?

많은 문화권에서는 신체 접촉을 통해 사람의 본질이 소유물에 옮아간다고 믿는다. 물건은 심리적으로 전염성을 띤다. 가장 전염성이 강한 물건은 신체적 유물이다. 빅토리아 시대에는 작고한 사랑하는 사람의 머리카락을 보관하는 전통이 있었다(내게도 증조할머니 머리카락이 몇 올 있다). 제인 오스틴의 머리카락은 항상 전시하지는 않아도 제인 오스틴 박물관이 지닌 가장 소중한 소장품 중 하나이다. 누군가의 머리카락을 소유하면 실제로 그 사람을 만짐으로써 따라오는 특별한 유대감을 느낄 수 있다. 손으로 쓴 편지에도 비슷한 힘이 있다. 그 사람의 무언가가 글씨, 잉크 또는 그 사람이 꾹꾹 눌러쓴 종이에 담겨 있다. 어린 시절 나는 유명한 드러머들의 드럼스틱을 수집하곤 했다. 그 스틱에는 연주의 흔적이 고스란히 남아 있고 그 사람의 에너지가 담긴 듯했다.

예일대학교 심리학자 조지 뉴먼과 폴 블룸은 실제 환경과 실험실 기반 실험 모두에서 심리적 전염을 연구했다. 2014년 이들은 존 F. 케네디, 재클린 오나시스, 마릴린 먼로 등 유명인 세 사람의 재산 경매 데이터를 분석했다. 그 결과 케네디의 스웨터나 마릴린의 목걸이처럼 소유자와 많이 접촉했다고 인식되는 물품은 일반적으로, 물질적 가치와는 상관없이 가구 같은 특색 없는 물품보다 더 높은 입찰가를 기록했다. 연구팀은 자세한 연구를 위해 유명인의 것이긴 하지만 이전 소유자의 잔여물을 모두 제거하고 살균 처리한 스웨터에 대한 사람들의 지불 의향을 별도로 테스트했다. 살균 처리한 스웨터는 훨씬 매력이 떨어진다는 사실이 드러났다. 그 유명인의 '본질'이 제거되면서 가치가 현저히 감소했기 때문이다.[35]

뉴먼과 블룸은 이 연구 결과를 통해 심리적 전염에 대한 믿음이 현대 서구 사회에 만연하다는 사실을 확신했다. 우리 모두는 영웅이 영원히 살기를 바라며 이것이 바로 영웅에게 불멸을 부여하는 하나의 방법이다. 제인 오스틴의 시신이 윈체스터 대성당 바닥을 뚫고 일어설 날이 금세 도래하진 않겠지만 사람들은 적어도 그녀의 반지를 통해 그녀와 연결된다고 느낄 수 있다.

제인 오스틴의 트위터

삐걱거리는 계단을 다시 내려오면서 소피와 아비가일은 제인 오스틴이 살아 있었다면 어떤 모습이었을지 곰곰이 생각했다. 소피는 "제인에게 물어볼 게 정말 많아요"라고 했다. 애비는 제인 오스틴이 트위터를 할지 궁금해하다가 거의 확신에 차서 말했다. "내 생각에 제인은 사람들이 뭐라고 말하든 신경 쓰지 않을 것 같아요. 자기 의견을 솔직하게 밝히겠죠. 사람들은 그 의견을 좋아하거나 혹은 싫어할 테죠. 아마 제인은 자신의 실수를 인정할 거예요. 책 내용이나, 그녀의 등장인물에서 제인 오스틴의 겸손함이 드러나니까요." 두 사람 모두 제인 오스틴이 정말 재미있는 사람일 것 같다며 그녀와 친구가 되고 싶다고 했다. 나는 이미 그 둘이 제인 오스틴의 친구라고 말했다. 소피는 "정말 그런 느낌이에요!"라고 외쳤다. 오후까지 대화가 이어질 태세였고, 우리는 제인의 집을 나와 길 건너편 카산드라의 컵Cassandra's Cup 카페에 갔다. 기분 전환을 위해 차 한 잔 마시고 싶었다. 별다른 이유가 있겠는가?

6장

동물로
태어난
사람들

사람들이 우리를 이상하게 여기지 않고
받아들인다면 우리의 삶은 무궁무진하게
개선될 것이다.

그리 오래지 않은 일인데, 나는 곰과 대화를 나눈 적이 있다.

그 곰은 사실 사람이었다. 뼛속 깊이 자신을 곰이라고 느끼는 사람 말이다. 학문적 용어로는 어릴 때부터 자신이 인간 몸 안에 갇힌 동물이라고 믿는 상태, 즉 '테리안트로피therianthropy'라고 알려진 상태다. 그리고 그런 사람을 테리안therian이라 부른다.[1] 테리안에 대해 들어본 적이 없다 해도 놀라울 건 없다. 테리안은 그 수가 많지 않고[2] 학문적 연구의 대상이 된 적이 거의 없기 때문이다.

자신이 잘못된 종으로 태어났다고 믿는 데서 오는 위화감은 일반적 인간 경험과는 너무 달라서 테리안들은 이를 설명하는 데 어려움을 겪는다. 동물로 사는 것이 어떤 것인지 물으면 그들은 상당히 합리적이게도, 인간으로 사는 것이 무엇인지 설명할 수 있냐고 되물을 것이다. 그들은 자신이 무엇을 아는지 알고 있다. 그리고 그건 당신이 아는 것과 다르다.

테리안트로피는 일시적 공상이 아니다. 강박관념이나 정신장애도 아니다. 테리안트로피는 확신이며, 테리안들은 이에 적응하려고 평생을 노력한다. 그들은 일반적 의미의 팬이 아니며, 자신도 모르는 사이에 열정과 마주한 것이다.

이 책에서는 테리안을 그 구성원들의 안녕에 큰 영향을 미치는, 한 사회의 주변부에 있는 사회 집단의 예로서 다루고자 한다. 테리안 커뮤니티는 스스로를 팬덤으로 정의하며 일반 팬덤이 보이는 심리적 특성을 많이 공유한다. 테리안은 제이나이트, 트레키즈, 포터헤드와 마찬가지로 정체성과 의미, 소속감을 찾기 위해 노력한다. 이들은 다른 어떤 팬덤보다도 집단의 일원이 됨으로써 얻는 보호 효과를 잘 보여준다. 또한 인생 경험과 심리가 대부분의 사람들과는 매우 다르기 때문에 서로를 찾을 때까지 심한 고립감을 느끼는 경우가 많다.

이 장에서는 개인 차원에서 자신을 다른 종으로 인식하는 게 어떤 것인지 그리고 테리안들이 이러한 부조화를 해결하기 위해 공동체로서 어떻게 협력하는지를 설명한다. 테리안은 동물이 되기 위한 투쟁을 통해 인간이 무엇인지 우리에게 많은 것을 가르쳐줄 수 있다.

인간을 연기하는 동물들

베어X라는 별명을 가진 내 친구 곰[3]은 지극히 평범한 삶을 살고 있다. 그는 결혼해서 두 자녀를 두었다. 엔지니어링 분야에서 경력을 쌓아 좋은 집에 살고 편안한 중산층 생활을 누린다. 그의 말대로 "무언가 잘못되었다는 사실을 알지 못했다면 아무것도 잘못된 게 없다고 생각했을 것"이다. 친절하고 유쾌하며, 넓은 가슴으로 포옹할 줄 아는 등 그에겐 곰과 비슷한 특성이 많다. 그의 인생 역정은 온라인 포럼에서 그가 사용하는 "시골에서 자랐다. 곰이 되었어야 했다. 그러지 못했다"라는 프로필로 가장 잘 요약할 수 있다.

나는 인간과 동물의 관계를 전문으로 연구하는 사회심리학자 캐슬린 거바시와 이야기하던 중 처음으로 테리안트로피를 접했다. 거바시는 3장에서 소개한 의인화된 동물 캐릭터의 팬, 즉 퍼리족을 연구하다가 테리안에 대해 알게 되었다. 어느 해 퍼리족 모임에서 그녀는 다음 두 가지 질문이 포함된 설문 조사를 실시했다. "자신이 100퍼센트 인간은 아니라고 생각합니까?" 그리고 "0퍼센트 인간이 될 수 있다면 그렇게 하겠습니까?"라는 질문이었다. 퍼리족은 동물과 친밀감을 느끼지만 일반적으로는 그게 전부다. 따라서 응답자 중 몇 명이 두 질문 모두 "그렇다"고 답하면 거바시는 상대가 근본적으로 전형에서 벗어난 사람이라고 판단할 수 있었다.

그 후 거바시는 테리안들과 몇 차례 토론 모임을 했다. 그녀는 테리안이 "매우 진정성 있다"고 설명한다. 거바시는 말한다. "그들은 사람처럼 보이며, 대부분 사람처럼 행동한다. 직업이 있고 인간관계도 맺는다. 하지만 그들은 자신이 인간을 연기한다고 느낀다. 대중과 소통할 때, 정해진 방식으로 행동할 때, 테리안은 스스로에게 진실하지 못하다고 여긴다. 진정한 대화를 나누면 그들은 마음속 깊은 곳에서 자신은 사람이 아니라고 말할 것이다."

심리학자들은 비정상적 행동 패턴을 조사할 때 연령, 성별, 인종, 계급, 문화, 지리적 특성 또는 사회경제적 지위 등 이를 설명하는 데 도움이 될 공통적 속성을 찾는다. 하지만 거바시를 비롯해 지금까지 테리안을 연구한 소수의 심리학자들은 이들에게서 어떤 공통점도 찾지 못했다. 테리안 집단은 매우 다양한 듯하다. 나는 네덜란드, 미국, 캐나다, 슬로베니아, 영국, 프랑스, 노르웨이, 독일, 벨기에, 세르비아에 거주하는 10대에서 70대, 여성과 남성, 성별이 분명치 않은 테리안들과 이야기를 나눴다. 인구통계나 배경으로는 이들에게 공통되는 운명을 전혀 예측할 수 없었다.

거의 모든 테리안에 대해 유일하게 확실히 말할 수 있는 점은 여섯 살 정도 어린 나이에 그들은 자신의 몸과 정신이 주변 사람들과 다르다는 사실을 인식한다는 것이다. 그들은 인간과 '떨어져' 있고 인류와 분리되었다고 느끼며 이러한 소외감은 그들의 남은 인생을 정의한다.

그런데 어떤 의미에서 '떨어져' 있다는 걸까?

팬덤의 시대

베어X는 "어릴 적 나는 더 크고, 무겁고, 우뚝 서 있어야 한다고 생각했다"는 말을 한다. "훗날 나는 곰이야말로 내가 느꼈던 모든 것에 어울린다는 사실을 알게 되었다. 그래서 어쩌면 나는 곰으로 태어났어야 했고 우주의 분류 체계에 대재앙에 가까운 어떤 오류가 벌어졌을지도 모른다고 생각했다. 어느 날 밤 울면서 '난 왜 이렇게 된 건가요? 고쳐주실 수 없나요?'라고 신에게 애원하기도 했다. 하지만 얼마 지나지 않아 신이 그러지 않으리란 사실을 깨달았다."

자신을 코요테라고 밝힌 30대 중반의 통신 기술자 시저는 초등학교 2학년 때 "이상하다" "사람들에게 위화감을 느낀다"고 생각했음을 기억한다. 10대가 되었을 무렵엔 이유는 몰라도 상당히 평범하지 않다는 느낌을 받았다. "매우 동물 같다는 느낌이 들었다. 아마 이런 느낌을 표현하는 가장 좋은 방법은, 인간은 감정이나 수준 높은 인지로 사고하지만 내가 상황에 반응하는 방식은 그보다 본능적이고 비계산적이었다고 설명하는 것일 듯싶다."

테리안은 자라나면서 인간이 아니라는 일반적 느낌에서 자신이 어떤 동물인지에 대한 더욱 구체적인 인식으로 나아간다. 그러다 결국 자신에게 적합하다고 느끼는 특정한 종, 즉 '테리오타입theriotype'에 도달한다. 가장 흔한 테리오타입은 늑대나 대형 고양잇과 동물 등 포식자다. 또한 퍼리족의 경우에서 보듯이 문화가 영향력을 발휘한다. 남미에서는 재규어, 일본에서는 여우에 빙의된 사람에 대한 민속 이야기가 많이 전한다.[4] 그리고 거의 모든 테리안이 포유류다. 이 장을 쓰려고 조사하는 동안 나는 늑대 여섯 마리, 눈 표범 두 마리, 불곰 두 마리, 코요테 두 마리, 보노보 한 마리, 줄무늬 하이에나 한 마리, 돌고래 한 마리, 소나무담비 한 마리와 이야기를 나눴다. 늑대 중 한 마리는 곰, 코요테, 오소리 및 파충류의 일종인 동물과 한집에 살았다. 늑대 인간 세 마리, 용 두 마리와도 대화했다. 신화나 환상의 생물도 유효성 면에서 뒤처지지 않는다. 다만 이런 테리오타입의 주인을 커뮤니티는 '아더킨otherkin'으로 구분한다.

존재하지 않는 꼬리를 감각하다

테리안의 독특한 그리고 종종 놀라움을 자아내는 특징 중 하나는 환상의 신체 부위가 존재한다는 느낌이다. 이는 그들을 다른 사람들과 구분하는 동시에 집단으로 묶어주는 요소다. 내가 만난 모든 테리안들은 자신이 완전한 인간의 몸으로 살아가며 슬프게도 언제까지나 그럴 것이라는 현실을 받아들였다. 그러나 그들 중 일부는 결코 이런 현실을 수긍하지 못한다. 뇌가 현실을 부정하기 때문이다.[5]

늑대와 개의 잡종인 블레이즈는 튀어나온 주둥이, 송곳니, 개의 긴 혀, 명령에 따라 흔들리는 혹은 늘어지는 꼬리를 영구적으로 지니고 살아간다. 그는 "모퉁이를 돌 때 꼬리가 문에 걸리거나 테이블에서 컵을 쏠어내리지 않도록 몸의 움직임을 바꾼다"고 했다. 리틀 울프라는 이름으로 통하는 미국 북서부의 한 젊은 여성 늑대는 "분명히 없는데 계속 꼬리가 있는 것 같다"고 느끼며 까치발로 걷고 싶다는 충동을 자주 경험한다. 코요테인 시저는 종종 안테나처럼 조작할 수 있는 커다란 귀가 있다고 확신한다. 내가 인터뷰한 곰 두 마리는 모두 손의 촉감이 겉모습과 완전히 다르다고 불평했다. 베어X는 언젠가 가상현실 기기가 생겨 그걸 쓰고 아래를 보면 손과 발이 아니라 앞발과 뒷발이 보이면 좋겠다고 생각한다.

나는 환상 현상에 시달리는 20대 초반 미국 여성인 눈표범과 이야기하기도 했다. 그녀는 설명했다. "무슨 짓을 해도 항상 환상의 꼬리가 있는 느낌이에요. 어릴 때도 꼬리가 있다고 느끼고 사람들에게 내 꼬리는 투명하다고 말한 기억이 나요. 사실 꼬리는 팔다리만큼이나 내 일부예요. 또한 내가 항상 가지고 있는 환상의 동물 발과 주둥이는 때때로 먹고 마시는 모습을 우스꽝스럽게 하죠. 나는 의식하지 않고서는 입에 음식을 제대로 넣지 못해요. 내 입이 인간의 입술보다는 주둥이와 비슷해서 조금 튀어나왔다고 느끼니까요. 게다가 머리에서 표범 귀, 수염, 털 등 여러 가지 동물의 특징을 자주 느껴요."

도저히 존재할 리 없는 신체 부위를 느끼는 것은 생각만큼 생물학적으로 불가능한 일이 아니다. 사지 절단 환자 및 팔다리 없이 태어난 사람들을 연구한 바에 따르면 신체가 없어도 신체를 경험할 수 있으며, 늘상 존재하지 않았던 사지를 뇌의 감각 및 운동 영역은 여전히 표현할 수 있다는 사실이 밝혀졌다. 신체를 하나의 단위로 인식하는 것은 거의 전적으로 뇌의 신경망에 따른 현상이다. 감각 정보는 사소한 역할만 한다.

환각 통증 전문가인 심리학자 로널드 멜젝은 실제로는 그렇지 않더라도 뇌는 지속적으로 신체가 온전하고 '명백히 자신의 것'임을 나타내려는 충동 패턴을 생성한다고 말했다. 멜젝이 '신경지문neurosignature'이라고 부른 이 패턴은 각 개인에게서 유전적으로 결정되는 특징이다.[6] 비정형 신경지문을 가지고 태어난 사람이 자신이 가진 몸과는 맞지 않는 신체를 경험하는 것도 상상할 수 있는 일이다. 지금까지는 아무도 테리안들의 뇌를 체계적으로 검사하고 그들의 신경 패턴이 감각을 반영하는지 확인한 적이 없다.

동물적 측면에 적응한 테리안들은 종종 환각 경험을 통해 자신이 받아들이려고 애썼던 정체성의 존재를 확인하면서 안심하거나 심지어 즐거워하기도 한다. 환상의 신체 부위는 그들을 더욱 동물적 존재로 느끼게 할 수 있다. 하지만 초능력이 있다고 생각했다가 없다는 사실을 깨닫고 실망할지도 모른다. 시저는 먼 곳에서 나는 소리에 청각을 집중할 수 없다는 사실을 매번 알아차릴 때마다 자신이 하려는 일이 "내 생물학적 특징과 정면으로 충돌하는 것"이라며 냉정해진다. 털이 없다는 사실은 매우 유감스러웠다. "나는 일반적으로 털 깎은 개처럼 완전히 벌거벗고 노출된 느낌이다."

캐슬린 거바시는 어느 연구에서 자신이 날개를 가진 생명체라고 느낀다는 한 테리안을 인터뷰했다. 거바시가 '날개'를 완전히 폈을 때 어떤 느낌인지 묻자 그들은 날 수 없다는 것을 알기에 좌절감이 든다고 말했다. 테리안들은 환상의 몸이 할 수 있다고 말하는데 실제론 할 수 없다는 사실에 불만일 때가 많다. 그들 중 많은 사람이 자신의 모습이 생각과 다르다는 것을 떠올릴까 봐 거울을 보지 않는다. 이처럼 너무나 강력한 인지 부조화가 나타날 수 있다.

테리안이 마주하는 질문

환상의 신체 부위가 테리안이 보이는 해리성 현실의 유일한 징후는 아니다. 그중 다수는 '인지 전환', 즉 동물에게 더 특징적인 사고방식으로 전환되는 의식 상태의 변화를 경험했다고 보고한다. 종에 관계없이 거의 모든 인터뷰 대상자들은 이럴 때의 행동을 '본능적' '집중된' '의식되는'이라고 묘사했으며, 자신들의 인지는 '정지된 상태'였고 생각은 언어가 빠진 상태로 진행됐다고 설명했다. 특히 갯과 동물의 테리안 사이에서 가장 흔한 인식 변화 중 하나는 네발로 걷거나 뛰어야만 한다는 충동이었다. 늑대 개 블레이즈는 말한다. "네발로 움직일 수 있다는 느낌은 말로 표현할 수 없을 정도다. 모든 자연과 가까워진 것 같은 겸허한 경험이며, 내 모든 움직임을 유동적이라고 느낀다. 내 몸은 눈알에 불과하고 나머지 피조물이 실제 내 몸인 것처럼 환경과 밀접하게 연결된 듯하다. 설명하기는 어렵다!"

테리안은 자신의 상태를 설명하는 데 주로 비유적 언어를 사용한다. 그들의 경험은 너무나 다른 세계에 속한 듯해서 이해하려면 우회적으로 접근해야 한다. 블레이즈는 열여섯 살 때 애니메이션 영화 〈발토〉를 보면서 스스로를 왜 그렇게 이상하게 느끼는지 깨닫는 '각성'의 순간을 맞이했다. 얼어붙은 황야를 몇백 마일 가로질러 썰매팀을 이끌고 아이들을 구하는 늑대개 발토의 이야기였다. 블레이즈는 주인공과 줄거리에 '엄청난 공감 반응'을 보인 사실을 기억한다. 이미지와 은유가 풍부한 대중문화는 젊은이들이 의미 찾기를 시작하는 곳인 경우가 많은데 테리안도 마찬가지다.

인지의 변화와 환각지phantom limb는 다소 당황스럽긴 해도 테리안이 자신의 테리오타입에 정착하는 데 도움이 될 수 있다. 손이 아니라 발톱이 달린 것처럼 느낀다면 곰 유형이고, 사슴을 쫓고 싶은 충동을 느낀다면 늑대 유형일 가능성이 높다. 최근 연구에서 한 테리안이 인정했듯이 군중 속에 서 있을 때 앞사람 척추를 물어뜯고 싶은 충동을 느낀다면 인간에게 남은 몇 안 되는 포식자 중 하나인 아프리카 암사자일 수 있다.[7]

이런 인지는 해결되었다는 느낌을 선사한다. 블레이즈는 자신이 늑대개라는 사실을 이해하는 과정에서 "고통과 외로움, 좌절을 맛

보았으나" 일단 받아들이고 나니 자신이 누구인지 더 잘 알게 되었다고 말한다. 그 후로는 "내가 뒤집어쓴 내면의 모피가 항상 행복하고 자랑스러웠다!"고 했다.

자신의 테리오타입을 찾기는 어렵다. 테리안들은 대부분 많은 연구와 고민을 거친 후에야 결정을 내린다. 테리안 커뮤니티는 회원들이 과학적으로 엄격해지라고 독려한다. 물리적으로 동물로 변신할 수 있다는 생각 등 회의론자들에게 공격의 빌미를 줄 터무니없는 주장은 '솜털처럼 가벼운 소리'로 치부한다. 테리안 포럼에서 운영자는 물리법칙에 어긋난 이론을 홍보하는 참여자들을 질책하며 늑대의 눈이 빨갛다느니, 모든 개는 무리 지어 사냥한다느니 하는 동물의 형태나 행동에 대한 설명의 오류를 신속하게 수정한다.

테리안들이 직면하는 기본 명제는 간단하다. "나는 인간인데 동물인 것만 같다. 그렇다면 나는 어떤 동물인가?" 이 문제를 해결하는 방법은 어렵고 복잡하다. 여덟 살 때부터 '무언가 이상'하다고 느낀 알리애나는 분노에 따른 인식 변화("내 안에 성난 짐승이 있는 듯하다")로 인해 자신이 늑대 인간이라고 판단했다. 그런 다음 문헌을 파헤치며 이 직감을 추적했다. "조사를 하면 할수록 내가 그런 사람이라는 것이 더 분명해졌다." 이런 여정을 밟으며 알리애나는 한 번도 자신에게 선택의 여지가 있다고 느낀 적이 없다. "선택권이 있다면 차라리 테리오타입을 전혀 갖지 않고 그저 내 몸을 편안하게 여겼을 것이다."

테리안에게 '자아 찾기', 즉 자기 계발 산업에서 그토록 장려하는 이 모호한 이상은 의무가 된다. 테리오타입을 발견해 안도감을 얻는다 해도 더 큰 질문에는 도움이 되지 않는다. 이를테면 "내가 왜 이런 상태일까?" "나는 어디에서 왔을까?" "내 존재의 의미는 무엇일까?" 등이다. 테리안은 이런 질문을 숙고하며 상당한 시간을 보낸다. 과학은 많은 답을 제공하지 못하기에 오로지 추측만이 가능할 뿐이다. 테리안트로피는 어린 시절의 트라우마나 동물에 대한 집착이 가져온 발달상의 반응일 수도 있고, 비정상적 뇌 신경망의 결과일 수도 있다. 영적 성향을 가진 사람들은 환생이나 '잃어버린 영혼'의 관점에서 생각할지도 모른다. 알 도리가 없다. 거바시는 테리안들이 얼마나 설명을 갈망하는지 알게 되었다. "테리안은 자신이 왜 그런지 이해하고 싶어 한다." 거바시가 말할 수 있는 것은 그들의 뇌가 대부분의 사람들과는 조금 다르게 작동한다는 것뿐이다.

인간 속 동물을 설명하기 위한 시도

일부 심리학자들은 테리안이 겪는 고통이 태어날 때의 성별과 자신이 느끼는 성별이 일치하지 않는 사람들이 겪는 것과 비슷하다고 생각한다. 보통 테리안 자신이 이러한 비교를 한다. 그중 소수는 트랜스젠더인 동시에 (이따금 쓰는 말로는) '트랜스종transspecies'이기도 하다. 모든 트랜스젠더가 이러한 비유를 편안하게 받아들이진 않는다. 대중의 담론을 복잡하게 만들고 트랜스젠더로서 인정받는 운동을 약화시킬까 봐 우려해서다. 두 집단 사이의 명백한 유사점은 자신의 신체가 잘못되었다는 인식, 즉 신체이형증dysmorphia으로 인한 모든 소모적 경험이다. 명백한 차이점은 성별은 바꿀 수 있지만 종에 대해서는 아무것도 할 수 없다는 것이다.

정신의학에서는 일반적으로 테리안트로피를 정신장애나 정신증 또는 조현병 증상으로 간주한다. 테리안트로피는 임상 동물화망상clinical lycanthrophy, 즉 1988년에 처음 기술된 조현병적 질환과 동의어로 잘못 알려져 있다.[8] 임상 동물화망상의 정의는 보스턴 소재 맥린병원에서 망상과 환각으로 인해 자신이 동물로 변했다고 믿는 환자 열두 명을 관찰한 결과를 바탕으로 한다. 환자들은 뇌세포의 소통 방식에 이상이 생겨 자신의 신체 감각과 외부 현상을 구분하는 데 어려움을 겪는 것으로 보였다.

헬렌 톰슨은 저서 《집에서 길을 잃는 이상한 여자: 상상할 수 없는 독특한 뇌를 가진 사람들》에서 주기적으로 자신이 호랑이로 변했다고 확신하는 늑대 인간병 환자를 만났던 일을 묘사한다. 그가 갑자기 으르렁거리며 공격하겠다고 위협하는 바람에 톰슨은 인터뷰를 중단할 수밖에 없었다. 담당 의사들은 이런 현상이 항정신병약을 복용하지 않아서 재발한 것이라고 했다.[9]

테리안은 늑대 인간병의 임상 증상을 거의 나타내지 않는다. 테리안트로피는 망상이나 정신증적인 것이 아니다. 이들이 느끼는 동물적 감정은 존재 양태의 영구적 특징이며 약물로 완화되지 않는다. 그들은 자신이 결코 동물로 변할 수 없다는 사실을 알고 있고 종종 깊은 실망감을 맛본다. 테리안트로피를 병으로 진단하고자 하는 의료계의 충동은, 임상적 증거보다는 사회적 규범에 도전하는 행동과 상태를 병리화하려는 오랜 경향과 관련이 있다. 테리안의 의학적 상태에 대해 말할 수 있는 것은 그들이 신경학적으로 본체에서 분리된 사람이라는 점이다. 이를 질병의 징후로 보기는 어렵다.

2019년 버킹엄대학교의 심리학자 헬렌 클레그는 테리안의 웰빙과 정신 건강에 대한 최초의 종합적 조사를 주도했다. 클레그는 다양한 연령, 성별, 인종, 종을 망라하는 테리안 112명을 모집했다. 그중에는 늑대, 여우, 개, 코요테, 대형 고양잇과 동물, 고양이, 퓨마, 용, 새, 자칼, 딩고, 사슴, 너구리, 뱀, 상어, 공룡 몇 마리가 포함되었다. 클레그의 연구팀은 이들 중 자폐스펙트럼 진단을 받은 사람의 수가 불균형적으로 많다는 사실을 발견했지만(일반 미국인 중 1.5퍼센트가 자폐스펙트럼인 데 비해 테리안 중 자폐스펙트럼인 사람은 7.69퍼센트였다), 이 두 조건이 어떻게 연관되는지는 명확하지 않다. 연구팀은 또한 많은 테리안들이 대조군에 비해 관계와 사회적 기술에 어려움을 겪는다는 사실을 발견했다. 이는 인지적 요인 때문일 수도 있고, 테리안트로피에 대한 사회적 금기 때문에 남에게 자신의 근본적 측면을 드러내기가 힘들어서일 수도 있다. 본성을 숨겨야 한다면 타인과의 소통이 어려울 가능성이 있다.[10]

사회적 어려움을 제쳐두면 클레그의 연구에 참여한 테리안들은 개인적 성장, 삶의 목적, 자기 수용 등 심리적 복지에 대한 몇 가지 표준 척도에서 비非테리안만큼 높은 점수를 받았다. 또한 행동을 스스로 지시하고 책임지는 정도인 자율성에 대한 심리적 척도에서는 비테리안보다 **높은** 점수를 받았다. 연구진은 "이 연구 결과가 테리안이 잘 기능하고 있음을 시사한다"고 결론 내렸다.

연구팀은 또한 많은 테리안들이 비정상적 지각 및 기타 인지 경험의 경향 등 '조현형' 성격 특성을 보인다는 사실에 주목했다. 일반 모집단에서 이러한 특성은 정신증 및 조현병과 관련이 있지만 테리안들은 대부분 자신의 경험이 고통스럽기보다는 삶을 풍요롭게 한다고 느꼈다. 클레그는 테리안들이 환상적 생각과 신념을 일관된 내러티브로 통합해 자신의 감정을 이해할 수 있는 방법을 찾은 덕분이라고 말한다. 이는 테리안들이 자신의 테리안트로피를 이해하고 자신이 어떤 종인지 알아내기 위해 그토록 애쓰는 이유와 '각성'한 후 더 쉽게 잠드는 이유를 설명한다.[11]

테리안트로피는 정신 질환이 아닐 수도 있지만 테리안트로피가 있는 사람이 살면서 어려움을 겪는 현실이 변하진 않는다. 어느 여름날 오후 나는 테네시주에 사는 멕시코 늑대 아지와 화상 링크를 통해 이야기했는데 그는 하루에 30번 정도 지각이 바뀐다고 했다.

그의 테리안 친구들은 아지의 경험이 자신들이 아는 그 누구보다 극단적이라고 했다. 아지는 대부분의 시간에 인간보다는 늑대에 가깝다는 것이었다.

처음 연락을 주고받는 동안 아지는 부정적 여론을 두려워하며 불안해했지만 막상 이야기를 나누다 보니 솔직하고 감정을 잘 드러냈으며 정확한 성격이었다. 그는 카키색 야구 모자를 쓰고 늑대 가족을 그린 티셔츠를 입었는데 멕시코 회색 늑대 보호의 지지자 및 모금 활동가로서의 역할을 나타내는 복장이었다. 그는 자신이 속한 멸종 위기종을 보존하기 위해 싸우고 있다. 그는 자신의 테리안트로피가 환생 때문이라고 생각하며, 자신이 1950년대 또는 1960년대 뉴멕시코에서 밀렵당한 늑대의 영혼을 가졌다고 믿는다.

아지는 인간과 늑대 사이의 지각 변화를 '순간 변화'라고 부른다. 이런 변화의 순간은 갑작스럽게 찾아오고 금방 지나가기 때문이다. 아지는 그런 순간이 오면 "내면의 인간적 부분이 꺼져버린다"고 말한다. "정신적으로 나는 사라집니다. 늑대의 사고방식이 몸을 지배하죠. 나는 조수석에 앉아서 늑대가 하고 싶은 대로 행동하며 '이 일이 끝나면 가서 이렇게 저렇게 할 거야'라고 생각합니다. 매우 해리되는 느낌입니다." 이런 변화는 억제하기 어렵고 일단 일어난 후에는 제어하기도 어렵다. 아지는 종종 으르렁거리고, 네발로 엎드리고, 까치발을 딛고 걸으며, 기회만 되면 사슴을 쫓는 자신을 발견한다. 육체적으로 지치긴 해도 이런 경험이 영화에 깊이 몰입하는 것과 같다고 말한다. 나중에는 모든 것이 기억나지만 당시로서는 쇼를 진행하는 존재는 그가 아니다. "인간적인 면이 완전히 밀려납니다. 매우 초현실적이죠."

자신이 늑대, 곰, 오소리, 비버 또는 그 밖의 동물이라는 사실을 스스로 인정하면 공감할 수 있는 정체성, 즉 자신이 누구인지 표현할 수단을 제공받고 위안을 얻을 수 있다. 3장의 배척받던 《해리 포터》 팬이 호그와트의 부적응자와 괴짜들을 통해 자신을 새로 이해하게 된 것과 다르지 않다. 테리안들에게는 때때로 이러한 인식이 좋기도 하고 슬프기도 하다.

캐슬린 거바시와 긴밀히 협력해 온 임상심리학자 엘리자베스 파인은 테리안트로피를 받아들이면 슬픔이나 소외감이 밀려들기도 한다고 말한다. "'나는 항상 남들과 다를 테고, 언제나 인류와 분리되어 있을 거야. 나는 결코 올바른 몸을 가질 수 없을 거야. 나에게는 항상 옳지 않은 무언가가 있을 거야'라는 생각이 들게 마련"이라는 것이다.[12] 베어X는 자신이 곰이라는 사실을 깨닫는 순간 "자신의 인간성에 대한 끔찍한 슬픔이 동반되었다"고 했다. 그는 하나의 정체성을 찾는 순간 다른 정체성을 잃었다.

아지는 내면에 있는 늑대를 인정한 30대 초반의 한순간을 생생하게 기억한다. 2015년 5월 3일 오후 4시 45분, 그는 '연못 옆 공터에 서서' 친구와 이야기를 나누던 중 갑작스레 자신의 정체성을 외면하지 않기로 결심했다. 그러자 "무거운 짐을 벗은 듯했고 전에 없던 행복감을 느꼈다". 하지만 그 느낌은 오래가지 않았다. 아지는 평생을 "인간으로서 기대되는 감정과 일치하지 않는 내면의 감정을 두려워하고" 동물적 감정을 억누르면서 살아왔다. 그 두려움에 굴복함으로써 어느 정도 안도감을 얻었지만 그것이 자신을 집어삼킬지도 모른다는 두려움은 사라지지 않았다(이런 감정을 느끼는 테리안은 아지만이 아니다). "나는 먼 길을 왔고 예전만큼 강한 두려움을 느끼지 않습니다. 그렇지만 두려움을 완전히 극복할 수는 없을 거예요."

아지와 영상통화가 끝날 무렵, 내 고양이 세실이 노트북으로 뛰어올라 관심을 끌려고 화면에 코를 대고 킁킁거렸다. 그때 나는 아지가 한눈을 팔며 잠시 집중하지 못하는 모습을 보았다. 이유를 묻자 늑대로서는 고양이의 시선보다 더 자극적인 건 거의 없다고 털어놓았다. 그는 "늑대는 고양이를 싫어하며 쫓아가고 싶어 한다"고 설명했으며 이번에는 그 감정을 억누를 수 있었다고 했다. 아지는 공공장소에 나갈 때마다 시끄러운 소리, 도망가는 동물, 귀찮은 사람 등의 도발과 싸워야 하며, 늑대로 변하지 않으려면 항상 경계해야만 한다.

테리안트로피는 테리안들에게 심리적 도전보다는 실존적 도전을 제기한다. 그들은 자신이 동물이라는 것을 알기에 인간으로서 어떻게 살아야 할지 자문해야 한다. 테리안은 온갖 창의적 방법으로 이중 정체성의 조화를 꾀한다. 영국에 사는 보노보인 로포리는 되도록 많은 시간을 지역 동물원에서 보내며 유인원들을 관찰하고 유리 너머로 그들과 소통한다. 그는 이 "유인원들과 함께 있으면 마음이 평온해지고 즐거워진다. 동물원과 떨어져 지내는 시간이 길어지면 감정 상태가 취약해지는 반면 동물원을 자주 방문할수록 회복력이 생기고 만족감을 느낀다"고 말한다. 아지는 늑대 강아지 인형을 꼭 껴안고 "이렇게 하면 늑대를 통제하고 진정시키는 데 도움이 된다. 늑대가 이 새끼를 진짜라고 생각하는 것 같다"고 했다.

시저는 인공 코요테 발과 꼬리를 착용하고 잠자리에 든다. "자고 일어나서 내 발을 보는 게 좋아서"다. 베어X는 틈만 나면 숲으로 들어간다. 일부 늑대들은 함께 모여 '울부짖기'도 한다. 테리안들을 위한 캠핑이라 할 수 있다.

기독교 신자인 테리안은 자신의 종교가 테리안트로피와 양립할 수 있는지도 물어야 한다. 자신이 잘못된 몸을 가진 영혼이라고 혹은 전생이 있다고 믿어도 구원받을 수 있을까? 테리안 대부분은 자신이 그렇게 느끼는 데는 이유가 있으리라 생각함으로써 이 문제를 해결한다. 환각지를 가진 눈표범은 말했다. "나는 아직 답을 찾지 못했다. 남들이나 스스로에게 상처를 주지 않는 선에서 그런 질문이 나를 너무 괴롭히지 않도록 노력한다." 초조해할 필요가 있을까? 결국 종교는 알기 어려운 진리를 찾아 떠나는 긴 여정이며, 테리안은 평생 그 길을 걸어왔으니 말이다.

인간의 몸과 동물의 마음을 조화시키고, 비테리안이 이를 진지하게 받아들이도록 설득할 때 테리안은 얼마만큼의 규모로 도전에 직면하는가? 이는 어느 정도 그들이 살고 있는 문화에 의해 결정된다. 서양에서는 지난 2000년 동안 인간을 인지, 지능, 언어, 도덕성, 문화 면에서 다른 동물계와 구별되는 존재로 여겼다. 〈창세기〉 첫 장에서 신은 인간에게 "바다의 물고기와 공중의 새, 땅에서 움직이는 모든 생물을 다스리라"고 했고[13] 유대-기독교 전통은 지체 없이 이 창조 신화를 복음으로 선포했다. 아리스토텔레스부터 칸트에 이르기까지 철학자들은 영혼이나 인간의 정신에 가까운 그 무엇도 없는 동물은 데카르트의 말처럼 그저 무의미한 자동인형 또는 짐승에 불과하다고 추론하면서 자연에 대한 인간의 우월성을 강조해 왔다.[14]

인간 예외주의는 지구에 대한 무분별한 착취와 동물의 도덕적 지위에 대한 편협한 태도로 이어졌다. 그런데 이는 거의 전적으로 서구적 관점이다. 게다가 인류가 존재한 역사를 몇만 년 되돌아보면 매우 최근에 생겨난 관점이기도 하다. 인간과 다른 동물을 구분하는 경계가 처음부터 명확하게 정의되지는 않았다.

많은 문화권에서 동물을 신 또는 조상으로 인식한다. 티베트의 유명한 창조 신화에 따르면 티베트인은 명상하는 원숭이의 후손이며, 투르크 신화에서는 모든 투르크 민족이 아세나Asena라는 암컷 늑대에서 유래했다고 주장한다. 많은 원주민 집단은 동식물, 강, 바위 및 기타 자연물에도 인간과 마찬가지로 영적 본질이 있다고 믿는 애니미즘적 관점을 지닌다. 고대 이집트인들은 특정 동물을 신성하게 여겼다. 그들은 고양이를 매우 경건하게 대했으며 죽은 고양이를 애도하고 미라로 만들었다. 오늘날 많은 고양이 보호자들은 고양이에게 인간을 훨씬 뛰어넘는 직관력이 있다고 생각한다. 반려동물을 사람처럼 대하는 행동은 인간이 지배하는 이 시대에도 허용된다.[15]

종 간의 구분이 눈에 띄게 사라지는 경우도 있다. 인류 최초의 예술 작품 중에는 인간과 동물의 잡종을 묘사한 것이 있다. 독일 남부 홀렌슈타인슈타델 동굴에서 발견한, 매머드의 엄니로 조각한 사자 머리의 3만 5000년 된 인간의 조각상 그리고 프랑스 남서부의 1만 5000년 된 동굴벽화에 그려진 사슴 인간 주술사가 유명한 예다. 이 그림들이 무엇을 의미하는지 알기는 어렵다. 하지만 이런 그림이 존재한다는 점은 현대의 인간 중심적 세계관과는 상당히 다른 세계관이 존재했음을 암시한다. 이런 작품은 동물과 소통하거나 동물로 변신하거나 동물의 육체적 또는 영적 특성을 활용하려는 주술사의 시도를 드러낸다고 볼 수 있다.

인간과 동물 사이에서 '변신'하는 사람들에 대한 이야기는 기록된 역사 내내 지속되었다. 약 4000년 전에 씌어진 《길가메시 서사시》는 고대 메소포타미아 예술에 자주 등장하는, 황소 인간으로 추정되는 원시 야생인과 왕의 우정을 묘사하는데 이 야생인은 창녀의 유혹에 넘어가 길들여지기 전까지 동물처럼 살았다. 고대 이집트인들은 몇몇 신들이 자기 마음대로 인간에서 동물로 변신할 수 있다고 믿었다. 일본 신화에서 꼬리 여러 개와 마법의 힘을 가진 장난꾸러기 여우 **키츠네**Kitsune는 인간의 모습으로 변신할 수 있다. 미국 남서부 나바호족은 코요테, 여우, 늑대, 부엉이, 까마귀로 변하는 힘을 가진 주술사인 '가죽을 뒤집어쓰고 걷는 자'들이 가장 큰 악행을 저지른다고 생각한다. 멕시코와 중앙아메리카에는 강력한 중독성 약물의 영향을 받는 동안 재규어, 당나귀, 박쥐, 개, 족제비 또는 올빼미로 변신할 수 있는 마법사 혹은 천리안 **나구알레스**naguales가 존재한다. 16세기 선교사 호세 데 아코스타는 이 마법사들이 "원하는 모양으로 변신한 후 놀라운 속도로 장거리를 비행할 수 있다"고 언급했다.[16]

유럽 민속에도 저마다 둔갑하는 영웅과 악당들이 수없이 많다. 베르세르크berserker라고 알려진 바이킹 전사들은 곰과 늑대의 가죽을 입고 전투에 임했다. 그럼으로써 동물의 힘과 사나운 기운을 받을 수 있다고 믿었기 때문이다. 중세 마녀들은 고양이, 부엉이, 까마귀, 토끼로 변신하는 습관 때문에 교회에서 박해받았다. 둔갑하는 존재 중 가장 악명 높은 것은 보름달이 뜨면 인간에서 식인 늑대로 변신하는 늑대 인간이다. 이런 존재 중 다수가 아직도 대중의 상상 속에 살아 있다. 이런 모티프의 다양한 변주가 소설과 영화(《해리 포터》와 〈왕좌의 게임〉 시리즈는 둔갑에 관한 대명사라 할 수 있다)에 자주 등장한다. 심지어는 가끔 뉴스 보도에도 등장한다. 1975년 이후 영국 중

에도 시대 말기의 화가 우타가와 쿠니요시(1798~1861)가 그린 〈변신하는 여우 때문에 공포에 떠는 한조쿠 왕자Prince Hanzoku being terrorized by a shape-shifting fox〉(Wikimedia Commons).

부 캐녹 체이스의 숲과 공동묘지에서 몇십 차례 목격된 늑대 인간은 주민들을 놀라게 한 후 다시 뒷발로 서서 탈출하기도 했다.[17]

무엇이 사람을 동물로 변신하게 만들까? 그런 사람들은 치타의 속도, 사슴의 지구력, 여우의 교활함 등 인간에게는 없는 특성을 동경할지도 모른다. 더 효과적으로 사냥하기 위해 동물의 습성을 배우고 싶어 하거나 단순히 인간으로서의 책임감에서 벗어나고 싶을 수도 있다. 생각해 보면, 한 번도 동물이 되어보고 싶지 않았던 사람이 있을까?

몇 년 전 영국의 예술가이자 디자이너인 토머스 트웨이츠는 염소로 살아가는 게 어떤 것인지 알아보는 실험을 고안했다. 그는 기술자에게 내리막길을 질주할 수 있는 의족을 만들어달라고 부탁했고, 동물행동학자에게 염소의 심리에 대한 통찰력을 구했으며, 심지어 풀을 소화하는 데 도움이 될 분변 이식도 고려했다(마지막 방법은 건강상 이유로 거부당했다). 그런 다음 스위스 어느 산에서 염소 무리와 함께 사흘 동안 네발로 풀을 뜯으며 시간을 보냈다. 대체로 즐거운 시간을 보냈으며, 염소를 키우던 농부는 그 무리가 트웨이츠를 받아들였다고 보았다. 농부 본인은 그 정도 장단을 맞추지 못했지만.

트웨이츠는 이 경험을 통해 무엇을 배웠을까? 《염소가 된 인간: 나는 어떻게 인간의 삶으로부터 자유로워졌는가》에서 트웨이츠는 염소의 삶은 "풀밭으로 걸어가 5분 정도 풀을 먹고, 또 다른 풀밭으

로 걸어가서 풀을 먹는다. 그걸 계속 반복하는 것이다"라고 썼다.[18]
그는 다양한 풀의 영양학적 특성과 이족 보행 동물이 네발로 내리
막길을 걷는 어려움을 배웠다. 훗날 트웨이츠는 이 경험이 자신의
관점을 어떻게 변화시켰는지 그리고 동물처럼 사는 것이 우리 삶
을 둘러싸고 우리를 끝없이 걱정하게 만드는 복잡한 이야기에서
우리를 어떻게 해방시킬지 생각해 보았다.

> 우리가 동물이라는 사실을 가끔씩 기억하는 것은 중요하다. 그렇게
> 하면 우리 사회와 인류의 미친 측면들 가운데 일부와 거리를 두고
> 우리 자신을 생각하는 데 유익하기 때문이다. 동물로 살면 인간 종
> 에게 정해진 뚜렷한 운명이란 없음을 기억하는 데 도움이 된다. 우
> 리는 다른 모든 생명체 사이에 존재할 뿐이다.[19]

낙인을 공유하기

동물이 인간으로 대접받고 인간이 동물로 대접받는 세상은 테
리안으로 사는 데 훨씬 편할 것이다. 테리안이 겪는 커다란 어려움
가운데는 대중의 조롱을 받을지 모른다는 두려움이 있다. 그 때문
에 그들은 자신이 진짜 누구인지를 숨긴다. 베어X는 "사람들이 우
리를 이상하게 여기지 않고 받아들인다면 우리의 삶은 무궁무진하

게 개선될 것"이라고 했다. "인정받는다는 느낌이야말로 모두가 원하는 것이다." 사회가 인정하지 않는 조건을 안고 살아가는 건 힘든 일이다. 검증받지 못했다면 사람은 사회적 지원을 거의 받을 수 없다. 대중의 지지를 받지 못하는 전쟁에 참전한 군인들이 집에 돌아왔을 때 정신적 외상의 발생 위험이 높은 이유도 같은 원리로 설명할 수 있다.[20] 대중의 비난은 사회적 소외이자 사람을 갉아먹는 처벌이 된다.[21]

내가 만난 많은 테리안들은 가족이나 가까운 친구들에게 테리안 트로피를 언급하지 않았다. 10대 코요테인 카피캣에게 자신의 상태를 말했는지 물었더니 그는 "하, 농담이죠?"라고 되물었다. "테리안 증상을 털어놓으려 하니 가족들이 놀려댔어요. 상대방이 아무렇지도 않게 받아들일 게 확실할 때까지는 아무에게도 이 이야기를 하지 않아요." 테리안을 연구하는 심리학자 캐슬린 거바시는 공개는 위험한 일일 수 있다고 설명한다. "속으론 '난 정말 남들과는 달라, 난 정말 여우야'라고 말할 수 있으나 또 다른 문제가 있다. '대체 누구에게 사실은 내가 여우라고 말할 수 있을까?'" 동물처럼 느끼고 인간처럼 살면서 어느 쪽에도 속할 수 없는 테리안은 그림자 나라에 갇혀 두 세계 사이를 오가며 살아간다.

다행히도 테리안들에게는 다른 테리안들이 있다. 현대의 테리안 커뮤니티는 1993년 온라인 늑대 인간 팬클럽 alt.horror.werewolves 게시판에서 시작되었다. 이후 이 커뮤니티는 몇천 명의 활발한 참여자들과 지속적 우정을 바탕으로 운영되는 커뮤니티, 토론 포럼, 조언 게시판 및 여러 리소스들로 구성된 활기찬 네트워크로 발전했다. 1993년 최초의 테리안 온라인 집단 설립을 도왔던 베어X는 테리안들이 사회적·재정적·정서적인 다양한 방식으로 서로를 지원한다고 말했다. 그는 "이런 특별한 경험을 공유하기에 놀라울 정도로 끈끈한 우정을 쌓을 수 있다"고 했다.

다양한 테리안이 비슷한 이야기를 되풀이했다. 코요테 시저는 커뮤니티 입문이 "의심의 여지 없이 인생에서 가장 행복한 순간 중 하나"였다고 말한다. "혼자가 아니라는 것, 이러한 감정과 경험이 나 자신이 아닌 남들에게도 타당성을 인정받는다는 것, 내가 무인도에 있는 게 아닐 수도 있음을 알게" 되었기 때문이다.

몇년간 개로서 야릇한 개의 감각을 느끼고 그 감각을 이해하기 위해 노력해 온 블레이즈는 이런 감각을 "정신 질환의 부작용에 불과한 미친 사람의 망상"으로 치부하기 직전이었다. 그러다 이런 느낌을 받은 게 자신만이 아님을 알게 되자 "아하" 하는 순간이 산사태처럼 밀려왔다. "내 경험과 결론 중 이 세상에 있는 실제 사람들의 이야기와 일치하는 부분이 많다는 걸 알게 되었다. 정신을 차릴 수 없을 지경이었다. 마치 구원받은 것 같았다. 다른 테리안들을 알게 됨으로써 정신과 생명을 모두 구할 수 있었다."

다른 사회 집단과 마찬가지로, 테리안 커뮤니티에서도 온갖 드라마가 펼쳐진다. 모두가 그렇듯 테리안끼리도 늘 의견이 일치하는 것은 아니기 때문이다. 예를 들어 테리안트로피의 원인, 테리안과 아더킨의 구분, 일부 테리안이 동물에게 느끼는 성적 감정에 대해 논의하는 것이 적절한지 여부 등에 대해 이견이 있다.[22] 그러나 커뮤니티가 커다란 힘의 원천이며, 동족이 없으면 많은 테리안들이 길을 잃는다는 것만은 지배적 의견이다. 이런 면에서 테리안 커뮤니티도 여타 팬덤과 비슷하다.

사회심리학자들은, 지속적 편견이나 비판을 경험하는 소수자 또는 불우한 집단의 구성원은 자신이 속한 집단과의 밀접한 동일시를 통해 생겨나는 소속감이라는 심리적 이점을 활용해 발생 가능성이 있는 피해에 대응한다는 사실을 알게 되었다. 역설적으로 들릴지 모르지만, 낙인은 사람들과 공유할 때 강점이 될 수 있다.[23]

"테리안은 정말 이상해요." 코요테 한 마리가 격분한 목소리로 말했다. 하지만 그건 관점의 문제일 수도 있다. 특정 문화권이나 특정 시대에서는 테리안을 이상하게 여기는 풍조가 덜했다. 또 다른 테리안들과 함께 있을 때 그들의 행동은 지극히 정상적이다. 대부분의 테리안은 더 넓은 세상에서 인정받기를 원하면서도 자신이 속한 집단에서 항상 인정받을 수 있다는 사실을 알면 안심을 한다. 무리의 일원이 되면 삶이 달라 보인다. 곰, 늑대, 코요테, 표범, 하이에나, 공룡, 부엉이 등 어떤 동물이든 상관없다. 어떤 동물이라도 참여할 수 있다.

다수와의 싸움

테리안이 평생 견뎌야 하는 힘겨운 싸움은 공감하는 커뮤니티의 일원이 되면 완화된다. 팬으로서의 삶을 즐기기 위해 반드시 커뮤니티의 일원이 될 필요는 없지만 커뮤니티에 가입하면 도움을 받을 수 있다. 7장에서 살펴보겠지만 팬으로서 열정을 품으면, 특히 그 열정이 대중의 의견과 부딪힐 때 시련과 맞닥뜨릴지도 모른다. 그러한 경우 팬들이 받을 수 있는 모든 지원이 필요하다.

7장

팬덤이
위기에
빠질 때

그들은 내키진 않지만 마지못해 안티 팬이
되었으며, 자신들에게 그토록 큰 의미가 있었던
세계를 잃었다는 데 상당한 슬픔을 느낀다.

인터넷 영화 데이터베이스를 살펴보면 집착에 빠진 팬을 다룬 영화 147편이 나온다.[1] 이 중 상당수가 '팬'이나 그 변형된 형태를 제목으로 삼고 있다. 그중 내가 가장 좋아하는 영화는 1982년 독일에서 제작한 영화 〈영원한 우상Der Fan〉으로, 팝 가수에 집착하는 10대 소녀에 관한 이야기다. 소녀가 가수에게 편지를 몇십 통 쓰는 뻔한 장면에서 시작되는 이 영화는 결말을 예측하기 어렵다. 가수가 답장을 보내지 않자 그녀는 공연장 밖에서 그를 납치해 분장실에서 함께 시간을 보내고, 그와 섹스하고, 동상으로 그를 때려죽이고, 다시 섹스를 하고, 그의 몸을 자르고, 뼈를 갈아서(양념에 재워 구워 먹은 발 하나는 예외다) 혀로 그의 피를 닦아낸다. 만족스러운 92분이다.

이런 영화는 대중문화가 등장한 이래 팬들이 견뎌내야 했던 고정 관념을 활용한다(팬이라는 단어는 여전히 대중의 의식에서 '광신자'와 연관된다). 괴짜, 부적응자, 무분별한 소비자, 히스테리 환자, 공상가, 사이코패스 같은 특징이 있는 이들은 대부분의 영화에서 침실에서 초조하게 지내는 강박적 외톨이(팬 영화 주인공들은 대체로 그러하다)나 광란의 군중(원 디렉션 콘서트에서 소리를 지르는 소녀들)으로서 두려움의 대상이 된다. 혼자서 팬심을 드러내도, 함께해도 이상하게 비친다.

줄리 버칠은 1986년 유명인 문화에 대한 비평《손상된 신들》에서 "다락방에 있는 팬한테서는 사랑과 증오, 자유의지와 운명 사이의 가느다란 경계가 점차 사라진다. 인정받지 못하고 상대가 원치도 않는 사랑은 당혹스럽게 발기한 성기처럼 그의 주위를 맴돈다"고 지적했다. "그리하여 총알이 아니면 원하는 사람에게 절대 가닿을 수 없다는 것을 깨닫고서는 그의 사랑은 흉기가 된다."[2] 팬심이 이 같은 유의 집착을 표현하는 일반적 사례는 존 레논을 살해한 마크 채프먼이다. 다만 채프먼은 심각한 성격장애personality disorder를 앓았으므로 딱 맞는 사례라고는 할 수 없다.[3]

스코틀랜드 경찰 또한 대중문화에 몰입하면 정상인도 살인자가 될 수 있다고 보았다. 밀레니엄의 시작 몇 달 전부터 스코틀랜드 경찰은 〈스타트렉〉이나 〈엑스파일〉 같은 인기 SF 프로그램의 영향으로 집단 자살 등 '극단적 폭력 행위'가 발생할 가능성에 대비했다. 내부 문건에 따르면 스코틀랜드 경찰은 "이런 프로그램의 내용에 대한 일부 집단과 개인의 헌신"을 우려하며 프로그램 제작자들은 "어떤 심리적 버튼을 눌러야" 하는지 정확히 알고 있다고 경고했다.[4]

'광팬(미친 팬)' '딱한 팬' '집착하는 팬' 같은 분류는 전혀 정확하지 않지만 이로 인한 오명은 모든 팬에게 영향을 미친다. 조롱이나 비판이 두려운 팬들은 동일한 열정을 공유하지 않는 사람에게는 자신을 '아웃팅'하기 꺼리는 경향이 많다.

2002년 케이트 부시의 팬을 연구하던 워릭대학교 로라 브루먼은 피험자 거의 절반이 케이트 부시와 그녀의 음악에 열광하면서도 부정적 함의가 싫어서 자신을 팬으로 지칭하기를 거부한다는 사실을 알게 되었다. 한 피험자는 말했다. "최근 들어 '팬'이라는 단어는 쓰레기통을 뒤지는 사람, 강박적 팬에 관한 스티븐 킹의 소설《미저리》, 아노락(방한용 파카. 특이한 사람을 뜻하는 영국 속어이기도 하다―옮긴이)을 입는 사람 등 다소 불길한 의미를 갖게 되었다. 나는 그런 사람이 아니다. [팬은] 기본적으로 아티스트의 작품을 좋아하고, 그 작품이 흥미롭다고 생각하거나 즐겁다고 생각하거나 혹은 둘 다라고 생각하는 사람이다. 하지만 언어는 상징적이고 변화하기 마련이며 이제 '팬'은 더 많은 것을 의미할 수도 있다."[5]

문화평론가 프레드와 주디 버모럴이 1980년대 팬들의 증언을 모은 선집《스타에 대한 욕망》4장에는 배리 매닐로우 신봉자인 열여섯 살 헬렌이 나온다. 아는 사람 중에는 자신처럼 배리 매닐로우를 사랑하는 사람이 없었기에 그녀는 스스로를 '미친 사람'으로 생각했다고 말한다. "온 마음을 다해 무언가를 믿는 사람은 나뿐인데 그 마음을 드러냈을 때 남들이 '뭐라고?!' 하는 반응을 보이면 너무너무 힘이 들었고 스스로에게 의심을 품게 된다. 내가 너무 비틀린 걸까? 나는 기본적으로 불안정한 사람인가? 내 감정이 엉망진창이어서인가? 내가 느끼는 게 맞을까?" 그녀는 지역 팬클럽에 가입하고 나서야 처음으로 자신이 느끼는 감정이 정상적인 것임을 깨달았다.[6]

부정적 고정관념의 그림자는 모든 팬에게 똑같이 드리우지 않는다. 스포츠 팬들은 지나치게 열성적이라는 이유로 부끄러워하는 경우가 거의 없다. 대의를 위한 그들의 헌신은 당연하고 심지어 박수받을 만한 일로 대접받는다. 이 글을 쓰는 지금, 남자 유로 2020(코로나 때문에 2021년 개최) 챔피언십이 막바지에 이르는 가운데 영국 신문은 매일같이, 코로나19로 인한 여행 제한 조치를 뚫고 엄청난 희생을 치르며 자국 팀의 경기를 보러 간 잉글랜드 팬들에 대한 기사를 싣고 있다. 세인트 조지 십자가(영국 국기—옮긴이)를 그린 속옷만 남긴 채 옷을 벗고 동료에게 맥주를 뿌리며 승리를 축하하는 팬들, '우리 아이들'을 '서폿'한다는 걸 보여주기 위해 반려견에게 잉글랜드 셔츠를 입히고 스카프를 두르게 한 팬들에 대한 기사 등이다. 그 거침없는 보도 행태를 보면 이런 행동이 마치 통과의례나 풍부한 문화유산의 일부라도 되는 듯하다.

20년 가까이 팬들을 연구해 온 임상심리학자 린 주버니스는 스포츠 팬들, 특히 남성 스포츠 팬들은 "계속 통행증을 얻고 있다"고 말한다.[7] 몇 년 전 인터뷰에서 그녀는 다음과 같이 설명했다.

남성 스포츠 팬이 몸을 절반은 녹색, 절반은 흰색으로 칠하고 반나체로 이글스 경기에 간다 해도 그가 경험하는 조롱의 정도는 온몸을 녹색과 흰색으로 칠한 채 외계인 분장을 하고 코믹콘에 가는 남성 미디어 팬에게 던지는 조롱과는 크게 다르다.[8]

스포츠는 남성이 주도하는 몇 안 되는 팬덤 중 하나다. 여성이 주도하는 경향이 있는 대중문화 팬덤을 모욕하는 것은 부분적으로 여성의 부적절한 행동이라 인식되는 것에 대한 일부 남성의 반응일 수 있다. 다행히도 최근에는 모든 종류의 팬들이 수치심을 느끼지 않고 개성을 드러내기가 비교적 쉬워졌다. 주버니스는 이러한 현상의 원인으로 텀블러, 레딧, 페이스북, 인스타그램, 트위터 같은 소셜 미디어 플랫폼의 확산을 꼽는다. 이런 플랫폼은 저마다 허용되고 안 되는 것을 결정하는 고유한 규범과 가치가 있다. 그녀는 내게 보낸 이메일에서 "이질성 자체가 팬들이 서로 간에, 또 더 넓은 문화와 관계를 맺는 방식을 변화시켰습니다"라고 말했다.[9] 팬 커뮤니티가 주류 일부가 되면서 그 어느 때보다 대화에 참여하기 쉬워졌다. 그렇다고 팬이 다른 팬을 무시하거나 팬이 아닌 사람이 팬을 무시하는 일이 사라지지는 않았다. 소셜 미디어는 고약해질 가능성이 있고, 여성 혐오는 여전히 심각한 문제다. 게이머게이트를 생각해 보라.

게이머게이트는 남성 위주 문화 속에서 여성의 영향력이 커지자 남성들이 불만을 품고 비디오게임 업계에서 여성을 대상으로 벌인 괴롭힘 캠페인이다. 이 캠페인은 2013년 개발자 조이 퀸Zoe Quinn이 자신의 우울증 경험을 바탕으로 한 텍스트 기반 게임 〈디프레션 퀘스트Depression Quest〉를 출시하면서 시작되었다. 이후 몇 달 동안 퀸은 기존의 폭력적 게임 형식을 파괴했다는 이유로 화가 난 게이머들에게 살해 협박, 강간 위협, 온라인에서의 지속적 폭력을 당했다. 그 후 가해자들은 페미니스트 미디어 비평가 어니타 사키지언Anita Sarkeesian을 비롯한 또 다른 여성들을 표적으로 삼았고 어니타는 유튜브 동영상에서 인터넷 트롤들을 비판한 후 집을 떠나야만 했다. 작가 케이시 존스턴은 웹사이트 〈아르스 테크니카〉에 기고한 글에서 "비디오게임에 있는 몇몇 여성 혐오를 감히 지적했다는 이유로, 비디오게임에는 여성 혐오가 없다는 여성 혐오적 위협이 쏟아지는 바람에 한 여성이 숨어 살 수밖에 없게 되었다는 심각한 아이러니"라고 언급했다.[10]

오늘날까지도 게이머게이트는 트위터 스레드와 레딧 포럼에서 계속되고 있다. 여성 게이머들은 여전히 공격받고 있으며, 안전하지 않아도 계속해서 목소리를 내며 팬덤을 만들고 참여 중이다.[11]

대중문화에 대한 온라인 대화가 유독성이 있다 해도 팬들은 참여를 멈추지 않는다. 모든 주요 TV 드라마 시리즈는 캐릭터와 줄거리, 일어날 수 있는 일과 **일어나야** 할 일, 제작자가 잘못한 부분에 대한 소셜 미디어의 활발한 토론에 뒤덮인다. 마지막 에피소드가 끝나면 항상 다른 결말을 원했거나 좋아하는 캐릭터의 설득력 있는 구원을 바랐던 팬들의 비판이 쏟아진다. 2019년 역사 판타지 시리즈 〈왕좌의 게임〉에서 매우 인기 있는 주인공 중 하나인 존 스노가 여왕이자 연인 대너리스 타르가르옌(혼란스럽게도 대너리스는 존 스노의 고모이기도 하다)을 죽이는 장면이 나오자 제작자에게 재촬영을 요구하는 청원에 약 200만 명이 서명했다. 〈스타워즈〉 시리즈의 마지막 편 〈라이즈 오브 스카이워커〉 개봉 때도 비슷한 반응이 이어졌다. 사실은 지금까지 제작된 거의 모든 〈스타워즈〉 영화에 비슷한 일이 일어났다. 〈스카이워커〉는 시리즈의 이전 에피소드인 〈라스트 제다이〉에서 선과 악(용감한 스캐빈저 레이와 어둠의 전사 카일로 렌)의 결합을 암시했기 때문에 인기가 없었다. 팬들의 환상은 결국 이루어졌지만 카일로 렌은 첫 키스 직후 죽고 말았다.

영화 시리즈와 TV 시리즈는 시간이 지남에 따라 발전하면서 복잡하게 얽힌 줄거리에 시청자들을 끌어들이기에 불가피하게 높은 수준으로 팬과의 상호작용을 일으킨다(〈왕좌의 게임〉은 여덟 시즌 동안 지속되었고 〈스타워즈〉는 1977년부터 이어져왔다). 이러한 쇼는 어느 정도 제작자와 시청자가 협업해서 만들어낸다. 제작자들 대부분은 팬들의 생각을 매우 중요하게 여기며 테스트 상영, 예고편, 미디어 '유출'을 통해 향후 시나리오에 대한 팬들의 반응을 가늠한다. 팬들도 인간인 만큼 프로그램 비평에 한결같은 의견만을 내는 경우는 거의 없는데(〈왕좌의 게임〉 최종회를 좋아하는 시청자들도 많았다) 제작자는 팬들 모두를 만족시키려고 노력하다가 팬들을 자극하는 동시에 가르치려 드는 위험을 감수하게 된다.

〈왕좌의 게임〉 배경은 중세 유럽이지만 제도적 부패, 정치적 불확실성, 묵시록적 미래라는 주제로 전 세계 팬들의 마음을 사로잡았다. 2012년 시즌 2와 시즌 3 사이에 온라인 잡지 〈벌처〉에서는 "아직 전개 중인 이야기에 대한 독자(와 시청자)의 집착과 즉각적 반응을 보면 〈왕좌의 게임〉 팬층은 그 어떤 팬덤보다 열성적"이라고 설명했다.[12]

〈왕좌의 게임〉 TV 쇼의 원작이었던 《얼음과 불의 노래》 시리즈의 작가 조지 R. R. 마틴은 이러한 관심에는 문제가 있다고 생각했다. 2019년 그는 스토리의 전개 방식에 대한 자신의 생각이 왜곡될지도 모른다는 우려 때문에 작품에 대한 끊임없는 온라인 토론을 피하기 위해 노력했다고 밝혔다. 그는 〈옵저버〉와의 인터뷰에서 "모든 사람을 만족시킬 수는 없으니 스스로를 만족시켜야 한다"고 말했다.[13]

열성적 팬층은 인기 작품을 TV 프로그램이나 영화로 각색하는 시나리오 작가에게 큰 부담으로 작용한다. 만화를 각색한 〈킥 애스〉와 〈엑스맨: 퍼스트 클래스〉 등 많은 사랑을 받은 영화의 각본을 공동 집필한 제인 골드먼은 자신이 (보이 조지와 〈엑스파일〉〈월드 오브 워크래프트〉 등의) 팬으로서 스토리나 캐릭터에 열광하는 것이 어떤 것인지 잘 아는 만큼 각색의 책임을 매우 진지하게 받아들인다고 말했다. "나는 다른 사람이 좋아하는 것을 더럽히고 싶지 않으며, 항상 그 정신에 충실하고 싶다고 마음먹는다. 이것을 나의 팬덤이 라고 할 때 무엇이 문제일지 생각하는 것이다." 예를 들어 제인 골 드먼은 어떤 등장인물이 죽어야 하는 경우에도(곧 알게 되겠지만 팬들 에게는 이런 상황이 정신적 외상을 남기는 시나리오일 수 있다) 그 사건이 스 토리의 맥락에 맞으면 사람들이 크게 신경 쓰지 않는 걸 알게 되었 다. "하지만 팬들은 그런 사건이 조잡하거나 정당하지 않거나 별 근 거가 없을 경우 냄새를 맡는다. 그렇다면 작가의 책임이다."

2017년 골드먼은 본 시리즈보다 몇천 년 이전을 배경으로 하는 〈왕좌의 게임〉 스핀오프 파일럿 프로그램 각본을 집필했다. 골드 먼은 영웅들의 황금시대에서, '긴 밤Long Night'으로 알려진 가장 암 울한 시대로 넘어가는 세계의 몰락을 기록하는 것을 목표로 삼았 다. 콘셉트는 조지 R. R. 마틴이 직접 구상했으나 마틴이 쓴 글이 거 의 없었기 때문에 골드먼은 등장인물과 장면, 스토리라인을 처음 부터 새로 만들어야 했다. 당시 제작사에서는 여러 가지 프리퀄 아 이디어를 모색 중이었다. 골드먼은 아직 만들어지지 않았고, 어떤 의미에서는 아무도 소유권을 주장하지 않은 세계를 탐험하고 싶었 기 때문에 '긴 밤'에 끌렸다고 말했다. 그녀는 "〈왕좌의 게임〉 팬들이 너무나 열정적이었던 만큼 모두가 아는 고전에 발을 들여놓는 걸 망설였다"고 말했다. "하지만 조지 R. R. 마틴의 축복과 참여로 그 세계관에 근접한 작품을 만들면 누구의 기대에도 어긋나지 않을 수 있다고 생각했다. 그곳만이 내가 편안함을 느낄 수 있는 유일한 무대였다."

결국 파일럿 제작 후 HBO는 '긴 밤' 프리퀄을 더 이상 제작하지 않기로 결정했다. 〈왕좌의 게임〉 팬인 나로서는 기회를 날려버렸다는 아쉬움이 드는 결정이다. 하지만 항상 모든 팬을 만족시킬 수는 없다.

팬심은 상처로 돌아올 수 있다

팬으로서의 삶은 위험으로 가득하다. 친구와 가족이 당신을 이상하게 여길 수 있고, 좋아하는 드라마의 스토리라인에 실망할 가능성도 크다. (불멸의 영웅을 선택하지 않는 한) 좋아하는 영웅이 죽을 가능성도 있다. 이런 일은 발생하기 전까지는 거의 고려 대상이 아니겠지만 실제로 일어나면 커다란 충격을 줄 수 있다. 좋아하는 스타의 죽음에 마치 친한 친구나 가족이 죽은 듯한 느낌을 받기도 한다. 여러분도 데이비드 보위, 프린스, 로빈 윌리엄스, 에이미 와인하우스, 엘비스가 세상을 떠났을 때 이런 느낌을 받았을지 모른다.

애도는 강렬하며 오래 지속되기도 한다. 2020년 한 연구팀은 각각 2016년, 2009년, 2016년에 사망한 데이비드 보위, 마이클 잭슨, 조지 마이클의 팬들을 인터뷰했다. 이들 중 다수는 당시 자신의 세상이 '산산조각 난' 것처럼 '황폐해진' 기분이었다고 회상했다. 이들은 다른 팬들과 소통하거나 기념품 수집을 확장하거나 심지어 집에 신전을 만드는 등 다양한 대처 방법을 찾았다. 하지만 몇 년이 지난 지금도 그 이야기를 하면 울고 싶어지고 극복 못할까 봐 걱정이 된다고 털어놓았다.[14]

팬들 대부분이 비교적 어린 나이에 팬덤에 가입한다는 점을 고려하면 비웃음을 살지도 모르는 이런 반응을 이해할 수 있다. 우리는 영웅이 하는 일뿐만 아니라 그들이 상징하는 것, 우리에게 주는 의미 때문에 영웅을 사랑한다. 그들은 우리의 역할 모델이 되고 그들을 잃음으로써 우리는 자신의 일부를 잃는다. 그들을 한 번도 만난 적이 없으며 그들과의 관계는 실제가 아닌 '준사회적'인 것이란 사실은 그다지 중요하지 않다. 마이클 잭슨의 오랜 팬이었던 어떤 사람은 마이클 잭슨 사망 후 심리학자 게일 스티버에게 "내 인생의 사운드트랙이 끝난 것 같아요"라고 말했다.[15]

스티버는 17년 전 마이클 잭슨 팬들을 대상으로 연구를 수행한 적이 있다. 마이클 잭슨의 죽음 후 일부 팬이 그녀에게 페이스북으로 다시 연락했다. "그들은 무엇보다도 함께 슬퍼할 사람을 찾고 있었다. 그들은 말했다. '당신이라면 이해할 줄 알았어요.'" 심리학자들은 소셜 미디어가 팬들이 좋아하는 유명인의 죽음에 대처하는 데 중요한 역할을 한다는 사실을 발견했다.[16] 사적 슬픔을 공적 의식으로 바꾸면 이에 대해 '이해'하는 사람들과 소통하고 고통을 공유할 수 있다[17](연구에 따르면 일반적으로 비극적 순간에 슬픔을 다스려줄 사람들이 주변에 있으면 더 건강한 결과가 나온다).

2016년 1월 10일, 데이비드 보위가 암 투병 끝에 세상을 떠난 날 팬들은 #RIPDavidBowie 해시태그와 함께 230만 건 이상 트윗을 올리며 애도를 표했다(최고조에 달했을 때는 분당 2만 건씩 트윗이 올라오기도 했다).[18] 이런 방법은 현대적이긴 해도 유일한 애도 방식은 아니다. 같은 날 밤, 몇천 명이나 되는 사람들이 데이비드 보위가 어린 시절을 보낸 런던 남부 브릭스턴 거리에 모여 그의 노래를 부르고, 꽃을 남기고, 지하철역 맞은편 벽에 비문을 썼다. 트위터에 쏟아지는 추모 메시지와는 달리 이 즉흥적 추모 행사는 지속적 영향을 미쳐 이 지역이 데이비드 보위 팬들의 영구적 추모 장소이자 순례지로 변모했다.

영웅의 죽음은 불안한 일이다. 그 영웅이 허구의 인물이라면 더욱 그렇다. 문학이나 영화에서 사랑받는 캐릭터는 실제 인물과 마찬가지로 마음과 정신에 파고든다. 그들은 친구가 되고, 그들이 죽으면 예상치 못한 공백이 생길 수 있다. 내가 아는 몇몇《해리 포터》팬들은 알버스 덤블도어, 프레드 위즐리, 세베루스 스네이프, 집요정 도비 등 좋아하는 캐릭터의 죽음에 큰 충격을 받았다. 아홉 살과 열 살 때 해리 포터의 세계가 "인생의 전부"였다고 말하는 내 조카 플로라는 해리 포터에게 자상한 아버지 같은 존재였던 시리우스 블랙이 그를 증오하던 사촌 벨라트릭스 레스트랭에게 살해당해 모든 독자들을 놀라게 했던 기억을 떠올리며 공포에 떨었다. "커다란 감정적 동요가 찾아왔어요. 눈물이 왈칵 쏟아졌죠!" 플로라는 해리의 절친 론의 형 가운데 하나인 프레드 위즐리의 죽음에서도 큰 충격을 받았다고 했다. "프레드는 쌍둥이였는데, 쌍둥이 중 한 명만 죽었으니 더 그랬죠. 둘이 함께 죽는 편이 나았을 거예요."

다행히 《해리 포터》 시리즈에서 정신적 외상을 주는 죽음은 흔하지 않으며 그것도 대부분 책이 끝나는 마지막 무렵 발생한다. 하지만 TV 프로그램 역사상 가장 치명적 시리즈라는 명성에 걸맞게 〈왕좌의 게임〉은 다르다. 여덟 시즌 동안 무려 캐릭터 6887명이 사망했으며, 그 대부분이 끔찍하게 죽었다.[19] 많은 사랑을 받는 주인공들이 멀쩡히 살아가다 죽임을 당하는 일이 종종 일어나는 등 누구도 안전하지 않았다. 시리즈 팬들은 이러한 불안정한 현실을 받아들이게 되었지만 몇몇 죽음에서는 여전히 커다란 슬픔을 맛보았다.

시즌 5 마지막 부분에서 존 스노가 살해당하고 나서 열흘 동안 게시된 트윗을 분석한 결과(존 스노는 훗날 부활한다), 많은 시청자가 엘리자베스 퀴블러 로스의 고전적 애도 모형인 부정, 분노, 협상, 슬픔, 수용의 다섯 단계를 거친 것으로 드러났다.[20] 드라마가 진행되면서 시신 수가 계속 증가하자 온라인 잡지 〈슬레이트〉는 '가상 묘

지'를 만들고 팬들이 디지털 무덤에 꽃을 남겨 죽은 영웅들을 추모하도록 했다.[21]

준사회적 관계를 맺었던 가상 인물과의 사별은 일부 주장과는 달리 현대 문화의 병폐로 볼 수 없다. 이런 현상에는 오랜 역사가 있다. 1893년 아서 코난 도일은 6년간의 모험 끝에 《셜록 홈스》 시리즈를 쓰는 데 지친 나머지 그가 숙적 모리어티 교수와 싸우다 죽음을 맞이하는 마지막 편을 썼다. 이 이야기가 〈더 스트랜드 매거진〉에 게재된 후 코난 도일은 독자들의 반응에 당황하지 않을 수 없었다. 2만 명이 넘는 사람들이 항의의 표시로 잡지 구독을 취소했다. 증오 편지를 보내는 사람들도 있었다. 런던 독자들이 슬픔의 표시로 검은 완장을 차고 다녔다는 전설도 있다. 8년 후, 셜록 홈스의 인기를 과소평가했다는 사실을 인정한 코난 도일은 그를 다시 불러들였다. 그 후 셜록 홈스는 영화, TV 각색, 라디오 드라마, 연극, 비디오게임에서 계속 살아 숨쉰다.

한 번도 살아본 적이 없는 캐릭터들이 어떻게 그토록 현실적 존재가 될 수 있을까? 이들이 그처럼 중요한 이유는 무엇일까? 2019년 로테르담에라스무스대학교 연구원들은 '사망한' 가상 캐릭터 팬 열다섯 명에게 슬픔을 어떻게 다루었는지, 그들의 죽음에서 의미 있는 무언가를 얻었는지 물었다. 그중 《해리 포터》에서 시리우스 블랙을 잃고 큰 충격을 받은 젊은 여성 한 명은 다음과 같이 말했다.

누군가가 어떻게 성장하는지를 보게 되면 그리고 다양한 상황을 통해 그 사람의 여러 층을 알게 되면 그에게 애착을 갖게 된다. 그리고 관계를 형성하게 된다. 누군가를 오래 쫓을수록, 누군가를 알수록 (…) 진짜가 되는 것이다.[22]

이 독자가 이렇게까지 많은 관심을 쏟는 건 놀라운 일이 아니다. 가상 캐릭터, 유명인, 스포츠팀 등 그 누구의 팬일지라도 그들에게 일어나는 일이 어느 정도는 팬에게도 일어난다. 팬의 자존감과 정체성은 그들의 성공과 연결되고, 팬은 그들의 불행에 취약해진다. 일부 스포츠 팬들이 주 응원 팀의 실패에 대비해 의지할 수 있는 두 번째 응원 팀을 두거나 패배로 인한 감정적 타격을 상쇄하고자 자신의 팀이 지는 쪽에 베팅하는 것도 같은 이유다.[23] 영웅이 자신의 핵심 가치와 상충되는 방식으로 행동하거나 범법 행위를 할 때 모든 팬이 인지 부조화를 겪는 것도 바로 이 때문이다. 사랑하거나 동일시하는 누군가에게 실망감을 느끼면 혼란스러울 수 있다. 트랜스젠더 운동이 시스젠더 여성의 권리를 약화시키고 안전을 위협한다고 믿는 J. K. 롤링이 트랜스젠더에 대해 논란의 여지가 있는 견해를 공유한 후 그녀 의견에 동의하지 않는 일부 《해리 포터》 팬들은 다시는 롤링의 책을 읽거나 영화를 보지 않겠다고 맹세했다. 그들은 내키진 않지만 마지못해 안티 팬이 되었으며, 자신들에게 그토록 큰 의미가 있었던 세계를 잃었다는 데 상당한 슬픔을 느낀다.

　도덕적 세계의 다른 쪽 구석에서는 #미투 운동으로 인해 많은 사람들이 성추행 혐의를 받는 유명인과의 준사회적 관계를 재평가하게 되었다. 우디 앨런이 어린 딸을 성추행했다는데도 그의 영화를 계속 좋아할 수 있을까? 그게 허용되는 일일까? 사법적 최종 판결이 이루어지지 않은 상황에서 팬들이 피고인의 예술을 계속 감상하는 동시에 그를 의심할 수 있는 프레임워크는 존재하지 않는다. 종종 예술도 피고인과 함께 지워진다.

　하지만 반드시 그래야 할 필요는 없다. 〈뉴요커〉의 TV 비평가 에밀리 누스바움은 창작자를 용서하지는 말되 그들을 작품과 분리할 수 있어야 한다고 말했다. 아무리 우디 앨런의 행동이 영화에 속속들이 배어들어 있다지만 그의 천재성을 믿고 자란 예술 평론가인 자신이 〈맨하탄〉이나 〈카이로의 붉은 장미〉를 다시는 언급하지 않겠다는 것은 '미친 짓'이라고 그녀는 주장한다. 누스바움은 최근 저서 《나는 보고 싶다》에서 "괜찮은 사람들도 때때로 나쁜 예술을 만들어낸다"고 썼다. "부도덕한 사람들도 초월적 작품을 만들 수 있고 또 만들어왔다. 잔인하고 이기적인 사람, 심지어 범죄자도 통 크고 생기를 주며 인도적인 작품을 만들 수 있다. 또는 눈을 뗄 수 없을 정도로 기괴한 작품을 만들 수도 있다. (…) 역사는 그런 삐딱한 것들로 가득하다."[24]

영웅이 범죄를 저지른다면

2019년 HBO와 채널 4는 어릴 적 마이클 잭슨에게 성추행을 당했다고 주장한 두 남성에 관한 다큐멘터리 〈리빙 네버랜드〉를 공동 제작했다. 이 영화에서 웨이드 롭슨과 제임스 세이프척은 롭슨이 일곱 살, 세이프척이 열 살 때인 1988~1997년 네버랜드 목장과 로스앤젤레스에 머무는 동안 마이클 잭슨이 그들에게 키스, 애무, 구강 및 항문 성교를 했다고 주장했다. 두 경우 모두 소년들은 어머니에게 허락받고 마이클 잭슨의 침실에서 잠을 잤다. 롭슨은 "[마이클은] 내가 아는 사람 중 가장 친절하고 온화하며 사랑과 배려심이 많은 사람이었다. 그는 나를 엄청나게 돕는 한편 7년 동안 나를 성적으로 학대했다"고 말했다.

마이클 잭슨은 1993년과 2003년 이미 아동 성추행 혐의로 기소된 적이 있었다. 1993년 소송은 열세 살 조던 챈들러와 그의 가족이 제기한 것으로, 마이클 잭슨이 2300만 달러를 지불하기로 합의해 법정 밖에서 해결되었으며 증거 부족으로 수사가 이루어지지 않았다. 2003년에는 한 다큐멘터리가 마이클 잭슨이 아이들과 정기적으로 침대를 같이 사용한다고 주장함으로써 논란을 일으켰다. 이때 제기된 혐의로 인해 2005년 형사재판이 열렸는데 마이클 잭슨은 모든 혐의에 무죄판결을 받았다.

이러한 상황에서 마이클 잭슨이 사망하고 10년이 지났음에도

〈리빙 네버랜드〉는 그의 명성에 큰 타격을 입혔다. 전 세계에서 몇 백만 시청자가 이 프로그램을 보았다. 영국에서 이 다큐멘터리는 채널 4 역사상 가장 많은 다운로드 수를 기록했으며, 미국에서는 에미상 다큐멘터리 부문에서 수상했다. 한편, 이 다큐멘터리는 일방적 주장만을 담았다며 강력하게 비판받기도 했다. 마이클 잭슨의 친구와 지지자들은 이 영화의 감독 댄 리드가 세이프척과 롭슨의 진술 불일치를 제대로 조사하지 않았다고 비난했다. 이 둘은 2005년 재판에서는 마이클 잭슨을 변호한 바 있었다. 팬들은 리드가 아무런 독자적 증거를 제시하지 못한 채 마이클 잭슨이 유죄인 것처럼 그렸다고 비난했다.

이 다큐멘터리는 마이클 잭슨 팬들에게 매우 불편한 상황을 만들었다. 그의 예술적 유산을 지지하는 것은 물론 그의 음악을 좋아한다는 사실을 인정하는 것조차 한동안 도덕적으로 용납받지 못할 일로 치부되었다. 많은 라디오 방송국들은 그의 노래를 재생 목록에서 삭제했다. 가장 큰 마이클 잭슨 온라인 커뮤니티의 회원들은 "〈리빙 네버랜드〉 사태로 친구를 잃었다"고 했다.[25] 일부 팬들이 리드의 편견을 비난하거나 마이클 잭슨이 법원에서 유죄판결을 받은 적이 없다는 점을 지적하면서 이러한 주장에 반발하자 많은 평자들은 이들을 범법자처럼 대하며 팬과 역기능적 행동에 대한 오래된 비유를 재생시켰다. 리드는 〈뉴욕타임스〉와의 인터뷰에서 "이들은 정말이지 종교 광신도와 비교할 수밖에 없다"라며 "이들은 팬

덤의 IS다"라고 말했다.[26]

심리학 연구에 따르면 유명인과 강하게 동일시하는 사람들은 유명인이 잘못을 저질렀을 때 더 쉽게 변명할 수 있다고 말한다. 팬들은 유명인이 저지른 잘못과 그들의 업적을 '분리'해 낸다. 2009년 타이거 우즈가 여러 차례 불륜을 저질렀다고 인정한 후에도 많은 팬들이 그를 지지하거나 2003년 농구 스타 코비 브라이언트가 성폭행 혐의로 기소된 후에도 그의 유니폼이 불티나게 팔린 것은 이런 이유일 수 있다.[27]

이 같은 현상을 설명할 수 있는 한 가지 방법은 열광적 팬들이 유명인과의 관계에 너무 많은 것을 투자한 나머지 우상의 추락은 고려도 못한다는 것이다. 나의 역할 모델이 죄인이라는 사실을 인정하면 나는 어떻게 될까? 마이클 잭슨의 경우라면 이것이 너무 단순한 분석으로 보인다. 〈리빙 네버랜드〉 이후 언론에 항의한 팬들은 마이클 잭슨을 감싸기보다 그에 대한 의혹에 신빙성이 없다고 믿었을 뿐이다. 체스터대학교에서 대중음악 팬덤을 연구하는 마크 더핏은 "물론, 잭슨의 팬들은 그에게 무죄추정의 원칙을 적용하고 싶은 마음이 다른 사람들보다 훨씬 강했을 것이다. 하지만 만약 [의혹이 사실이라는] 확실한 증거가 있었다면 팬의 대량 이탈이 매우 빠르게 일어났으리라 본다. 잭슨에게 많은 투자를 한 사람들은 일종의 애도 과정을 거쳤을 것이다"라고 말했다.

마이클 잭슨의 팬덤은 글로벌 스타의 팬덤 가운데 연령, 사회경제적 배경, 인종, 지역 등 모든 면에서 가장 다양한 사람들로 구성된다. 팬들이 그를 사랑하는 이유나 그의 성추행 혐의 뉴스에 반응하는 팬들의 무수한 방식에 관해 일반적 추측을 하는 건 불가능한 일이다. 그러나 이들의 한 가지 공통점은 마이클 잭슨이 생전에 인종차별적 학대와 부당한 비판의 대상이었고, 살아 있을 때 그를 핍박했던 언론이 사후에 그에 대한 진실을 말하리라 믿지 않는다는 점이다.

2020년 12월 나는 〈리빙 네버랜드〉의 주장에 반박하는 캠페인에서 중요한 역할을 한 마이클 잭슨의 오랜 팬과 여러 차례 대화했다. 션 오케인은 마이클 잭슨의 '무죄'를 주장하는 광고를 게재하고자 크라우드 펀딩을 시작한 사람 중 하나다. 런던 버스 옆면과 버스 정류장에 "사실은 거짓말을 하지 않는다. 사람이 거짓말을 한다"라는 슬로건을 부착한 광고였다. 그들의 주장에 따르면 이 펀딩 프로젝트는 "대중이 사실대로 알고 마이클 잭슨에 대한 거짓 비난의 진실을 밝히도록 돕는 독립적 프로젝트"였다.[28]

오케인은 어린 아들을 둔 30대 후반의 상냥한 아버지로, 성 문제에 관한 전문 심리 치료사다. 그는 자신이 슈퍼 팬이라기보다는 '팬 활동가'라고 말한다. 오케인은 자신이 마이클 잭슨에게 끌린 건 음악뿐 아니라 환경과 인도주의 문제에 대한 견해 그리고 마이클 잭슨이 불의의 희생자라는 인식 때문이라고 말했다. 그는 북아일랜드에서 가톨릭 신자로 자랐으며, 많은 사람들이 그러하듯 그의 가족도 북아일랜드 문제에 깊이 영향받았다. 친척 중 몇몇은 징역을 살기도 했다. 10대 시절 그는 평화 대사가 되었고, 종교 간 이해 증진 운동의 일환으로 백악관을 방문한 적도 있다. 마이클 잭슨을 위해 싸우면서 그는 자신이 시민권을 옹호하고 편견과 차별에 맞서는 또 다른 투쟁을 한다고 느꼈다.

오케인을 보면, 1980년대 중반부터 타블로이드 신문에서 마이클 잭슨을 인종차별적 의미가 담긴 '와코 자코Wacko Jacko'(정신 나간 잭슨이라는 의미—옮긴이)라는 마이클 잭슨이 질색하는 단어로 불렀던 게 생각난다.[29] "잭슨은 언론에서 끊임없이 농담의 대상이 되었다." 그는 사람들이 연예인으로서 마이클 잭슨이 거둔 엄청난 성공과 그의 사업 수완(1985년 마이클 잭슨은 비틀즈 전 앨범의 판권을 인수했다)을 멸시하는 것 같았다고 말한다. "잭슨은 쉬운 표적이었다. 그에 대해서는 말 그대로, 쓰고 싶은 모든 것을 쓸 수 있었다. 그는 끊임없이 놀림받는 젊은 흑인이었다. 지금 같으면 그런 일은 일어나지 않았을 것이다. 잭슨도 결점이 없는 사람은 아니었다. 하지만 그 결점들은 너무나 악랄하게 노출되고 해부되었다. 그는 언론에 고문당했다."

나는 소셜 미디어에서 악플의 표적이 될까 봐 신원을 밝히기 원치 않는 몇몇 마이클 잭슨 팬들과 〈리빙 네버랜드〉에 대해 이야기를 나눴다. 그들 대부분이 표현한 바는 다큐멘터리를 본 많은 사람들이 이 주장을 설득력 있게 받아들일 것을 예상하는 데서 오는 불편함과 "우리야 부정적 언론 보도에 익숙하고, 우리야 마이클 잭슨이 공평한 재판을 받지 못하는 상황에 익숙하기에" 느끼는 체념이 섞인 감정이었다. 일부는 의혹이 사실이라면 자신의 정체성이 어떤 영향을 받을지, 즉 마이클 잭슨을 거부하고 음악만 남길지, 마이클 잭슨이 좋기만 한 사람은 아니었음을 인정하고 갈등을 감수할지, 아니면 아예 관계를 청산할지를 놓고 고민하는 모습을 보였다. 이 중 마지막 선택지는 젊은 시절의 중요한 부분으로 통하는 문을 닫는 것이었다. 2005년 어느 변호사는 마이클 잭슨의 재판 기록을 면밀히 검토한 후 마이클 잭슨이 해당 혐의에 무죄라고 확신했다. 그럼에도 이 사건에서 그가 유죄로 판명된다면 어떤 태도를 택할지 분명히 했다.

나는 음악과 음악가를 분리할 수 있는 사람이 아니다. 마이클 잭슨이 소아성애자인데도 그의 음악을 즐길 수 있느냐고 많이 질문하는데 절대 그럴 수 없다. 나는 모 아니면 도니까. 아이에게 끔찍한 짓을 저지른 사람과 함께 세상을 치유한다고 노래를 부를 순 없다.

리처드 3세는 폭군이 아니다

아무리 노력해도 남들이 나를 어떻게 생각하는지 혹은 내가 소중히 여기는 것들을 어떻게 생각하는지 무심하기는 어려울 수 있다. 이러나저러나 평판은 중요하다. 충성스러운 팬들은 비판에 영향받지 않는 척하지만 마이클 잭슨의 경우처럼 여론이 자신의 우상에 불리하게 돌아서면 대개는 신속히 우상을 옹호하는 데 나선다. 이는 죽은 지 500년이 넘는 우상을 가진 팬들도 마찬가지다.

리처드 3세보다 더 평판이 나쁜 영국의 역사적 인물을 찾기는 어려울 것이다. 1485년 보스워스 전장에서 사망할 때까지 겨우 2년 남짓 영국 왕으로 재위했던 리처드 3세를 대중 작품은 주로 왕좌를 차지하고자 수단과 방법을 가리지 않은 무자비한 마키아벨리주의자로 그린다. 수많은 친척과 가까운 지인들을 죽이는 데 공모했다고도 전한다.

그들 중에는 열일곱 살 웨일스 대공이 있는데 리처드 3세는 훗날 대공의 아내(앤 네빌—옮긴이)와 결혼하기도 했다. 대공의 아버지 헨리 6세, 리처드 3세의 형 클래런스 공작, 리처드 3세의 아내로서 그가 독살시켰다는 앤, 리처드 3세가 신뢰했던 고문관 헤이스팅스 공, 런던 탑에 가둔 후 베개로 질식사시켰다는 어린 조카 에드워드와 리처드 등이 그에게 살해당했다는 사람들이다.

15세기 역사가 존 라우스John Rous는 리처드 3세를 "적대적 별 아래서 태어난 폭군"이라 부르며 그가 "적그리스도처럼" 통치했다고 비난했다.[30] 리처드 3세가 죽은 지 몇 세대가 지난 후 토머스 모어 경은[31] 리처드 3세를 "닫혀 있고 은밀한 사람, 깊은 분열을 일으키는 사람, 얼굴은 비천하고 마음은 오만하며, 속으로 미워하는 사람에게 겉으로는 친하게 굴고 죽이고 싶어 하는 상대에게 주저 없이 입 맞추는 무자비하고 잔인한 인물"이라고 평했다.[32] 리처드 3세의 신체적 특성은 그의 성격만큼이나 뒤틀린 것으로 유명하다. 모어는 그를 한쪽 어깨가 다른 쪽 어깨보다 높은 "기형적 신체" 그리고 "악의와 교활함, 기만이 드러나는 짧은 얼굴과 잔인한 표정"을 가진 인물로 묘사한다.[33] 역사가들은 이 묘사를 몇 세기에 걸쳐 '꼽추왕'이라는 별칭으로 구체화했다.

이 불행한 표현은 윌리엄 셰익스피어의 희곡 〈리처드 3세〉를 통해 대중의 의식에 주입되었다. 셰익스피어의 주인공은 팔이 쪼그라든 표리부동한 꼽추로서 "독을 품은 두꺼비"로 묘사된다.[34] 리처드의 첫 연설에서 우리는 그의 원한을 알 수 있다.

나는 묘기를 부릴 수 있는 체형도 아니고
육욕의 거울에 구애하도록 만들어지지도 않았다네.
무례하게 짓밟히고 사랑의 위엄이란 없이 만들어졌기에
난잡하게 느릿느릿 걷는 요정들 앞을 뽐내며 걸어 다닐 수도 없구나.[35]

그의 흉측한 몸은 다음과 같이 묘사된다.

자연의 가식에 속아 부족한 용모를 갖게 되어
기형으로, 완성되지도 않은 채 때도 다 채우지 못하고

거의 만들어지지도 못하고 이 숨 쉬는 세상에 태어났으니

너무도 형편없고 멋이 없어

내가 옆에 멈춰 서면 개들조차 짖는구나.[36]

그가 왕좌까지 따라가려는 길은 이러하다.

나는 악당이 되고 말 운명이며

오늘날의 한가로운 기쁨을 미워하기로 작정했으니

음모를, 위험한 유도를 꾀했도다.

술에 취한 예언으로, 중상모략과 꿈으로

나의 형 클래런스와 왕이

서로에 맞서 치명적 증오를 품도록.[37]

셰익스피어가 그린 리처드 3세는 400년이 넘도록 역사책과 학교 커리큘럼에서 지배적이었다. 1895년《체임버스백과사전》은 "그에게서는 대담함과 파렴치함이 교활함이나 위선과 짝을 이루었다. 한 사람 안에서 이런 성격이 결합되는 것은 거의 찾아볼 수 없는 일이다"라고 평했다. 나의 학창 시절 초기를 함께한《콜린스영국백과사전》은 그를 "자신이 살해한 것으로 추정되는 조카에게서 왕위를 찬탈한" 인물이라고 요약했다. 현재《옥스퍼드영국인명사전》은 그의 성격을 조금 더 관대하게 평가하지만 그의 왕위 찬탈은 여전히

"근본적으로 충격적"이었다고 묘사한다.

오랜 세월 다양한 평론가들이 이러한 역사에 의문을 제기했다. 1768년 정치가이자 작가인 호레이스 월폴 경은 《리처드 3세의 생애와 통치에 대한 역사적 의심》을 출간하면서 왕에 대한 비난이 "근거가 없거나, 있다 해도 사소하고 대단히 의심스러운 근거에 기초한다"고 주장했다.[38] 월폴은 리처드 3세의 배신 이야기는 튜더 왕가의 헨리 7세 지지자들이 날조했으며, 그에게 제기된 범죄 대부분은 개연성이 없다고 믿었다. 또한 리처드 3세의 신체적 기형에도 의문을 제기하며 대안적 관점에 주목했다. "리처드와 함께 춤을 췄던 데즈먼드 백작 부인은 리처드가 형 에드워드를 제외하고는 그 공간에서 가장 잘생긴 남자였으며 매우 몸매가 좋다고 말했다"는 것이다.[39]

제인 오스틴은 적어도 10대였을 때는 리처드 3세에게 동정심을 가졌다. 젊은 시절 희곡과 단편소설 모음집 중 《영국의 역사》에서 제인 오스틴은 요크 가문의 일원으로서 리처드 3세에게 무죄추정의 원칙을 후하게 적용한다.

역사가들은 일반적으로 리처드 3세라는 인물을 매우 혹평했지만 그가 **요크** 사람이었기 때문에 나는 그를 매우 존경할 만한 사람으로 생각하고 싶다. 그가 두 조카와 아내를 죽였다는 자신감에 찬 주장이 있긴 하지만 그가 두 조카를 죽이지 않았다는 언명도 있다. 이

것을 사실로 믿고 싶어진다. 그렇다면 리처드 3세가 아내를 죽이지 않은 것도 확인될지 모른다.[40]

현대에 이르러 리처드 3세의 대의를 이어받은 단체는 리처드 3세 협회Richard III Society로, 이전에는(리처드 3세의 개인 상징에서 따온 이름인) 흰 멧돼지단Fellowship of the White Boar이라고 했다. 1924년 리버풀의 색슨 바튼이라는, 중세에 걸맞은 이름을 가진 외과 의사 그리고 역사가 왕을 불공평하게 대우했다고 믿는 소수의 친구들이 설립한 단체로 1959년 협회로 재구성되었다. 아마도 사이비 집단으로 보이지 않겠다는 의도였을 테다. 1971~1989년 협회 회장이던 제레미 포터는 당시의 전형적 회원은 "젊고, 지적이며, 왼손잡이인 여성 사서"[41]라고 했지만 이 집단과 교류하는 동안 이러한 설명에 해당하는 사람을 만난 적이 없다. 1960년 200명에 불과하던 회원 수는 현재 약 3500명으로 늘어났다. 최근 설문 조사에 따르면 약 70퍼센트가 여성이고, 4분의 3이 은퇴했으며, 마흔다섯 살 미만은 소수에 불과하다.[42]

2021년 2월 20일, 나는 줌Zoom으로 협회 연례 총회에 참석했다. 312명이나 되는 사람들이 각자의 도서관, 주방, 거실에서 회의에 참여하는 모습이 인상적이었다. 대부분은 그때까지도 화상회의의 세세한 부분을 숙지하지 못한 상태였다. 특히 음 소거 버튼을 어렵게 느꼈는지 음식 먹는 소리, 개 짖는 소리, 배우자와 다투는 소리가 다 들렸다. 괘종시계가 울리거나 "여보세요, 제 말 들리세요?"라고 반복해서 외치는 신사도 있었다. 결국 협회의 재무 담당자 존 화이팅이 사실 듣고 싶지 않지만 들린다고 확인해 주었다. 이 회의는 경쾌함은 물론이려니와 참가자들의 지리적 다양성이 매우 놀라웠다. 협회의 회원국은 31개국에 달하며 시드니, 오클라호마, 휴스턴, 파나마, 몬트리올, 필리핀, 독일, 뉴질랜드, 영국 여러 지역 사람들이 줌에 들어왔다. 리처드 3세 생전에는 팬층이 대부분 영국 북부에 있었지만 오늘날에는 마이클 잭슨만큼이나 국제적인 팬층이 형성되었다.

이 협회의 목표는 리처드 3세의 성격에 대한 "더욱 균형 잡힌 시각을 장려하고 증진하는" 것이다. 리처드 3세가 조카이자 다음 왕위 계승자였던 에드워드 5세를 감옥에 집어넣었다손 치더라도 그의 왕위 계승은 합법적이었으며 의회의 승인을 받은 것이었다고 협회는 주장한다. 리처드 3세의 행적에 대해서는 영국의 법률 체계를 강화한 양심적 통치자였다는 점, 전투에서 용감했다는 점(정적들도 이에 동의했다), 형, 아내, 웨일스 대공 또는 헨리 6세를 죽이지 않았다는 점, 조카들의 운명은 여전히 미스터리라는 점, 역사적으로 부당한 평가를 받았다는 점 등을 주장한다.

스스로를 리카르디언Ricardian이라고 부르는 회원들 대부분은 자신을 리처드 3세의 '팬' 범주에 넣지 않는다. 그보다는 자신들이 영웅에 대한 학문적 재평가에 참여한다고 생각하는 편을 선호한다.

팬덤의 시대

그러나 리처드 3세에 대한 그들의 태도와 집단의 역동성은 다른 팬덤과 많은 공통점이 있다. 이 모임은 친목 모임으로 시작되었으며 이름만 바뀌었을 뿐 여전히 그러하다. 언뜻 보기에 회원들은 중세 역사에 대한 관심과 줌 회의를 싫어해서 불만인 걸 제외하면 서로 공유하는 지점이 거의 없어 보인다. 하지만 이들은 리처드 3세의 명예가 끔찍하게 더럽혀졌다고 느끼며 기록을 바로잡으려는 열망으로 단결한다.

왜 이들은 이렇게까지 리처드 3세가 중상모략을 당했다고 확신할까? 더 이상한 것은, 왜 그렇게까지 신경을 쓰는 걸까? 총회 몇 주 후 존 화이팅은 "학교에서 리처드 3세가 사악한 왕에 꼽추라고 배웠지만 그에 대해 읽을수록 '잠깐, 이건 아닌데' 하는 생각이 들었다"고 설명했다. "실제로 무슨 일이 일어났는지 확실히 알고 싶었다. 일부 회원들과 달리 나는 리처드를 오해받는 성인으론 생각지 않는다. 그는 시대의 산물이었다. 하지만 그가 왕으로 재위한 2년 남짓한 기간 동안 경이로운 업적을 남겼음을 입증하는 증거는 많다. 왕이 되기 전 그가 형 에드워드 4세에게 보인 충성심은 엄청났다. 그는 대단한 사람이었다. 뛰어난 전사이기도 했다."[43]

열일곱 살 때 셰익스피어의 연극 공연을 보려고 스트랫퍼드에 여행을 간 샐리 헨쇼는 누군가 거짓말을 한다고 처음으로 의심했고 "좋은 연극이긴 한데 가만있자, 저렇게까지 사악한 사람이 과연 있을까. 살인으로 왕좌에 올랐을 리는 없지" 하는 의문을 품었다.

그래서 그 시대에 대해 조사하다가 셰익스피어의 이야기가 정확하지 않다는 것을 알았다. 헨쇼는 40년 동안 리처드 3세 협회의 회원으로 활동해 왔다. 그녀는 레스터 지부의 총무이며 이 지부를 중심으로 상당 부분 사회생활을 한다. 그녀는 리처드 3세에 대한 관심은 모든 리카르디언이 공유하지만 "인생관, 역사에 대한 관점, 사회가 무엇인지 또는 어때야 하는지에 대한 생각은 저마다 완전히 다른 경우가 많다"고 했다. "일부는 리처드가 매일 무엇을 했는지는 말할 수 있어도 그 시대 역사에는 특별히 관심이 없다. 남들과 만나 우정을 나누는 사교적 면을 좋아하는 사람들도 있다. 어떤 사람들은 리처드의 누명을 벗기고 가능하면 그를 성자로 만들고자 성전을 벌인다."

내가 만난 리카르디언은 대부분 자신이 약자를 위해 싸운다고 느끼며 일반적으로 전문가가 쓰는 역사가 이 경우에는 아마추어에 의해 다시 쓰이고 있다는 생각을 즐긴다. 역사는 승자에 의해서도 씌어진다. 리카르디언은 월폴이 생각하듯이 리처드 3세를 축출한 튜더 왕가 사람들이 그의 명성을 더럽혔다고 믿는다. 헨리 7세는 보스워스에서 리처드 3세를 물리친 후 왕위를 계승했는데 헨리 정도로 왕위를 차지할 자격이 있는 사람이 적어도 스무 명은 더 있었다. 헨리의 지지자들은 자신의 정당성을 확고히 할 가장 좋은 방법이 전임자를 타락한 깡패로 그리는 것이라고 판단한 듯하다. 그리고 존 라우스, 토머스 모어, 셰익스피어는 이 이야기에 기꺼이 동조했다.

리처드 3세의 명성을 둘러싼 다툼을 친숙하게 느낀다면 오늘날 정치 문화의 일부 주제와 공통점이 많아서일 수 있다. 멜버른에서 범죄, 공포, 판타지 소설을 쓰는 나렐 해리스는 "튜더 시대에 리처드에게 일어난 일은 당시의 가짜 뉴스, 캔슬 컬처(잘못을 저지른 공인이나 기업에 대한 지원을 철회하고 불매운동을 벌이는 등의 활동―옮긴이)와 관련이 있다"고 말한다. 호주 공화당 당원인 그녀는 군주제를 좋아하지 않지만 리처드 3세 진영에 깃발을 꽂았다. "너무도 정의를 호도하는 모습이 보였기 때문"이다. "리처드 3세가 성군이라고 생각지는 않는다. 하지만 세상에, 당시의 언론은 형편없었다."

3장에서 보았던 팬픽 작가들처럼 해리스는 셜록 홈스를 비롯한 자신의 영웅에게서 영감을 받아 이야기를 쓴다. 그녀는 팬의 감성에 충실히, 셰익스피어의 악당 리처드 3세가 〈스타트렉〉에 등장하는 똑같이 악랄한 초인간 칸 누니언 싱(2013년 영화 〈스타트렉 인투 다크니스〉에서 베네딕트 컴버배치가 연기했다)을 만나는 단편소설을 통해 악당 왕에 대한 동정심을 드러냈다. 이 이야기는 리처드 3세의 사랑받지 못한 어린 시절 등 원작에서는 암시만 하는 두 캐릭터의 취약점을 탐구하여 그들의 악랄한 행동을 설명할 가능성을 탐색한다. 이 단편소설은 판타지여서 리처드 3세 캐릭터를 다루는 전통적 방식보다 조금 더 '해부학적으로' 접근한다(비위가 약한 회원들은 외면하고 싶을지도 모른다).

리처드의 멀쩡한 팔에서 단검이 떨어졌다. 그는 칸의 허리에 팔을 감고 조급하게 잡아당겼다. 리처드는 반동이나 타격에 대비해 몸을 움츠렸지만 그 어떤 것도 오지 않았다. 대신 칸은 리처드의 손아귀에 몸을 더 밀착시키고 더욱 깊이 키스했다.[44]

역사를 다시 쓰기 위한 노력

리처드 3세 협회는 그들의 영웅을 균형 있게 조명하는 캠페인을 벌이면서 많은 성과를 거두었다. 이 협회의 주요 임무는 리처드 3세의 생애와 시대에 대한 연구를 장려하는 것으로, 보조금 제도와 학술지 〈리카르디언〉을 통해 학자들의 협업을 장려한다. 이러한 노력 덕분에 중세 후기, 특히 장미전쟁과 튜더 왕조 초기가 영국 역사상 가장 많이 연구되는 시기 중 하나로 꼽히게 되었다. 이 협회는 영국 전역에 30개, 해외에는 그보다 많은 지부를 두었으며, 각 지부는 자체적으로 강연 및 행사 프로그램을 운영한다.

햄프셔 지부가 없어서 나는 런던 지부에 가입했는데 2020년 프로그램은 보스워스 전투에서 프랑스 포로들의 역할을 비롯해 장미전쟁 당시의 선전물 사용 및 공작새, 백조, 강꼬치고기 등[45] 리처드 3세의 대관식 연회 메뉴에 대한 강연으로 구성되었다. 무엇보다도 언어학 및 성악 전문가들로 구성된 팀이 두개골 구조, 전반적 건강,

자세 및 성격에 대해 알려진 내용을 바탕으로 리처드 3세 목소리의 음성을 재현하는 프로젝트를 포함했다.[46]

리처드 3세에 대한 리카르디언의 열정 덕분에 왕은 죽은 지 5세기가 넘는 지금까지도 대중에 자주 모습을 공개한다.[47] 소셜 미디어 사용자는 @RIII_Itinerary 트위터 계정을 통해 그의 동선을 추적할 수 있다. 리처드 3세가 특정 날짜에 어디에 있었고 무엇을 했는지 알려주는 유용한 계정이다. 1484년 6월 20일 리처드 3세가 요크에 있었고, 다음 날 폰트프랙트에 있었으며 7월 14일 다시 요크에 돌아왔다는 사실을 알고 나면 묘하게도 위안을 받는다.

리카르디언 달력에서 가장 중요한 날은 리처드 3세의 기일인 8월 22일로 매년 이날이면 레스터 대성당에서 미사를 올리고, 인근 보스워스 전장에서 사슬 갑옷과 강철 투구를 쓴 중세인들이 튜더 군대 한가운데로 용감하게 치명적 돌격을 가하는 모습을 재연하는 기념식을 거행한다. 해마다 이날이 되면 리카르디언은 영웅을 기리기 위해 레스터를 방문하며, 리처드 3세 협회는 당시에 일어났던 일에 의심의 눈길을 보내지 않도록 때때로 〈타임스〉나 〈데일리 텔레그래프〉에 추모 광고를 의뢰한다.

> 플랜태저넷 리처드. 1485년 8월 22일 보스워스 전장에서 전사한 우리의 위대한 국왕 리처드 3세를 영원히 기억하라. 그는 배신당하고 비방받았으며 또한 많은 이들에게 사랑받았다.

보스워스 전투가 끝난 후 리처드 3세의 시신은 관도 수의도 없이 레스터의 한 교회에 급히 묻혔다. 그의 무덤 위치는 이내 잊혔다가 2012년 9월 주차장 밑에서 깜짝 발견되어 전 세계 언론의 헤드라인을 장식했다. 주차장이라는 불명예스러운 배경과 그의 골격이 기형적이었다는 사실 때문에 더욱 놀라운 이야기였다. 법의학 분석 결과, 리처드 3세는 셰익스피어의 주장처럼 '뭉툭한 등'은 아니지만 척추측만증으로 인해 오른쪽 어깨가 왼쪽 어깨보다 눈에 띄게 높이 올라가 있다는 결론이 나왔다. 또한 그가 잔인하게 죽었다는 사실도 밝혀졌다. 도끼에 맞아 머리 뒤쪽 일부가 잘려나가는 등 그의 두개골에서 다수의 상처를 입은 증거가 발견되었다. 그가 싸우다 쓰러졌다는 데는 의심의 여지가 없어 보인다.

스티븐 프리어즈 감독이 최근에 만든 장편영화 〈더 로스트 킹〉에서 극화된 리처드 3세의 무덤 찾기는 작가이자 TV 프로그램 제작자이면서 리처드 3세 협회 스코틀랜드 지부의 총무이기도 한 필립파 랭글리가 구상하고 주도했다. 다른 사람들이 그러하듯 그녀도 자신을 왕의 '팬'으로 설명하는 건 꺼리지만 그에 대한 동정심은 숨기지 않는다. 그녀는 리처드 3세 무덤 발굴 프로젝트에 대한 저서인 《왕의 무덤》에서 "리처드 3세는 좋은 평판을 받았으며, 유능한 중재자이자 존경받는 정의의 집행자였다"라고 적었다. "셰익스피어의 사악하고 기형적인 폭군이나 튜더 시대 작가들에게 사랑받았던 사이코 같은 살인자는 이제 위대한 극적 발명품으로 여겨야 한

법의학 인류학자 캐럴라인 윌킨슨Caroline Wilkinson이 리처드 3세 협회의 의뢰로 두개골을 통해 복원해 낸 리처드 3세의 얼굴. ©The Richard III Society(협회의 허가를 받아 전재)

다."[48]

채널 4에서 방영한 발굴 관련 다큐멘터리에서 그녀는 무덤에서 '꼽추' 해골이 발견되자 괴로워하는 모습을 보였고, 전투에서 리처드 3세가 어떤 부상을 입었는지 이야기하면서도 다시금 고뇌를 드러냈다. "내 눈에는 저 테이블 위의 뼈가 아닌 한 남자가 보인다." 그녀는 거의 10년을 리처드 3세의 삶을 연구하는 데 보냈고 그를 꽤 잘 안다고 생각했다. 많은 리카르디언이 그러하듯 그녀에게도 왕의 무덤을 발굴한 것은 개인적으로 의미가 있는 일이었다.[49]

랭글리는 현재 법의학 과학을 활용하고, 이전의 미공개 기록물을 찾아보며 런던 탑에서 왕자들을 죽인 범인이 있는지, 그렇다면 누가 범인인지 미스터리를 푸는 프로젝트를 진행 중이다. 이 프로젝트가 어떤 방향으로 진행될지는 상상하기 어렵지 않다. 나는 확실한 답을 찾을 수 있다고 생각하는지 랭글리에게 이메일로 물었다. 그녀는 "네"라고 대답했다. "에드워드 4세의 아들들이 런던 탑이나 그 외 장소에서 살해당했다는 증거 그리고 리처드 3세(또는 누군가)가 범인이란 증거가 없다는 사실을 아셔야 합니다." 그녀는 "역사가들이 몇 세기 동안 해야 할 일을 방기한 채 셰익스피어의 극적 서사를 계속 반복했을 뿐"이라며 자신이 그 일을 하는 중이라고 덧붙였다. 그녀는 리처드 3세의 무죄를 증명해 마침내 왕이 편안히 쉴 수 있기를 바란다.[50]

2015년 3월, 리처드 3세는 중세 군주에 걸맞은 모든 장엄함과 의식 속에서 레스터 대성당에 안장되었다(단, 고고학자들이 찾지 못한 발은 묻을 수 없었다). 주교, 대주교, 왕실 가족, 레스터 인구의 상당수와 함께 리처드 3세 협회 회원 700명이 의식에 참석했다. 이곳에서는 리처드 3세의 이름을 따서 거리와 펍 이름을 짓고 성당 밖 동상 발치에 흰 장미를 놓아둔다. 이처럼 리처드 3세는 이 도시의 민속 영웅이 되었다. 장례식이 끝나고 며칠 후, 언론의 관심을 받아 주민들이 들썩이는 가운데 이 도시의 축구팀은 연승을 거두었고 이듬해 프리미어리그 최하위에서 정상에 올랐다. 이 예상치 못한 성공 스토리에 작은 공헌을 하면서 그들의 영웅에게 공을 돌린 사람들은 리카르디언만이 아니다.

주차장이었던 리처드 3세의 본래 매장지는 현재 리처드 3세 방문자 센터의 유리 바닥 아래 보존해 놓았다. 이곳은 아마도 리카르디언에게는 가장 중요한 순례지일 것이다. 리처드 3세가 어깨에 머리를 얹고 누워 있던 비좁은 구멍은 그의 마지막 안식처보다도 더 상징적이다. 최근 센터를 방문했을 때 내 뒤에서 기다리던 두 여성은 안내하겠다는 큐레이터의 제안을 정중히 거절하고 대신 "리처드 3세의 무덤 옆에서 조용히 시간을 보내겠다"고 했다. 많은 리카르디언은 자신도 이해할 수 없는 이유로 정서적 교감을 원한다. 역사적 정확성과 명성을 위해 싸우는 데서 시작된 일이 훨씬 더 신비로운 결말로 이어진다.

이 장에서 드러났듯이 영웅의 이익이나 평판을 지켜야 한다는 생각에 사로잡힌 팬들은 매우 헌신적인 경우가 많다. 리카르디언이나 마이클 잭슨 팬들의 헌신이 의아하다면 마지막 장에서 만나는 팬덤은 믿지 못할 정도로 놀라울 것이다. 이 팬덤은 살인 전문이다. 그 대상이 놀랍다고는 해도 이들은 다른 팬들과 매우 흡사하다. 대부분의 사람들보다 더 많이 어두운 면에 끌리긴 하지만.

8장

다크 팬덤 탐구

같은 견해를 가진 사람들한테도

배척당하는 이들은 결국

가장 암울한 방법으로 인정받고자 한다.

나와 같은 생각을 가진 대상에 끌리는 습성은 숨을 쉬는 것만큼 이나 자연스러운 현상이다. 이는 인간의 가장 원초적 심리로 그것에 대해 생각할 필요 없이, 의도나 결과에 상관없이 행동을 이끌어낸다. 사람들이 이런 성향을 가지고 있지 않다면 세상은 분명 덜 분열되고 덜 폭력적일 것이다. 하지만 그런 세상에는 팬덤도 존재하지 않을 것이다.

이러한 심리적 배경은 우리가 생각하는 거의 모든 문화 현상에 특별한 관심 집단이 존재하는 이유 그리고 영웅적 인물과 인기 있는 이야기를 기리는 팬덤이나 죽음과 고통에 대한 매력을 공유하는 사람들이 모인 '다크' 팬덤이 존재하는 이유를 설명하는 데 도움이 된다. 언뜻 보기에 다크 팬덤은 지금까지 살펴본 팬덤과 매우 다

른 듯해도 실은 놀라울 정도로 비슷하다. 사람들은 제인 오스틴이
나 〈왕좌의 게임〉에 끌리는 것과 동일한 이유로 다크 팬덤에 이끌
린다. 그리고 다크 팬덤 회원들이 끔찍한 대상의 팬이긴 하지만 흔
히들 생각하는 타락한 사이코패스는 아니다(우려스러운 몇몇 예외가
있긴 해도).

　1999년 4월 20일 콜로라도주 콜럼바인고등학교에서 동료 학생
열두 명과 교사 한 명을 살해한 12학년 학생 에릭 해리스와 딜런 클
레볼드를 호의적으로 바라보는 사람이 있다는 점은 납득하기 어려
울 수 있다. 이들은 희생자 대부분을 근거리에서 총으로 쐈으며 죽
어가는 희생자들을 조롱하기도 했다. 그러다 결국 스스로에게 총
을 겨누었다. 이들이 학교 식당에 설치한 폭탄이 계획대로 터졌다
면 몇백 명이 더 죽었을 것이다. 당시로서는 미국 역사상 가장 치
명적 학교 총격 사건이었다. 범인들은 1년 동안 이 일을 계획했다.
그들이 남긴 마지막 메시지에는 동료 학생들과 인류에 대한 증오
가 가득했다. 학살 직전 촬영한 영상에서 그들은 "빼앗긴 자들의 혁
명"을 시작하겠다고 말했다. 영상에서 해리스는 "너희들 모두 죽을
거야. 빌어먹을 정도로 금방"이라고 말했고, 클레볼드는 "너희들
중에서 250명은 죽이면 좋겠어"[1]라고 덧붙였다.

　믿거나 말거나, 해리스와 클레볼드에게는 자칭 '콜럼바이너Col-
umbiner'라는 팬 몇천 명이 있다. 추종자를 가진 대량 학살범은 이 둘
만이 아니다. 2015년 사우스캐롤라이나주 찰스턴에서 흑인 교회

신도 아홉 명을 총으로 쏜 백인 우월주의자 딜런 루프에게는 '루피 Roofie'가, 2012년 콜로라도주 오로라의 한 영화관에서 열두 명을 살해한 제임스 홈스에게는 '홀미Holmie'가 있다. 그렇다고는 해도 이 기묘한 하위문화의 주인공은 역시 해리스와 클레볼드다. 이들의 범죄는 이후 거의 모든 학교 총격 사건의 기준점이 되었고, 어떤 경우에는 그 동기를 제공하기도 했다.

콜럼바인고등학교 학살 사건은 언론에서 처음으로 광범위하게 다루었고(사건 후반부는 TV에서 생중계했다), 방대한 양의 정보를 대중에 공개했으므로 특별히 주목받는다. 관심이 있다면 해리스와 클레볼드가 숲에서 무기를 시험하는 영상을 보거나, 그들의 일기 혹은 학교 과제에서 발췌한 내용을 읽거나, 그들의 음악 취향을 반추하거나, 그들의 자살 사진을 빤히 바라보는 것이 가능하다. 이 사건은 수많은 영화, TV 드라마, 노래, 책, 비디오게임에 등장하는 등 대중문화에 녹아들었고 '콜럼바인 하기Doing a Columbine'라는 말은 모든 '단독범'에 의한 테러 공격을 완곡하게 표현하는 말이 되었다. 4월 그날의 유산은 이제 무시할 수 없는 것이 되고 말았다.

해리스와 클레볼드를 우상화하는 사람들 대다수는 그들이 한 일을 묵인하거나 모방하려는 의도가 없다.[2] 콜럼바이너들이 (클레볼드처럼) 정신적 장애가 있다거나 (해리스처럼) 사이코패스라는 증거는 없다(단, 두 범인에 대한 진단은 추측에 불과하다). 심리적 하위 유형 스펙트럼에서 이들은 상당히 정상으로 평가받는다. 이들은 팬덤 참여를 아무렇지도 않게 생각하는 경향이 있다. 한 팬은 텀블러에 "우리에겐 우리 나름의 관심사, 당신들에겐 당신들 나름의 관심사가 있다. 우리의 관심사는 조금 다를 뿐"이라는 글을 올렸다.[3] 또 다른 팬은 심리학자와의 인터뷰에서 해리스와 클레볼드가 공감하기 쉬운 인물이라고 설명했다.

그들이 세상을 상대로 연기한 캐릭터는 멋진 악당이었어요. 물론 현실에서는 너드에 괴짜라 자신들이 과시한 것만큼 멋져 보이진 않았겠죠. 하지만 많은 사람들, 특히 어린이들은 자신을 그 두 사람으로 혹은 그 둘의 친구로 생각할 수 있어요. 같은 음악을 좋아하고 같은 게임을 하니까요.[4]

많은 콜럼바이너들은 사회적 트라우마에 대한 사연이 있다는 점이 공통된다. 텀블러, 페이스북, 레딧에 올린 글에서 이들은 또래에게 괴롭힘을 겪고 배척당한 경험을 말하고 이로 인해 삶이 얼마나 힘들어졌는지 설명한다. 이들은 총기 난사범들을 동료 피해자로 보고 공감하는 듯하다. 해리스와 클레볼드는 일기와 영상에서 자신들이 학교 일진들에게 괴롭힘을 당했다고 암시했다. 클레볼드는 마지막 영상에서 "너희들은 몇 년간이나 우리를 괴롭혀왔어"라고 말한다. 하지만 괴롭힘과 사회적 거부가 범인들이 한 행동의 유일한 원인일 가능성은 낮다. 심지어 이런 요소가 주된 원인도 아니었을 것이다.

해리스와 클레볼드를 포함해 수많은 학교 총기 난사범들은 자기애적 성격 특성이 있고 우울증을 앓았던 것으로 보인다.[5] 그런데 여러 연구에 따르면 학교 총격 사건에 관심이 있거나 직접 실행하겠다고 위협하는 청소년은 일반 청소년보다 왕따 피해자일 가능성이 훨씬 높다.[6] 팬덤에서는 이것이 확실히 지배적인 스토리다. 한 콜럼바이너는 최근 텀블러에서 "해리스와 클레볼드가 어떤 대우를 받았는지 생각할 때마다 슬퍼진다"고 했다. 또 다른 팬은 "[예수]는 (…) 학교에서 유일한 백인이라는 이유로 끊임없이 괴롭힘당하던 중학교 시절의 딜런 클레볼드였다"라며 다소 비뚤어진 방식으로 두 사람을 그리스도에 비유했다.

2018년 핀란드 탐페레대학교 제니 라이타넨과 아테 옥사넨은, 소셜 미디어에서 학교 총격 사건에 깊은 관심을 표명한 스물두 명을 인터뷰했다. 연구진은 이들이 서로 다른 열두 나라 출신인데도 놀랍도록 유사한 사연이 있음을 발견했다. 이들은 모두 해리스와 클레볼드가 또래 친구들에게 어떤 학대를 받았는지, 그들이 이해받았다면 상황이 어떻게 달라졌을지 광범위하게 이야기했다. 자신들이 겪었던 괴롭힘과 사회적 배제에 대해 말했고, 자신들의 삶과 총기 난사범들의 삶을 비교하는 일이 잦았다. 인터뷰 발췌문에서 알 수 있듯이 그들은 자신들이 **인지한** 해리스와 클레볼드의 감정적 경험에 공감했다.[7]

난 그 둘을 끔찍한 일을 저지른 두 괴물로만 보았는데, 조사를 진행하면서 그들도 나처럼 괴롭힘당하고 고립되어 벼랑 끝에 몰린 아이들이라는 사실을 알게 되었다.

난 학교에서 심한 괴롭힘과 구타를 당했다. 집에서도 문제가 있었고, 나 자신의 심리적 문제도 있었다. 그들이 왜 그렇게 행동했는지 충분히 공감할 수 있다.

콜럼바이너는 대부분 한 가지 공통점이 있다. 우리 모두 인생의 어느 시점에 아웃사이더나 희생자가 된 기분을 맛본 적이 있다는 것이다. 우리가 얼마나 외로운지 아무도 이해 못한다고 느낀 적이 있다. 에릭과 딜런도 똑같은 것을 경험했을 것이다.

괴롭힘당하고 구박받는 것으로 그려지는 대중문화 속 인물은 엄청나게 많은데 왜 이들이 이토록 극단적 행보를 보인 두 사람을 역할 모델로 삼는지는 이해하기 어렵다. 그럼에도 많은 콜럼바이너는 이런 관계가 도움이 되었다고 느낀다. 콜럼바이너가 됨으로써 외로움을 덜 느끼고, 다른 시각으로 문제를 바라보고, 복수에 의지하지 않고도 해결책을 찾을 수 있었다고 했다(거의 모든 인터뷰 참여자들은 범인들과 유대감을 느끼지만 그들의 행동과 자신을 동일시하지는 않았다고 강조했다). 한 소년은 연구진에게 "이 순간 우리와 같은 감정을 느끼는 소년이 단 두 명이라도 있다는 사실을 아는 것만으로도 위안 받아요"라고 말했다.

옥사녠은 온라인 커뮤니티를 찾는 것이 인터뷰 대상자들에게는 긍정적 단계라고 본다. "사회적으로 배제되고 고립감과 외로움을 느끼는 사람들, 친구가 없는 사람들은 오프라인에서 아이디어를 공유하기가 매우 어려워 온라인에서 비슷한 생각을 가진 사람들을 찾으면 큰 힘을 얻는다. 그들은 많이 위로받을 것이다. 이들이 몇 년 동안 지속적으로 괴롭힘을 당했다는 걸 생각하면 당신도 충분히 이해할 만한 일이다." 동시에 그는 극단적 생각을 일상적으로 토론하는 집단에 속한 일부 청소년들이 "잘못된 방향으로" 인도되는 걸 우려한다.

콜럼바이너 커뮤니티는 여러 면에서 우리가 이미 만난 많은 팬덤과 닮아 있다. 이 커뮤니티는 공통된 배경과 비슷한 신념, 가치관, 태도를 가진 사람들을 끌어들인다. 대중문화 팬들이 좋아하는 소설 속 유명인이나 등장인물에게 연대감을 느끼듯이 콜럼바이너는 해리스와 클레볼드에게 연대감을 느낀다. 광범위한 조사, 세부적 사실에 대한 집착, 처음 본 자료에서 느끼는 즐거움 등 그들이 주제에 몰입하는 방식은 트레키즈나 포터헤드의 집착을 떠올리게 한다.

이들이 소통하는 온라인 포럼에서는 학교 식당의 폭탄이 왜 터지지 않았는지(사람들의 목숨을 구하기 위해 클레볼드가 폭탄을 조작했을까?), 살인범들에게 학생들을 더 죽일 기회가 많았는데도 왜 죽이지 않았는지('신 행세'를 한 걸까?), 그들의 피 묻은 티셔츠는 어떻게 되었을지(가족에게 돌려줬을까?), 그들의 시신은 어떻게 되었을지(무덤이 있을까?) 등에 대한 끝없는 추측이 쏟아져 나온다. 일부 팬은 그림, 사진 몽타주, 동영상 리믹스 또는 기타 팬 아트 작품을 만들어 온라인에 공유하는 것에 관심을 돌리기도 한다. '에릭과 딜런' 문신을 새긴 사람도 적지 않다.

그들의 동기를 불신하는 사람들 혹은 해리스와 클레볼드에게 동정심을 보이는 것이 부적절하다고 생각하는 사람들이 콜럼바이너를 심히 증오하리란 건 익히 예상되는 일이다. 이를테면 다음과 같은 식이다.

> '콜럼바이너 팬덤'은 공식적으로 나를 망가뜨렸고 인간과 나 자신에 대한 믿음을 잃게 만들었어. 학교 총기 난사범을 숭배하는 빌어먹을 사이코패스들아, 고마워![8]

이 점에서 이들은 테리안, 여성 게이머, 마이클 잭슨 팬 등 심하게 학대받아 온 다른 팬들과 큰 차이가 없다, 콜럼바이너를 경멸하는 이유는 이해할 수 있긴 하지만…. 팬덤에 속해 있다는 건 행운이다. 팬들은 서로 힘을 합하는 경향이 있기 때문이다. 혼자보다는 다른 사람들과 함께 조롱에 맞서는 편이 수월하다.[9]

모방 범죄로 가는 길

학교 총기 난사범을 좋아하는 하위문화는 그중 극소수 회원이 대량 살인범이 되기를 열망한다는 점에서 기존 팬덤과는 상당히 다르다. 학교 총격 사건에 오랫동안 깊은 관심을 가진 사람들이, 위험성은 낮다 해도 총격 사건을 저지를 가능성이 더 높다는 데는 의심할 여지가 없다.

미국 잡지 〈마더 존스〉 기자들의 조사에 따르면 콜럼바인은 1999~2014년 미국에서 최소 21건의 총격 사건과 53건의 테러 계획에 영향을 주었다.[10] 많은 가해자들이 글이나 동영상에서 해리스와 클레볼드를 명시하거나 그들의 복장과 행동, 전술을 모방했다. 2007년 버지니아주 버지니아공대 캠퍼스에서 학생 서른두 명을 살해한 조승희는 "콜럼바인을 재현하고 싶다"고 말했으며, 마지막 선언문에서 자신을 "에릭과 딜런 같은" 순교자라고 묘사했다. 2012년 샌디훅초등학교에서 총격 사건을 일으킨 애덤 란자(희생자 스물여섯 명 가운데 여섯 명을 제외하면 모두가 여섯 살에서 일곱 살이었다)는 콜럼바인과 관련된 문서 몇백 건, 사진, 비디오를 소유하고 있었다. 또한 그는 콜럼바인 관련 온라인 포럼에 정기적으로 기고했으며, 대량 학살범 500명과 그들이 사용한 무기 정보를 담은 상세한 스프레드시트를 작성하기도 했다.

'카피캣 효과copycat effect'는 테러리스트 조직에 속해 있지 않은 모든 대량 살인범에게 공통되게 나타난다. 이러한 유형의 범죄를 전문적으로 연구하는 심리학자 피터 랭맨은 1966~2017년 총기 난사범이 이전의 살인범에게 영향을 받은 사례 57건을 확인했다. 그는 연구에서 "폭력적 의도를 뒷받침하는 역할 모델이나 이데올로기가 존재할 때 비정상적이고 혐오스러운 것이 존경할 만한 것으로 바뀔 수 있다"고 설명했다. "이에 따라 폭력에 대한 충동이 유효화 혹은 정당화된다."[11]

랭맨이 분석 결과를 발표한 지 두어 달 뒤인 2019년 3월 15일, 뉴질랜드 크라이스트처치의 두 모스크에서 브렌튼 태런트라는 스물여덟 살 백인 우월주의자가 금요 기도를 하던 51명을 살해하고 40명에게 부상을 입혔다. 그는 이민자와 "우리 인종의 적"에 대한 장황한 폭언을 담은 선언문에서 자신이 딜런 루프 이하 여러 학교 총기 난사범, 특히 노르웨이 극우 테러리스트 안데르스 브레이빅의 영향을 받았다고 주장했다(브레이빅은 애덤 란자를 비롯해 몇몇 학교 총기 난사범들에게도 우상이었다).[12] 극우 인터넷 포럼 8chan에서 백인 우월주의자들은 태런트의 행동에 찬사를 보냈다. 익명의 누리꾼은 "브렌튼 태런트는 이 게시판의 모든 사람이 꿈만 꾸던 일을 해냈다. 그는 적과 싸워서 이겼다. (…) 이것은 시작에 불과하다"라고 썼다.[13] 태런트는 이후 같은 해 캘리포니아, 텍사스, 노르웨이, 독일에서 발생한 네 건의 분리 극단주의자 공격에서 영감의 원천으로 인용되었다.[14]

각 범인이 다음 범인에게 순교자로 여겨지는 이 암울한 순환은 멈출 기미를 보이지 않는다. 2012년 이후 극단주의자들은 미국에서 매년 평균 20건의 테러를 계획하거나 실행했다. 거의 모든 공격은 백인 우월주의자나 기타 우익 급진주의자들과 연관이 있었다.[15]

모방 살인범은 자기네 영웅에 대한 정보를 찾느라 애쓸 필요가 없다. 자신의 아이디어와 범죄를 방송할 방법도 얼마든지 있다. 태런트는 헬멧에 장착한 고프로 카메라를 통해 학살 과정 일부를 페이스북에 생중계했고, 이 동영상 사본은 온라인에서 널리 공유되었다. 주류 언론은 대량 학살에 대한 보도에서 아무 자제력도 보이지 않았다. 이는 중요한 문제다. 특히 자살로 끝난 사건을 대대적으로 보도할 경우 모방 사건이 발생할 가능성이 더 높아지기 때문이다.[16] 학교 총격 사건을 연구하는 핀란드 연구원 아테 옥사넨은 언론이 총격 사건을 전혀 보도하지 않는 것이 바람직하며, 공개하는 자료가 적을수록 좋다고 생각한다. 그럼으로써 범인이 자신에게 바랐던 악명을 얻는 것도 막을 수 있다.

콜럼바이너를 비롯해 학교 총격 사건 팬덤은 카피캣 효과에 이바지하는 게 거의 확실하다. 포럼에서는 대량 학살에 대한 노골적 정보가 별다른 감독도 받지 않은 채 일상적으로 공유된다. 옥사넨은 "이 중 대부분은 직접 가해자가 되지 않는다. 그러나 그럴 위험이 있는 사람들은 여전히 존재하며, 이러한 커뮤니티가 있다는 사실 자체가 전체 현상을 뒷받침한다"고 말한다.

해리스, 클레볼드, 브레이빅, 란자, 태런트 등이 걸어온 길을 따라 갈 위험이 있는 소수의 열성 팬을 어떻게 찾을 수 있을까? 극단주의 이념과 신념을 가진 사람 가운데 99퍼센트는 결코 그런 생각을 행동으로 옮기지 않기 때문에 게시판에서 이런 생각을 샅샅이 뒤져 찾아내는 것은 시간 낭비일 가능성이 높다. 태도가 행동으로 이어지는 건 그리 쉬운 일이 아니다. 극단주의적 의견에서 극단주의적 행동으로 직결되는 경로도 없다.[17]

최근 수사관들은 언어분석을 통해 폭력을 사용하려는 극단주의자와 단순히 급진적 생각을 표출할 뿐인 사람을 구분하기 시작했다. 이들은 메시지 작성자가, 문장구조를 결정하는 대명사나 전치사 같은 '기능어'를 어떻게 사용하는지 주목한다. 즉 내용과 의미보다는 스타일에 초점을 맞춘다. 폭력적 행동을 계획하고 생각하는 것은 인지적으로 스트레스가 심한 일이므로 이로 인한 정신적 긴장이 언어에 반영된다고 보기 때문이다. 사람들은 폭력적 행동을 하기 전 인칭대명사 사용은 많아지고 모순되는 생각은 덜 포함하는 단순한 인지적 스타일을 적용하는 것으로 밝혀졌다. 언어적 접근의 한 가지 장점은 의식적으로 구문을 조작해서 의도를 감추기 어렵다는 것이다. 또 다른 장점은 극단주의 살인범 대부분이 온라인 팬덤에 적극적으로 참여하고 소셜 미디어에서 자신의 생각을 공유하기를 열망하므로 분석 자료가 부족하지 않다는 것이다.[18]

학교 총기 난사범을 비롯한 이른바 고독한 테러리스트들을 이해하려 할 때 어려운 점 중 하나는 이들의 심리적 프로필이 쉽게 일치하지 않는다는 것이다. 이들은 혼자이기도 하고 혼자가 아니기도 하다. 어떤 테러 단체나 정치조직에도 속하지 않기 때문에 살인을 결정하는 것은 전적으로 이들의 몫이지만 급진적 이데올로기라는 약한 유대로 온라인 커뮤니티와 연결되며, 이전의 살인범들에게 강력한 영향을 받는다. 또한 이들은 온라인 포럼에서 동료 팬들과 교류하고, 같은 생각을 가진 극단주의자들로 구성된 광범위한 네트워크 내에서 자신의 견해를 공고히 한다.

브렌튼 태런트는 선언문에서 자신이 "많은 민족주의자 단체에 기부"했으며 "아주 많은 단체와 교류"했다고 자랑했다. 크라이스트처치에서 무슬림을 공격하기 몇 년 전, 그는 몇 달 동안 유럽을 여행하며 일종의 안티 팬 성지 순례를 통해 동방정교회와 오스만 투르크족 간의 역사적 충돌 현장을 방문했다. 그의 사회적 관계는 공간적으로는 바깥으로, 시간적으로는 과거로 확장되었다.[19]

하지만 태런트는 대부분의 사람들보다 더 혼자였다. 많은 고독한 살인자들과 마찬가지로, 그에게는 분노를 조절해 주고 그가 가진 견해의 적절성을 검증해 줄 의미 있는 사회적 집단이 존재하지 않았다. 이러한 테러리스트에 대한 심리학 연구를 보면, 이들의 인생에서는 일관되게 고립 또는 사회적 단절의 증거가 발견된다.[20] 이 중 일부는 내성적인 혹은 신경증적인 성격으로 인해 더 강한 유대 관계를 구축하지 못하고, 일부는 충동성이나 극단적 생각으로 인해 급진적 집단에서도 외면당한다. 이들은 팬덤이 없는 팬이다. 같은 견해를 가진 사람들한테도 배척당하는 이들은 결국 가장 암울한 방법으로 인정받고자 한다.

괴물에 대한 집착

대량 살인범 팬덤은 틈새 팬덤이다. 반면 연쇄살인범은 훨씬 더 언론의 주목을 받는다. 어째서인지 희생자를 한꺼번에 살해하는 사람보다 한 번에 한 명씩 살해하는 사람에 대한 관심을 더 많이 허용하는 분위기다. 영화, TV 프로그램, 전시회 및 '범죄 실화' 팟캐스트를 통해 대중화된 연쇄살인범의 삶은 잔혹 동화와 닮았다. 겉보기에 이들은 지극히 평범하다. 가족과 직업이 있으며 원만한 사회생활을 하고 있을 수도 있다. 카리스마 넘치고 이웃과 잘 어울리기도 한다. 그래서 더욱 잡아내기가 어렵다. 게다가 이들은 거의 항상 모르는 사람을 죽인다.[21] 우리 중 많은 사람들이 이것은 거부할 수 없는 조합이라고 생각하는 것 같다.

1957~1958년 겨울 미국인 몇만 명은 위스콘신주 플레인필드를 방문해, 최근 두 여성을 살해하고 시체 여러 구를 파낸 혐의로 체포된 은둔형 독신남 에드 게인의 집을 구경하고 싶다는 유혹을 뿌리치지 못하는 상태였다. 그들을 비난하기란 힘든 일이었다. 경찰은

그의 집에서 머리를 없애고 내장을 제거한 후 부엌에 거꾸로 매단 지역 상점 주인의 시신, 낡은 신발 상자에 담은 여성 생식기 여럿, 수프 그릇으로 용도 변경한 사람의 두개골, 여성 젖꼭지로 장식한 벨트, 사람의 피부로 만든 조끼 등 끔찍한 물건들을 발견했다. 궁금하지 않을 수 있을까? 이어진 몇 년 동안 게인은 〈사이코〉의 노먼 베이츠, 〈텍사스 전기톱 연쇄살인사건〉의 레더페이스, 〈양들의 침묵〉의 버팔로 빌 등 가상의 살인마들에게 영감을 주었다. 게인의 전기 작가 해럴드 쉑터의 표현을 빌리면 그는 "유혈 사태의 수호성인, 고어의 조상"이었다.[22] 그에게서 눈을 돌리기는 어렵다.

연쇄살인범에 대한 현대인의 열광은 이제 SF 영화나 아니메에 대한 애정과 동등한 수준의 또 다른 미디어 소비로 여겨질 정도로 널리 퍼져 있다. 하지만 일부 팬들은 더 과한 참여를 추구한다. 이들은 슬래셔 영화를 몰아 보거나 범죄 현장을 구경하는 데 만족하지 못해서 악당을 직접 만지거나 공포의 핵심을 찔러 보고 싶어 한다. 그러려면 여러 방법이 있다. 감옥에 있는 살인범과 편지를 주고받거나 전화 통화를 할 수도 있다(펜실베이니아주의 한 팬은 사이비 집단의 교주이자 유죄판결을 받은 살인범 찰스 맨슨과 나눈 장황한 대화 녹음을 들려주기도 했다). 또 다른 전략은 살인범의 그림, 손 글씨, 사인 사진, 머리카락 등 살인자 및 범죄와 관련된 유물인 '살인 유물'을 수집하는 것이다.

2016년 연쇄살인범에 관한 연구를 하던 중 나는 게인이 피해자의 가죽을 벗길 때 사용했다고 추정되는 면도칼을 손에 넣었다. 이 면도칼은 이런저런 경로를 거쳐 스코틀랜드 수집가 스티븐 스쿨러Steven Scouller에게 팔렸는데, 스쿨러는 프레드 웨스트(1970년대에 아내와 함께 친딸을 포함한 젊은 여성 여럿을 성폭행하고 살해한 영국의 연쇄살인범—옮긴이)의 신분증과 데니스 닐슨(1970~1980년대에 집 없는 젊은 남성들을 납치해 성폭행하고 살인한 영국의 연쇄살인범—옮긴이)이 보낸 편지도 소장하고 있었다. 면도칼은 여느 오래된 면도칼과 비슷해 보였다. 뭐, 평범한 면도칼이 아니라는 점만 빼면.

훗날 나는 뉴욕을 여행하면서 연쇄살인범의 유품과 여타 불경스러운 유물로 이루어진 '오디토리움Odditorium'(강당이라는 뜻의 auditorium과 기이한 물건이라는 뜻의 oddity를 합성한 단어—옮긴이)이라는 방대한 컬렉션을 보관하고 있는 화가 조 콜먼Joe Coleman의 아파트를 방문했다. 그는 자신이 가장 좋아하는 몇 가지를 짚어주었다. 리 하비 오스왈드(케네디 대통령을 암살한 것으로 알려진 인물—옮긴이)를 죽인 총의 총알, 찰스 맨슨의 머리카락 한 올, 시카고에서 소년 몇십 명을 살해한 어린이 엔터테이너 존 웨인 게이시의 그림, '브루클린 뱀파이어' 앨버트 피쉬(많은 어린이를 폭행해 살해한 미국의 연쇄살인범—옮긴이)가 마지막 희생자 그레이스 버드의 어머니에게 보낸 편지 등이다. "친애하는 버드 부인"으로 시작되는 이 편지는 그가 그녀 딸을 어떻게 토막 내고 먹었는지 그리고 맛이 어땠는지 설명한다.[23]

살인 유물 거래는 연간 몇백만 달러 어치에 이른다. 이 글을 쓰는 시점에도 수상한 경매 사이트 여러 곳에서 데니스 닐슨의 안경(2000파운드), 테드 번디(잘생긴 외모에 엘리트 코스를 밟은 미국의 연쇄살인범으로 여성 30여 명을 잔인하게 살해했다—옮긴이)의 편지(3999달러), 존 웨인 게이시의 유화(17만 5000달러), 해든 클라크(부유한 집안에서 자랐으며, 여장을 즐긴 미국의 연쇄살인범—옮긴이)가 교도소에서 사용했던 칫솔(65달러), 찰스 맨슨의 낡은 죄수복 반바지(850달러)에 입찰할 수 있었다.[24]

　그러한 물건을 사는 사람들의 동기가 무엇인지는 언제나 의문의 대상이 되는데 놀랍게도 해롭진 않은 것으로 보인다. 그들은 다른 사람들과 마찬가지로 수집가다. 그들에게는 희생자들을 모욕할 의도가 없다. 그들은 살인이 아니라 살인범의 삶에 관심을 두는 경향이 있다. 연쇄살인범은 놀라울 정도로 정상으로 보이기도 했다. 무엇이 그들에게 그런 끔찍한 일을 저지르게 했을까? 이 질문은 모두의 관심사가 되어야 한다. 스쿨러는 데니스 닐슨과 주고받은 편지에서 닐슨이 "매우 말을 잘한다"는 것을 알았다고 했다. "그는 세상에서 무슨 일이 일어나는지 잘 파악하는 듯했다. 나는 그 편지를 읽으며 '당신은 확실히 똑똑한 사람이었군요. 원한다면 누구든 될 수 있었지만 이런 길을 선택했네요'라고 생각했다." 더 명확히 하자면 그 다른 길은 닐슨이 젊은 남성과 소년을 최소한 열두 명 살해하고 그들의 시신을 살아 있는 듯한 포즈로 아파트에 보관해 둔 채 대화하거나 섹스를 하는 결과로 이어졌다.

거기서 무슨 일이 일어났는지 생각하는 것이 그렇게 이상한 일일까? 인간성과 일탈 그리고 그 둘이 어떻게 나란히 살아갈 수 있는지 깊이 생각해 보는 건 어떤가? 연쇄살인범과 학교 총기 난사범 팬덤에서 기릴 것은 거의 없지만 생각해 볼 것은 많다. 그들이 그런 끔찍한 범죄를 저지른 이유는 무엇일지, 그들이 다른 길로 가려면 무엇이 필요했을지 생각해 보는 것은 당연한 일이다.

에필로그

팬이 된다는 것은 많은 의미를 내포하지만 그 핵심은 사랑이다. 이 책에 등장하는 팬들은 관심사, 나이, 배경, 동기가 놀라울 정도로 다양하지만 모두 자신을 넘어선 무언가에 헌신한다. 그들은 의미를 찾고 있으며, 그러기 위해 많은 것을 바칠 준비가 되어 있다.

10대 시절의 상당 기간 동안 나는 록 밴드 더 폴리스, 그중에서도 드러머 스튜어트 코플랜드의 열렬한 팬이었다. 당연히 그들이 제작한 모든 음악과 수많은 해적판 라이브 음반을 소장했고, 나 자신도 드러머였던 만큼 스튜어트 코플랜드의 독특한 드럼 패턴을 따라 하기 위해 많은 시간을 투자했다. 그러던 중 지인을 통해 그를 만날 기회가 생겼다. 고민 끝에 실망만 남을 것 같아 실행하지 않기로 결정했다. 그에게 이미 받은 것이 너무 많은데 어떻게 더 많은 것을 바라겠는가?

　이제는 더 폴리스를 향한 나의 사랑이 더 나아질 여지가 있었음을 안다. 그때의 사랑이 짝사랑이어서 혹은 '준사회적'이어서가 아니라 당시에는 내가 그 사랑을 나눌 방법을 찾지 못했기 때문이다. 나는 팬클럽에 가입하지 않았고 공연장에서 다른 팬들과 어울리지도 않았다(인터넷이 없던 시절이라 어려운 일이었다). 후회로 남는 일이다. 팬덤에 속하는 것이 가장 큰 성취감의 원천이었다고 말하는 팬들, 자신에게 일어난 최고의 일이었다고 말하는 팬들의 수는 셀 수 없이 많으니까. 하지만 아직 늦지 않았다. 언제 자신보다 더 큰 무언가 또는 누군가에게 빠져들지는 알 수 없다. 다음 기회가 온다면, 나는 올인이다.

참고문헌

Enterprising Women: Television fandom and the creation of popular myth, by Camille Bacon-Smith(University of Pennsylvania Press, 1991)

Playing to the Crowd: Musicians, audiences, and the intimate work of connection, by Nancy Baym(New York University Press, 2018)

A Companion to Media Fandom and Fan Studies, ed. Paul Booth(Wiley-Blackwell, 2018)

Henri Tajfel: Explorer of identity and difference, by Rupert Brown(Routledge, 2020)

Framing Fan Fiction: Literary and social practices in fan fiction communities, by Kristina Busse(University of Iowa Press, 2017)

The Fanfiction Reader: Folk tales for the digital age, by Francesca Coppa(University of Michigan Press, 2017)

Animals and Society: An introduction to human–animal studies, by Margo DeMello(Columbia University Press, 2012)[마고 드멜로,《동물은 인간에게 무엇인가》, 천명선·조중헌 옮김, 공존, 2018]

Fangirls: Scenes from modern music culture, by Hannah Ewens(Quadrille, 2019)

Fandom as Methodology: A sourcebook for artists and writers, eds. Catherine Grant and Kate Random Love(Goldsmiths Press, 2019)

Jane Austen: Her homes and her friends, by Constance Hill(John Lane, 1902)

Fic: Why fanfiction is taking over the world, by Anne Jamison(Smart Pop/BenBella Books, 2013)

Textual Poachers: Television fans and participatory culture, by Henry Jenkins(Routledge, 1992)

Fans, Bloggers and Gamers: Exploring participatory culture, by Henry Jenkins(New York University Press, 2006)〔헨리 젠킨스 지음,《팬, 블로거, 게이머: 참여 문화에 대한 탐색》, 정현진 옮김, 비즈앤비즈, 2008〕

Jane Austen's Cults and Cultures, by Claudia Johnson(University of Chicago Press, 2012)

The King's Grave: The search for Richard III, by Philippa Langley and Michael Jones(John Murray, 2013)

The Adoring Audience: Fan culture and popular media, ed. Lisa Lewis(Routledge, 1992)

Austentatious: The evolving world of Jane Austen fans, by Holly Luetkenhaus and Zoe Weinstein(University of Iowa Press, 2019)

Fan Phenomena: Jane Austen, ed. Gabrielle Malcolm(Intellect Books, 2015)

I Like to Watch: Arguing my way through the TV revolution, by Emily Nussbaum(Random House, 2019)

Squee from the Margins: Fandom and race, by Rukmini Pande(University of Iowa Press, 2018)

Camp Austen: My life as an accidental Jane Austen superfan, by Ted Scheinman(Farrar, Straus and Giroux, 2018)

Real Characters: The psychology of parasocial relationships with media characters, ed. Karen Shackleford(Fielding University Press, 2020)

감사의 말

이 책을 위해 나와 이야기를 나눈 모든 팬(넓은 의미의 팬)에게 감사한다. 특히 제인 오스틴 파인애플 감상회의 소피 앤드루스, 아비가일 로즈, 에이미 쿰브스, '아니메 베이브'의 레아 홈스, 로라 와튼, 리사-제인 홈스, 참여에 동의하는 위험을 감수한 베어X, 아지, 리크와 그 밖의 테리안들에게도 감사의 마음을 전한다. 리처드 3세 협회의 필립파 랭글리, 존 화이팅, 샐리 헨쇼, 스티븐 요크, 션 오케인, 테아 군데센, 페넬로페 터브스 그리고 내가 아는 모든 것을 가르쳐준 우리 가족 포터헤드에 감사한다.

리지스핏, 클리프 존스, 제인 골드먼, 돈 쇼트, 벤 톰슨, 애틀린 메릭, 나렐 해리스, 엘리자베스 프라우드먼, 소피 레이놀즈와 로버트 부커 그리고 초튼의 멋진 제인 오스틴 하우스 박물관의 동료들을 비롯해 팬덤에 대한 각자의 관점을 공유해 준 작가, 공연자, 가이드, 큐레이터에게 감사의 인사를 전하고 싶다.

이 책에 활용된 이론은 팬 문화에 관한 여러 심리학자 및 전문가, 특히 게일 스티버, 코트니 플란테, 스티븐 레이센, 캐슬린 거바시, 엘리자베스 파인, 헬렌 클레그, 스티븐 라이처, 알렉스 해슬럼, 마릴린 브루어, 대니얼 완, 아테 옥사넨, 린 주버니스, 캐서린 라슨, 메건 놀스, 제이 데릭, 마크 더핏 및 브리아니 딤의 흥미로운 연구에 기반한다.

특히 사비나 프렌치 블레이크, 데이지 던, 데이비드 우드, 요시 코스민스키 그리고 많이 그리운 마이클 손더스 등 주요 인물들을 소개해 주거나 시간과 전문 지식을 기부해 준 친구들과 친구들의 친구들에게도 감사한다.

마지막으로 편집자 닉 험프리, 출판인 라비 미르찬다니와 피카도르의 놀라운 팀, 특히 로샤니 무르자니와 니콜라스 블레이크 그리고 초기에 아이디어를 개발하고 이 모든 쇼를 계속 진행할 수 있도록 도와준 에이전트 빌 해밀턴에게 특별한 감사를 표한다.

팬덤의 시대

주

1장 우리에게 팬덤이란

1 런던도서관: www.londonlibrary.co.uk.

2 Henry Dickens, *Memories of My Father*(Victor Gollancz, 1928), p. 17; *Dickens: Interviews and Recollections*, ed. Philip Collins(Macmillan, 1981), volume 1, p. xvii에서 발췌.

3 《셜록 홈스》 시리즈는 1891~1927년 〈더 스트랜드 매거진〉에 연재되었다.

4 John Dickson Carr, *The Life of Arthur Conan Doyle*(John Murray, 1949), p. 165. 셜록 홈스에 대한 대중의 취향을 다룬 다른 책으로는 *The Strand Magazine, 1891~1950*(Heinemann, 1966); Ann McClellan, *Sherlock's World: Fan fiction and reimagining of BBC's Sherlock*(University of Iowa Press, 2018) 등이 있다.

5 이 파생어는 Jerrold Casway, *The Culture and Ethnicity of Nineteenth Century Baseball*(McFarland, 2017), p. 59에 등장한다. 또 다른 이론은 '팬'이 18세기에 권투, 비둘기 사육 또는 그 외의 관심사를 따르는 사람들을 나타내는 데 많

이 사용한 단어인 '팬시fancy'의 약어였다는 것이다.

6   Hugh Fullerton, "Fans", *The American Magazine*, 1910. 8; Daniel Cavicchi, "Foundational discourses of fandom", *A Companion to Media Fandom and Fan Studies*, ed. Paul Booth(Wiley, 2018), ch. 2를 통해 출처가 명시됨.

7   1920년대, 1930년대, 1940년대 SF 팬덤의 부상은 Sam Moskowitz, *The Immortal Storm: A history of science fiction fandom*(Hyperion Press, 1974); Harry Warner, *All Our Yesterdays: An informal history of science fiction fandom in the forties*(Advent, 1969)에 광범위하게 기록되어 있다.

8   John Sullivan, *Media Audiences: Effects, users, institutions, and power*(Sage, 2013), p. 196.

9   Henry Jenkins(1988), "*Star Trek* rerun, reread, rewritten: fan writing as textual poaching", *Critical Studies in Media Communication* 5(2), pp. 85~107.

10   Will Brooker, *Using the Force: Creativity, community and Star Wars fans*(Continuum, 2002), p. xii.

11   William Proctor(2013), "'Holy crap, more *Star Wars! More Star Wars?* What if they're crap?': Disney, Lucasfilm and *Star Wars* online fandom in the 21st Century", *Participations: Journal of Audience and Reception Studies* 10(1), pp. 198~224.

12   이 연구는 또한 아니메 팬 상당수가 논바이너리라는 것도 발견했다. 이는 남성 팬이 소수에 속함을 시사한다. 이 연구는 레아 홈스의 논문 가운데 일부인데 그녀는 이 논문을 책으로 출판할 계획이다. 그녀는 현재 인터넷 이전 시대부터 현재에 이르기까지 영국 아니메 팬덤 아카이브를 구축하고 있다.

13   Daniel Cavicchi, "Loving music: listeners, entertainments, and the origins of music fandom in nineteenth-century America", in Jonathan Gray, Cornel Sandvoss and Lee Harrington eds., *Fandom: Identities and communities in a mediated world*(New

York University Press, 2017), p. 110.

14 Michael Mirer, Megan Duncan and Michael Wagner(2018), "Taking it from the team: assessments of bias and credibility in team-operated sports media", *Newspaper Research Journal* 39(4), DOI: 10.1177/0739532918806890. 이듬해 발표된 정치적 종족주의의 본질에 대한 별도의 연구에 따르면 진보주의자와 보수주의자는 다른 견해를 가진 사람들에 대해 비슷한 수준으로 당파적 편향성과 편협성을 보이는 것으로 나타났다. Cory Clark et al.(2019), "Tribalism is human nature", *Current Directions in Psychological Science* 28(6), pp. 587~592.

15 나폴레옹 이전에 프랑스 시민은 병역 의무, 금전적 채무, 예속적 신분에 따라 군 복무를 해야 했다. 나폴레옹이 '팬 군대'를 어떻게 키웠는지에 대한 자세한 내용은 Rupert Smith, *The Utility of Force: The art of war in the modern world*(Alfred Knopf, 2007), ch. 1 참조.

16 www.vote.org의 유권자 등록 데이터.

2장 집단이 만드는 정체성

1 소년들에게 알려지지 않은 이 기준은 속임수였다. 타지펠은 집단의 숫자를 균등하게 맞추기 위해 몰래 무작위로 집단을 나눴다.

2 Henri Tajfel(1970), "Experiments in intergroup discrimination", *Scientific American* 223(5), pp. 96~103

3 집단 갈등에 대한 이전 연구는 대부분 의도적으로 서로 대립하는 집단을 설정했다. 타지펠이 1970년 논문에서 언급한 가장 잘 알려진 연구 중 하나는 1954년 오클라호마의 여름 캠프에서 남성 청소년으로 구성된 두 팀을 경쟁시키면서 종족 간의 전쟁을 관찰한 무자퍼 셰리프의 '강도들의 동굴Robber's Cave' 실험이다. 자세한 설명은 http://psychclassics.yorku.ca/Sherif 참조.

4 Michael Billig and Henri Tajfel(1973), "Social categorization and similarity in inter-

group behaviour", *European Journal of Social Psychology* 3, pp. 27~52.

5   Henri Tajfel, *Human Groups and Social Categories*(Cambridge University Press, 1981), p. 234.

타지펠은 브리스틀에서 인기와 논란의 중심에 섰던 인물이다. 그의 옛 학생은 내게 "타지펠은 켜고 끌 수 있는 놀라운 따뜻함을 지녔다"고 말했다. "그는 사람들에게 훌륭한 인물이 될 수도, 품위 없는 인간이 될 수도 있었죠. 여성에 대한 그의 행동은 끔찍했어요." 타지펠의 여학생 중 다수가 그를 성희롱 혐의로 고발했다. 최근 전기 작가인 루퍼트 브라운은 타지펠이 연구에서 성차별이나 남녀 관계를 거의 다루지 않았다고 지적했다. 브라운은 "세상의 문제적 집단 간 관계에 대한 안테나가 매우 정교하게 조정된 사람치고는 남녀 관계라는 가장 근본적인 사회적 단층을 완전히 간과한 것이 놀랍지 않은가?"라고 물었다. Rupert Brown, *Henri Tajfel: Explorer of identity and diffrecne*(Routledge, 2020) 참조.

6   1970년대에 타지펠과 터너는 공유된 사회적 정체성의 관점에서 자신을 정의하는 방법과 그것이 집단 간 행동에 미치는 영향을 설명하기 위해 '사회적 정체성 이론'을 개발했다. 이후 터너는 이러한 아이디어를 바탕으로 자신과 타인을 집단으로 분류하는 인지 메커니즘을 심도 있게 탐구하는 '자기 범주화 이론self-categorization theory'을 발전시켰다. 그는 집단행동이란 공유된 사회적 정체성을 취하는 능력으로서만 가능하다고 주장한 것으로 유명하다. 단순화를 위해 나는 이 두 이론을 일반적으로 '사회적 정체성 관점'으로 알려진 통합 이론으로 다루었다.

더 자세한 내용은 Henri Tajfel and John Turner, "An integrative theory of intergroup conflict", in W. Austin and S. Worchel eds., *The Social Psychology of Intergroup Relations*(Brooks/Cole, 1979), pp. 33~47과 John Turner et al., *Rediscovering the Social Group: A self-categorization theory*(Blackwell, 1987) 참조. 사회적 정체성

이론과 자기 범주화 이론에 대한 간략하지만 포괄적인 요약은 Alexander Haslam et al., "The social identity perspective today: an overview of its defining ideas", in Tom Postmes and Nyla Branscombe eds., *Rediscovering Social Identity*(Psychology Press, 2010), pp. 341~356 참조.

7 Henri Tajfel, "La catégorisation sociale", in S. Moscovici ed., *Introduction à la Psychologie Sociale*, vol.1(Larousse, 1972). p. 275.

8 집단의 경계를 뛰어넘는 것도 변화를 가져올 수 있다. 이 책을 쓰기 위해 조사하는 동안 나는 레인저스 풋볼 클럽의 열렬한 팬을 만났는데, 그는 마이클 잭슨 음악에 대한 공통된 사랑으로 레인저스의 숙적 셀틱의 팬과 좋은 친구가 되었다.

9 Tobia Schlager and Ashley Willians(2022), "People underestimate the probability of contracting the coronavirus from fridends", *Humanities and Social Sciences Communication* 9, article 59.

10 이에 대한 증거는 바늘에 찔리는 사람을 지켜보는 동안 사람들을 관찰한 뇌 영상 연구에서 찾을 수 있다. 바늘에 찔리는 사람이 외집단이 아닌 내집단에 속해 있을 때, 전대상피질과 전방섬엽 등 통증 및 공감과 관련된 뇌 부위의 활동이 유의미하게 더 높았다. 이러한 연구와 그 의미에 대한 논의는 Marius C. Vollberg and Mina Cikara(2018), "The neuroscience of intergroup emotion", *Current Opinions in Psychology* 24, pp. 48~52.

11 Jay J. Van Bavel, Dominic J. Packer and William A. Cunningham(2008), "The neural substrates of in-group bias", *Psychological Science* 19(11), pp. 1131~1139.

12 William Graham Sumner, *Folkways: A study of the sociological importance of usages, manners, customs, mores, and morals*(Ginn, 1906), p. 13.

13 집단 내 편견 그리고 맨체스터 유나이티드와 리버풀의 역사적 라이벌 관계를 고려할 때 참가자들은 브랜드 없는 셔츠를 입은 조깅 선수보다 리버

풀 셔츠를 입은 조깅 선수를 더 차별하고 덜 도와줄 것으로 예상할 법하다. 하지만 적어도 이 경우에는 라이벌을 비하하는 것보다 자신의 팀을 응원 하는 것이 더 중요했다.

14 Mark Levine et al.(2005), "Identity and emergency intervention: how social group membership and inclusiveness of group boundaries shape helping behavior", *Personality and Social Psychology Bulletin* 31(4), pp. 443~453.

15 *Human Groups and Social Categories*, pp. 1/7.

16 Marilynn Brewer and Donald Campbell, *Ethnocentrism and Intergroup Attitudes: East African evidence*(Sage, 1976).

17 Marilynn Brewer, "Optimal distinctiveness theory: its history and development", in Paul Van Lange, Arie Kruglanski and Tory Higgins eds., *Handbook of Theories of Social Psychology*(Sage, 2011), p. 83.

18 인류 진화에 있어 협력의 역할은 뜨거운 논쟁 주제다. 최신 연구에 대한 가이드는 2018년 7월 9일 발행한 *Nature Human Behaviour* 특별호 https://www.nature.com/collections/gvmywthghh 참조.

19 마릴린 브루어는 인간이 집단과 동일시하는 방식을 설명하는 대안으로 '최적 차별성 이론optimal distinctiveness theory'을 개발한 것으로도 유명하다. 최 적 차별성 이론에 따르면 인간은 집단에 소속되고 싶다는 욕구(적응 욕구) 와 충분히 차별화되고 싶다는 욕구(돋보이고 싶다는 욕구)라는 두 가지 상반 된 욕구를 가지고 있다. 사회적 정체성은 이 두 가지 욕구의 균형을 어떻게 잡느냐에 따라 결정된다. 인간은 대규모 집단과 고립된 상태 모두에서 불 편함을 느끼며, 이 두 가지 조건을 모두 피할 수 있는 집단에 소속되고자 노력한다. 개인의 인지 과정(개개인의 차별화 욕구)으로 집단 정체성을 설명 하려는 이러한 시도는, 사회적 정체성은 개인 정체성과는 독립적인 것이 라고 주장하는 타지펠 및 터너의 사회적 정체성 관점을 지지하는 사람들

팬덤의 시대

에게 비판받아 왔다. 이 논쟁은 사회심리학에 대한 미국의 접근 방식(개인이 집단을 정의한다)과 유럽의 접근 방식(사회적 정체성이 개인을 정의한다) 사이의 지속적 긴장을 나타낸다.

20 내집단 사랑이 외집단 증오로 이어지는 경우에 대한 생각에 관해서 자세한 내용은 Marilynn Brewer(1999), "The psychology of prejudice: ingroup love or outgroup hate?", *Journal of Social Issues* 55(3), pp. 429~444 참조.

21 1981년 5월 20일 그라나다TV의 오후 채팅 쇼 〈라이브 앳 투Live at Two〉에서 생클리가 한 말.

22 Nick Hornby, *Fever Pitch*(Victor Gollancz, 1992), pp. 186~187.

23 토비 밀러Toby Miller와 알렉 맥홀Alec McHoul은 *Popular Culture and Everyday Life*(Sage, 1998) 3장에서 '범주화된 우리'라는 표현의 사용을 탐구한다. 사회적 정체성 관점이 스포츠에 어떻게 적용되는지에 대한 자세한 설명은 Alexander Haslam, Katrien Fransen and Filip Boen, *The New Psychology of Sport and Exercise: The social identity approach*(Sage, 2020) 참조.

24 Martha Newson et al.(2020), "Devoted fans release more cortisol when watching live soccer matches", *Stress and Health* 36(2), pp. 220~227. 이 연구는 2010년 월드컵에서 리앤더 반 데르 메이즈가 수행한 이전 연구, Leander van der Meij et al.(2012), "Testosterone and cortisol release among Spanish soccer fans watching the 2010 world cup final", *PLOS Ones* 7(4): e34814를 재현한 것이다. 반 데르 메이즈는 사회적 지위가 위협받는 어려운 상황에서 분비되는 호르몬인 코르티솔과 테스토스테론 수치가 모두 증가한다는 사실을 발견했다.

25 Martha Newson, Michael Buhrmester and Harvey Whitehouse(2016), "Explaining lifelong loyalty: the role of identity fusion and self-shaping group events", *PLOS One* 11(8): e0160427. 이 주제에 관한 뉴슨의 다른 논문은 https://www.marthanewson.com/publications에서 확인할 수 있다.

26 Daniel Wann et al.(2011), "What would you do for a championship: willingness to consider acts of desperation among major leauge baseball fans", in Bruce Geranto ed., *Sport Psychology*(Nova, 2011), pp. 161~173.

27 Rober Cilaldini et al.(1976), "Basking in reflected glory: three(football) field studies", *Journal of Personality and Social Psychology* 34(3), pp. 366~375.

28 팀이 패배하고 있을 때에도 팬들이 충성심과 동지애를 유지할 수 있도록 반사된 실패에 빠져드는 버핑(basking in reflected failure, BIRFing), 팀이 운영되는 방식이나 팀이 상징하는 의미에 동의하지 않는 성공한 팀의 팬들이 실행하는 반사된 성공 차단하기 cutting off reflected success, CORSing도 있다. Richard Campbell, Damon Aiken and Aubrey Kent(2004), "Beyond BIRGing and CORFing: continuing the exploration of fan behavior", *Sport Marketing Quarterly* 13, pp. 151~157.

29 *Fever Pitch*, p. 173.

30 Martha Newson, Michael Buhrmester and Harvey Whitehouse(2021), "United in defeat: shared suffering and group bonding among football fans", *Managing Sport and Leisure*, https://www.tandfonline.com/doi/full/10.1080/23750472.2020.1866650. 후속 연구에서 뉴슨의 연구팀은 팬들이 소규모 집단으로 화면을 통해 원격으로 시청하는 것보다 직접 경기에 참석할 때 더 큰 소속감과 '심리적 동기화'를 경험한다는 사실을 발견했다. Gabriela Baranowski-Pinto et al.(2022), "Being in a crowd bonds people via physiological synchrony", *Nature Scientific Reports* 12:613, https://doi.org/10.1038/s41598-021-04548-2.

31 Gozde Ikizer(2014), "Factors related to psychological resilience among survivors of the earthquakes in Van, Turkey", PhD thesis, Graduate School of Social Sciences, Middle East Technical University, Ankara.

32 이러한 세부 사항 중 일부는 이전에 Michael Bond, "The secrets of extraordi-

팬덤의 시대

nary survivors", *BBC Future*, 14(2015. 8)에 게재된 바 있다. https://www.bbc.com/future/article/20150813-the-secrets-of-extraordinary-survivors에서 확인 가능.

Stepan Jurajda and Tomas Jelinek(2019), "Surviving Auschwitz with pre-existing social ties", CERGE-EI Working Paper Series no. 646.

Dora Costa and Matthew Kahn(2007), "Surviving Andersonville: the benefits of social networks in POW camps", *The American Economic Review* 97(4), pp. 1467~1487.

Metin Basoglu et al.(1997), "Psychological preparedness for trauma as a protective factor in survivors of torture", *Psychological Medicine* 27(6), pp. 1421~1433.

Alexander Haslam et al.(2005), "Taking the strain: social identity, social support, and the experience of stress", *British Journal of Social Psychology* 44, pp. 355~370.

James Rubin et al.(2005), "Psychological and behavioural reactions to the bombings in London on 7 July 2005: cross sectional survey of a representative sample of Londoners", *British Medical Journal* 331:606.

'사회적 치료'라는 용어는 심리학자 알렉산더 해슬럼, 캐서린 해슬럼, 졸란다 제텐에 의해 만들어졌다. 심도 있는 논의를 보려면 Catherine Haslam, Jolanda Jetten, Tegan Cruwys, Genevieve Dingle and Alexander Haslam, *The New Psychology of Health: Unlocking the social cure*(Routledge, 2018) 참조.

Julianne Holt-Lunstad, Timothy Smith and Bradley Layton(2010), "Social relationships and mortality risk: a meta-analytic review", *PLOS Medicine* 7(7): e1000316.

Tegan Cruwys et al.(2014), "Depression and social identity: an integrative review", *Personality and Social Psychology Review* 18(3), pp. 215~238. 심리학자들은 사회적 정체성과 건강 사이에 '다다익선' 효과가 있다는 사실을 발견했다. 즉 개인이 소속된 집단이 많을수록 건강과 자존감에 미치는 영향이 커진다.

소속된 집단의 수는 해당 집단 내 대인 관계의 수보다 건강에 더 중요하다 (이러한 관계의 질이 가장 중요함). 여러 집단에 소속되는 경우에 대한 자세한 내용은 Jolanda Jetten et al.(2015), "Having a lot of a good thing: multiple important group memberships as a source of self-esteem", *PLOS One* 10(5): e0124609 참조.

41 심리학자 얀 하우저는 실험실에서의 실험을 통해 타인의 존재가 스트레스성 과제를 수행한 사람의 코르티솔 수치를 낮출 수 있지만, 이런 현상은 타인을 집단 내 일원으로 인식하는 경우(즉 사회적 정체성을 공유하는 경우)에만 해당된다는 사실을 보여주었다. Jan Hausser et al.(2012), "'We' are not stressed: social identity in groups buffers neuroendocrine stress reactions", *Journal of Experimental Social Psychology* 48, pp. 973~977.

42 대니얼 완의 연구에 관한 자세한 사항은 Daniel Wann and Jeffrey James, *Sports Fans: The psychology and social impact of fandom*, 2nd edition(Taylor and Francis, 2019) 참조.

43 Patricia Obst, Lucy Zinkiewicz and Sandy Smith(2002), "Sense of community in science fiction fandom, part 2: comparing neighbourhood and interest group sense of community", *Journal of Community Psychology* 30(1), pp. 105~117. 이 결과는 Daniel Chadborn, Patrick Edwards and Stephen Reysen(2016), "Reexamining differences between fandom and local sense of community", *Psychology of Popular Media Culture* 7(3), pp. 241~249에서 재현되었다.

44 *The Posters Came from the Walls*, dir. Jeremy Deller and Nicholas Abrahams(1988).

45 Henry Jenkins(1988), "*Star Trek* rerun, reread, rewritten: fan writing as textual poaching", *Critical Studies in Mass Communication* 5(2), p. 87.

46 Bri Mattia(2018), "Rainbow direction and fan-based citizenship performance", *Transformative Works and Cultures* 28, special 10th anniversary issue, http://dx.doi.

팬덤의 시대

org/10.3983/ twc.2018.1414에서 확인할 수 있다.

47 https://catapult.co/stories/french-cartoon-led-to-fandom-and-friendship-miraculous-ladybug-loneliness-priyanka-bose 참조.

3장 현실을 움직이는 가상 세계

1 자세한 내용은 Richard Lancelyn Green ed., *Letters to Sherlock Holmes: A selection of the most interesting and entertaining of the letters written to the world's most famous detective*(Penguin, 1985) 참조. 셜록 홈스 팬레터에 대한 자세한 내용은 Tom Ue and Jonathan Cranfield eds., *Fan Phenomena: Sherlock Holmes*(Intellect Books, 2014), pp. 70~72 참조.

2 런던 셜록 홈스 박물관 2016년 소장품. 셜록 홈스는 전 세계적으로 수많은 팬을 만들어냈다. 클럽 몇백 개와 동호회가 그의 모험에 전념한다. TV, 영화, 라디오, 연극으로 원작을 각색한 수많은 작품도 제작되었다.

3 Donald Horton and Richard Wohl(1956), "Mass communication and para-social interaction", *Psychiatry* 19(3), pp. 215~229.

4 Tilo Hartmann, "Parasocial interaction, parasocial relationships, and well-being", in Leonard Reinecke and Mary Beth Oliver eds., *The Routledge Handbook of Media Use and Well-Being*(Routledge, 2017); Randi Shedlosky-Shoemaker, Kristi Costabile and Robert Arkin(2014), "Self-expansion through fictional characters", *Self and Identity* 13(5), pp. 556~578.

5 Donald Horton and Richard Wohl(1956).

6 Jonathan Cohen(2004), "Parasocial break-up from favorite television characters: the role of attachment styles and relationship intensity", *Journal of Social and Personal Relationships* 21(2), pp. 187~202.

7 Jonathan Cohen(2004).

8   Wendi Gardner, Cynthia Pickett and Megan Knowles, "Social snacking and shield-
     ing: using social symbols, selves, and surrogates in the service of belonging needs", in
     Kipling Williams, Joseph Forgas and William von Hippel eds., *The Social Outcast:
     Ostracism, social exclusion, rejection, and bullying* (Psychology Press, 2005), pp. 227~241.
     휴스턴대학교의 메이삼 바헤디는 종교인들이 염주나 묵주 같은 기도 대상
     에 관심을 기울이는 것만으로도 같은 효과를 얻을 수 있다는 사실을 발견
     했다. 그들에게 신은 애착의 대상이며, 신에 대해 생각하면 사회적 거부가
     미치는 심리적 영향에서 보호를 받을 수 있다. Meisam Vahedi(2019), "Prayer
     objects provide the experience of belonging", 미출간 논문. 개요는 https://uh-ir.
     tdl.org/ handle/10657/5350에서 확인할 수 있다.

9   사람들이 가상 관계를 통해 많은 것을 얻어야 하는 이유는 수수께끼다. 어
     떻게 그럴 수 있을까? 한 가지 가능성은 사람들이 가상 관계를 전혀 허구
     로 인식하지 않는다는 것이다. 2008년, 놀스와 그의 동료는 학부생 200명
     을 대상으로 〈프렌즈〉 〈섹스 앤 더 시티〉 〈더 오피스〉 같은 인기 시트콤과
     〈그레이 아나토미〉 〈24〉 같은 드라마를 포함한 다양한 TV 시리즈 몰입도
     에 관해 설문 조사를 실시했다. 연구진은 학생들이 등장인물과 감정적·
     지적으로 어떻게 관계를 맺는지 알아보고자 했다. 가장 눈에 띄는 결과는
     피험자들이 자신이 좋아하는 등장인물(예: 〈프렌즈〉의 피비)을 다른 등장인
     물(레이첼, 모니카, 챈들러, 로스, 조이)보다 더 '진짜'로 여긴다는 점이다. 그들
     은 이 등장인물들을 실제 사람으로 생각했고, 인간의 복잡한 감정과 인지
     적 특성을 가진다고 보았다. Wendi Gardner and Megan Knowles(2008), "Love
     makes you real: favorite television characters are perceived as 'real' in a social facilita-
     tion paradigm", *Social Cognition* 26(2), pp. 156~168.

10   Megan Knowles and Wendi Gardner(2012), "'I'll be there for you…' Favorite tele-
     vision characters as social surrogates", 미발표 연구.

또한 정신적 외상 병력이 있는 사람들이 사회적으로 더 연결되어 있다고 느끼는 데 사회적 대리인이 도움을 준다고 밝혀졌다. 역설적이게도 외상 후 스트레스 장애가 있는 피해자는 사회적 대리인을 이용할 때 실제로 증상이 더 악화된다고 느낀다. Shira Gabriel et al.(2017), "Social surrogate use in those exposed to trauma: I get by with a little help from my(fictional) friends", *Journal of Social and Clinical Psychology* 36(1), pp. 41~63.

11 Jaye Derrick, Shira Gabriel and Kurt Hugenberg(2009), "Social surrogacy: how favored television programs provide the experience of belonging", *Journal of Experimental Social Psychology* 45, pp. 352~362.

12 Maggie Britton et al.(2020), "Social surrogacy moderates the relationship between perceived partner responsiveness and smoking outcomes", 휴스턴대학교에서 열린 학회 발표 중.

13 불가피하게도, 우리가 항상 같은 캐릭터에 대해 같은 방식으로 공감하지는 않는다. 이러한 차이는 부분적으로 문화 때문일 수 있다. 2011년 멕시코와 독일의《해리 포터》팬을 대상으로 한 연구에 따르면 팬들은 각자의 문화적 렌즈를 통해 등장인물을 해석하는 것으로 나타났다. 집단주의 문화가 강한 멕시코 팬들은 개인주의 문화가 강한 독일 팬들보다 해리 포터라는 등장인물을 더 사교적인 인물로 인식했다. Hannah Schmid and Christoph Klimmt(2011), "A magically nice guy: parasocial relationships with Harry Potter across different cultures", *The International Communication Gazette* 73(3), pp. 252~269.

지식, 경험 및 그 밖의 영향뿐 아니라 문화가 이야기를 해석하거나 기억하는 방식을 형성한다는 것은 잘 알려진 사실이다. 이를 최초로 입증한 사람은 20세기 초의 사회심리학자 프레드릭 바틀렛이다. 그가 영국 학생들에게 미국 원주민 동화를 다시 들려달라고 요청하자 학생들은 자신의 문화적 배경과 태도에 더 잘 맞도록 동화를 변형했다. Frederic Bartlett, *Remembering: A study in experimental and social psychology*(Cambridge University Press, 1932).

14 소설을 읽을 때 뇌가 어떻게 가상 장면을 시뮬레이션할 수 있는지에 대한 신경과학적 설명은 Diana Tamir et al.(2016), "Reading fiction and reading minds: the role of simulation in the default network", *Social Cognitive and Affective Neuroscience* 11(2), pp. 215~224 참조.

15 가상 인물과의 관계에 대한 사람들의 심리에 대한 최신 연구는 Karen Shackleford ed., *Real Characters: The psychology of parasocial relationships with media characters*(Fielding University Press, 2020)에 실린 여러 에세이 참조.

16 코스프레의 전통은 1960년대 미국에서 시작되었지만, '코스프레'라는 용어 자체는 1980년대 일본의 게임 디자이너 타카하시 노부유키가 만들었다.

17 Henry Jenkins(2012), "Superpowered fans: the many worlds of san Diego's Comic-Con", *Boom: A Journal of California* 2(2), pp. 22~36.

18 일부 사람들이 자신의 어두운 측면에 끌리는 경향에 관해서는 Rebecca Krause and Derek Rucker(2020), "Can good be bad? The attraction of a darker self", *Psychological Science* 31(5), pp. 518~530 참조.

19 Robin Rosenberg and Andrea Letamendi(2013), "Expressions of fandom: findings from a psychological survey of cosplay and costume wear", *Intensities: The Journal of Cult Media* 5, pp. 9~18.

20 Robin Rosenberg and Andrea Letamendi(2018), "Personality, behavioral, and social heterogeneity within the cosplay community", *Transformative Works and Cultures* 28, special 10th anniversary issue, http://dx.doi.org/10.3983/ twc.2018.1535.

21 IARP는 검토 논문 몇십 편, 도서 및 컨퍼런스 논문을 발표했으며 이 모든 논문은 웹사이트(https://furscience.com)에서 확인할 수 있다. 이 장에서 다루는 반려동물 관련 데이터 대부분은 IARP에서 제공한 것이다.

22 Courtney Plante et al.(2018), "Letters from Equestria: prosocial media, helping, and empathy in fans of *My Little Pony*", *Communication and Culture Online* 9, pp. 206~220 참조. 이 연구 결과와 여타 연구 결과에 대한 자세한 내용은 Patrick Edwards et al., *Meet the Bronies: The psychology of the adult* My Little Pony *fandom*(McFarland, 2019) 참조. 추가 간행물은 브로니 연구 프로젝트 웹사이트(https://sites.google.com/view/bronystudyresearch/home)에서 확인할 수 있다.

23 이는 개인의 특성을 연구하는 성격 연구자와 사회적 맥락에서 사람들이 어떻게 행동하는지를 연구하는 사회심리학자 간의 심리학사적 논쟁을 반영한다. 주로 미국에 기반을 둔 성격 연구자들은 성격이 전 생애에 걸쳐 그리고 상황에 따라 안정적으로 발현된다고 믿는 경향이 있는 반면, 주로 유럽에 기반을 둔 사회심리학자들은 성격은 유동적이며 그때그때 사람의 어떤 정체성이 가장 두드러지거나 '지배적인지'에 따라 달라진다고 주장한다.

24 Stephen Reysen et al.(2015), "A social identity perspective of personality differences between fan and non-fan identities", *World Journal of Social Science Research* 2(1), pp. 91~103.

25 《그레이의 50가지 그림자 *Fifty Shades of Grey*》(Vintage, 2011)는 영 어덜트 소설 《트와일라잇》을 원작으로 한 팬픽 〈우주의 주인들 Masters of the Universe〉로 시작되었고, 《광막한 사르가소 바다 *Wide Sargasso Sea*》(André Deutsch/WW Norton, 1966)는 샬럿 브론테의 《제인 에어》에 대한 페미니즘적·반식민적 반응으로 탄생한 작품이다.

26 이러한 예는 David Brewer, *The Afterlife of Character, 1726~1825*(University of Pennsylvania Press, 2005)에서 가져온 것이다.

27 자세한 내용은 Ann McClellan, *Sherlock's World: Fan fiction and the reimagining of BBC's Sherlock*(University of Iowa Press, 2018); Tom Ue and Jonathan Cranfield eds. *Fan Phenomena: Sherlock Holmes*(Intellect Books, 2014) 참조.

28 https://archiveofourown.org.

29 earsXfeet6669, 〈친구와 결투한 내가 나쁜 놈인가?Am I the asshole for dueling my friend?〉, '우리만의 아카이브Archive of Our Own'에 게시됨.

30 opheliasnettles, 〈유령으로 가득 찬 집A house full of ghosts〉, '우리만의 아카이브'에 게시됨.

31 《해리 포터》 팬픽에 대한 자세한 내용은 Catherine Tosenberger(2008), "Homosexuality at the online Hogwarts: Harry Potter slash fanfiction", *Children's Literature* 36, pp. 185~207 참조.

32 '우리만의 아카이브' 2013년 인구통계 데이터 분석 결과, https://archiveofourown.org/works/16988199?view_full_work=true. '우리만의 아카이브'《해리 포터》 팬을 대상으로 한 최근 연구에 따르면 이 중 50~75퍼센트가 여성으로 밝혀졌다. 이는 참여도 높은 팬덤의 인구통계가 변화할 수 있음을 시사한다. Jennifer Duggan(2020), "Who writes Harry Potter fan fiction? Passionate detachment, 'zooming out', and fan fiction paratexts on AO3", *Transformative Works and Cultures* 34, special 10th anniversary issue, https:// journal.transformativeworks.org/index.php/twc/article/view/1863/2599.

33 이 문제에 대한 보다 심층적인 분석은 Elizabeth Minkel, "Why it doesn't matter what Benedict Cumberbatch thinks of Sherlock fan fiction", *New Statesman*(2014. 10. 17) 참조, https://www.newstatesman.com/culture/2014/10/why-it-doesn-t-matter-what-benedict-cumberbatch-thinks-sherlock-fan-fiction.

34 '우리만의 아카이브' 2013년 인구조사에서 응답자 30퍼센트 미만이 자신을 이성애자라고 밝혔고, 4퍼센트만이 남성이라고 답했다(https://archiveofourown.org/works/16988199?view_full_work=true). 《해리 포터》 팬을 대상으로 한 제니퍼 더건Jennifer Duggan의 분석(2020)에서는 35퍼센트가 자신을 퀴어 또는 게이로, 29퍼센트가 범성애자 또는 양성애자로 답했다.

35 Anne Jamison, *Fic: Why fanfiction is taking over the world*(Smart Pop/BenBella Books, 2013)에 실린 Lev Grossman의 서문.

36 '우리만의 아카이브' https://archiveofourown.org/works/10655448/chapters/23579739에서 확인할 수 있다.

37 '우리만의 아카이브' https://archiveofourown.org/works/5870761/chapters/13552171에서 확인할 수 있다.

38 '우리만의 아카이브' https://archiveofourown.org/works/121330에서 확인할 수 있다.

39 이 주제에 관한 연구가 부족하다는 인식을 포함해 팬픽 작가가 맺는 준사회적 관계의 본질에 대한 자세한 논의는 Jennifer Barnes(2015), "Fanfiction as imaginary play: what fan-written stories can tell us about the cognitive science of fiction", *Poetics* 48, pp. 69~82 참조.

40 https://improbablepress.co.uk.

41 애틀린 메릭Atlin Merrick의 셜록 소설은 '우리만의 아카이브' https://archiveofourown.org/works/875175/chapters/1681916에서 읽을 수 있다. 작가의 저서로는 *The Night They Met*(Clan Destine Press, 2015); *The Day They Met*(MX Publishing, 2015)이 있다. 필명은 Wendy C. Fries.

4장 우리가 스타를 만들고 살해한다

1 Homer, *The Iliad*, trans. Robert Fagles(Penguin, 1991): 22.346.

2 고전 영웅의 전기적 세부 사항에 대한 자세한 내용은 Seth Schein, *The Mortal Hero: An introduction to Homer's Iliad*(University of California Press, 1985); Gregory Nagy, *The Ancient Greek Hero in 24 Hours*(Belknap Press, 2013) 참조.

3 반두라는 훗날 자신의 이론을 '사회 인지 이론'으로 개명했다. 자세한 내용은 Albert Bandura, *Social Foundations of Thought and Action: A social cognitive*

theory(Prentice-Hall, 1986) 참조.

4 사람들이 공적 인물에 매료될 때 그 인물의 성격이 어떤 역할을 하는지에 대해서는 심리학자들 사이에 일부 논란이 있지만 이에 대한 증거가 있다. 예를 들어 Gayle Stever(1991), "Imaginary social relationships and personality correlates: the case of Michael Jackson and his fans", *Journal of Psychological Type* 21, pp. 68~76; David Greenberg et al.(2020), "The self-congruity effect of music", *Journal of Personality and Social Psychology* 121(1), pp. 137~150.

5 스티버의 방법론에 대한 자세한 설명은 Gayle Stever(2019), "Fan studies in psychology: a road less traveled", *Transformative Works and Cultures* 30, https://doi.org/10.3983/twc.2019.1641 참조.

6 Gayle Stever(1991).

7 타인을 모방하는 것이 자아를 어떻게 변화시킬 수 있는지에 대한 자세한 내용은 Jaye Derrick, Shira Gabriel and Brooke Tippin(2008), "Parasocial relationships and self-discrepancies: faux relationships have benefits for low self-esteem individuals", *Personal Relationships* 15, pp. 261~280; Meghan Meyer, Zidong Zhao and Diana Tamir(2019), "Simulating other people changes the self", *Journal of Experimental Psychology: General* 148(11), pp. 1898~1913 참조.

8 Riva Tukachinsky and Sybilla Dorros(2018), "Parasocial romantic relationships, romantic beliefs, and relationship outcomes in US adolescents: rehearsing love or setting oneself up to fail?", *Journal of Children and Media* 12(3), pp. 329~345. 투카친스키는 놀랍게도 유명인이나 캐릭터에 사랑 또는 성적 매력을 느끼는 준사회적 연애 관계가 흔하다는 사실을 발견했다. 표본 566명 중 60퍼센트가 적어도 한 명에게서 이런 경험을 했다고 응답했다. 이 주제에 대한 자세한 내용은 Riva Tukachinsky Forster, *Parasocial Romantic Relationships: Falling in love with media figures*(Lexington, 2021) 참조.

9   이 인터뷰 대상자는 익명을 원했다.

10 리더십과 팔로워십의 사회심리학에 대한 자세한 내용은 Alexander Haslam and Stephen Reicher(2016), "Rethinking the psychology of leadership: from personal identity to social identity", *Daedalus, the Journal of the American Academy of Arts and Sciences* 145(3), pp. 21~34; Alexander Haslam, Stephen Reicher and Michael Platow, *The New Psychology of Leadership: Identity, influence and power*(Psychology Press, 2011) 참조.

11 David Foster Wallace, "Roger Federer as religious experience", *New York Times*, 2006. 8. 20, https://www.nytimes.com/2006/08/20/sports/playmagazine/20federer.html.

12 이 내용은 Margaret Farrand Thorpe, *America at the Movies*(Yale University Press, 1939), pp. 96~97에서 발췌했다. 유명인의 개인적 물건이 팬들의 사랑을 받는 이유는 5장에서 살펴볼 것이다.

13 이번 절에서 활용한 인용문은 Fred and Judy Vermorel, *Starlust: The secret life of fans*(W. H. Allen, 1985)에 실렸다.

14 Fred and Judy Vermorel, *Starlust: The secret life of fans*(W. H. Allen, 1985)에 실린 후기.

15 Lisa Lewis ed., *The Adoring Audience: Fan culture and popular media*(Routledge, 1992), p. 128.

16 "그레이스랜드: 엘비스 프레슬리의 고향Graceland: The Home of Elvis Presley"의 이메일 데이터, www.graceland.com.

17 Benson Fraser and William Brown(2002), "Media, celebrities and social influence: identification with Elvis Presley", *Mass Communication and Society* 5(2), pp. 183~206.

18 벤 톰슨의 엘비스 쇼에 대한 자세한 내용은 웹사이트 https://www.ben-

thompsonaselvis.com에서 확인할 수 있다.

19   엘비스 재연 배우와 팬들에 대한 자세한 분석은 Benson Fraser and William
      Brown(2002); Mark Duffett(1998), "Understanding Elvis: Presley, power and per-
      formance", 미발간 박사 논문, University of Wales, ch. 7 참조, https://ethos.
      bl.uk/OrderDetails.do?uin=uk.bl.ethos.343561.

20   비틀즈 세션은 https://thebeatlessessions.nl에서 예약할 수 있다. 이들은 녹음
      된 노래와 똑같이 연주할 수 있도록 비틀즈와는 달리 오인조로 구성되어
      있다.

21   〈데일리 미러Daily Mirror〉의 기사.

22   돈 쇼트는 비틀즈와 좋은 친구가 되어 비틀즈의 모든 투어에 동행했고, 결
      국 1970년 4월 9일 비틀즈 해체 소식을 전하게 된다. 비틀즈 외에도 엘비스
      부터 무하마드 알리까지 수많은 유명인을 인터뷰하고 친구가 된 그의 특
      별한 경력에 대한 이야기는 그의 저서 *The Beatles and Beyond: The memoirs of
      Don Short*(Wymer Publishing, 2020) 참조.

23   Paul Johnson, "The menace of Beatlism", *New Statesman*(1964. 2), https://www.
      newstatesman.com/culture/2014/08/archive-menace-beatlism. 정부 내 모든
      사람이 비틀즈를 이렇게 본 것은 아니었다. 같은 기사에서 존슨은 비틀즈
      가 "우리 시대의 역사가 될 수 있는 젊은이들의 문화 운동이 예견된다. (…)
      이 현상을 볼 수 있는 눈을 가진 사람들에게는 중요하고 가슴 벅찬 일이 일
      어나고 있다"라고 말한 윌리엄 디즈William Deedes 정부 장관을 비판했다.

24   Barbara Ehrenreich, Elizabeth Hess and Gloria Jacobs, "Beatlemania: girls just want
      to have fun", in Lisa Lewis ed., *The Adoring Audience: Fan culture and popular me-
      dia*(Routledge, 1992), pp. 103~104.

25   Jonathan Heaf, "This One Direction interview got us death threats", British
      GQ(2013. 9), https://www.gq-magazine.co.uk/article/one-direction-gq-cov-

ers-interview.

26 Mark Duffett, "I scream therefore I fan? Music audiences and affective citizenship", in Jonathan Gray, Cornell Sandvoss and Lee Harrington eds., *Fandom: Identities and communities in a mediated world*, 2nd edition(NYU Press, 2017), pp. 143~156.

27 Kaitlyn Tiffany, *Everything I Need I Get From You: How fangirls created the internet as we know it*(MCD x FSG Originals, 2022), p. 48.

28 *The Beatles Anthology* television documentary series, 1995, disc 2, episode 4.

29 Cameron Crowe, "Harry Styles' new direction", *Rolling Stone*(2017. 4. 18), https://www.rollingstone.com/feature/harry-styles-new-direction-119432/.

30 데이브 개로웨이가 조 알렉스 모리스Joe Alex Morris에게 전한 내용, "I lead a goofy life", *The Saturday Evening Post*(1956. 2. 11), p. 62.

31 Kaitlyn Tiffany, "I love you Jake Gyllenhaal", *The Verge*(2017. 11. 3), https://www.theverge.com/2017/11/3/16576850/jake-gyllenhaal-newsletter-fandom-fans-essay.

32 Kaitlyn Tiffany, "Does Jake Gyllenhaal know I'm in this room?", *Medium*(2018. 9. 22), https://medium.com/@kait.tiffany/does-jake-gyllenhaal-know-im-in-this-room-d7de57d3fec2.

33 Fred and Judy Vermorel, *Starlust: The secret life of fans*(W. H. Allen, 1985).

34 Fred Vermorel, *Starlust*, Faber&Faber(2011).

35 Nancy Baym, *Playing to the Crowd: Musicians, audiences, and the intimate work of connection*(New York University Press, 2018).

36 자세한 내용은 Bradley Bond(2016), "Following your 'friend': social media and the strength of adolescents' parasocial relationships with media personae", *Cyberpsychology, Behavior, and Social Networking* 19(11), pp. 656~660.

37 원래는 '유명인 숭배 척도Celebrity Worship Scale'라고 불렸다.

38 Lynn McCutcheon, Rense Lange and James Houran(2002), "Conceptualization and measurement of celebrity worship", *British Journal of Psychology* 93, pp. 67~87; John Maltby et al.(2002), "Thou shalt worship no other gods—unless they are celebrities: the relationship between celebrity worship and religious orientation", *Personality and Individual Differences* 32, pp. 1157~1172.

39 John Maltby et al.(2006), "Extreme celebrity worship, fantasy proneness and dissociation: developing the measurement and understanding of celebrity worship within a clinical personality context", *Personality and Individual Differences* 40, pp. 273~283; Agnes Zsila, Lynn McCutcheon and Zsolt Demetrovics(2018), "The association of celebrity worship with problematic internet use, maladaptive daydreaming, and desire for fame", *Journal of Behavioral Addictions* 7(3), pp. 654~664.

40 신경증 같은 특정한 성격 특성을 가진 사람들이 이러한 행동에 더 취약할 수 있다는 증거가 있다. John Maltby, Lynn McCutcheon and Robert Lowinger(2011), "Brief report: celebrity worshipers and the five-factor model of personality", *North American Journal of Psychology* 13(2), pp. 343~348 참조.

41 Louis Schlesinger(2006), "Celebrity stalking, homicide, and suicide", *International Journal of Offender Therapy and Comparative Criminology*(1), pp. 39~46.

42 Lindsay Baker, "Norse code", *Guardian Weekend*(1997. 9. 27).

43 Lily Allen, *My Thoughts Exactly*(Blink Publishing, 2018), p. 300.

44 리지스핏의 음악은 https://soundcloud.com/lizzyspit에서 들을 수 있다.

5장 제인 오스틴이 내 인생을 바꿨어요

1 《노생거 사원》, 《설득》.

2 Jane Austen, *Northanger Abbey*(Little, Brown, 1903), p. 90.

3 영국 역사에서 조지 왕조 시대는 1714년부터 1837년경까지 지속되었다.

제인 오스틴이 살았던 섭정 시대는 아버지 조지 3세의 병환으로 조지 4세가 섭정 왕자 역할을 맡았던 1795년부터 그 마지막 시기를 가리킨다.

4   이는 문학가 조지 세인츠버리가 1894년판《오만과 편견》서문에서 만든 용어다. 당시 제인 오스틴의 팬들을 오스테나이트Austenites 라고도 불렀다.

5   제인 오스틴의 사망 원인에 대해서는 많은 논란이 있었다. 런던 세인트 토머스 병원 명예 컨설턴트인 마이클 손더스Michael Saunders 와 엘리자베스 그레이엄Elizabeth Graham이 최근 내린 전신성홍반성루푸스 진단은 제인 오스틴이 남긴 편지에 담긴 의료 정보를 자세히 검토한 결과다. Michael Saunders and Elizabeth Graham(2021), "'Black and white and every wrong colour': the medical history of Jane Austen and the possibility of systemic lupus erythematosus", *Lupus* 30(4), pp. 549~553.

6   James Edward Austen-Leigh, *A Memoir of Jane Austen*, 2nd edition(Richard Bentley, 1871).

7   *A Memoir of Jane Austen*, pp. 2, 87.

8   Leslie Stephen(1876), "Humour", *Cornhill Magazine* xxxiii, pp. 318~326.

9   Reginald Farrer(1917), "Jane Austen—ob. July 18, 1817", *The Quarterly Review* 228(452), pp. 1~30.

10   키플링의 이야기는 1924년 5월 여러 잡지에 실렸으며 다음에서 확인할 수 있다. http://www.telelib.com/authors/K/KiplingRudyard/prose/DebtsandCredits/janeites.html.

11   http://laughingwithlizzie.blogspot.com.

12   Sophie Andrews, *Be More Jane: Bring out your inner Austen to meet life's challenges*(Cico Books, 2019).

13   Deborah Yaffe, *Among the Janeites: A journey through the world of Jane Austen fandom*(Mariner Books, 2013), pp. 225~226.

14   D. W. Harding(1939), "Regulated hatred: an aspect of the work of Jane Austen", in
     Monica Lawlor ed., *Regulated Hatred and Other Essays on Jane Austen*(Bloomsbury,
     1998).

15   Jane Austen, *Pride and Prejudice*(Purnell, 1977), p. 13.

16   제인 오스틴의 사회 비판을 즐기는 제인 오스틴 팬들은 그녀가 열두 살에
     서 열여섯 살 사이에 쓴 희곡, 단편소설, 사색 모음집인 "Juvenilia"에서 많
     은 것을 발견할 수 있을 것이다. 일반적으로 가장 열성적 제인 오스틴 팬들
     만 읽는 이 작품들에는 그녀의 가장 신랄한 사회적 논평이 담겨 있다.

17   Helen Fielding, *Bridget Jones's Diary*(Picador, 1996).

18   Seth Grahame-Smith, *Pride and Prejudice and Zombies*(Quirk, 2009).

19   Liz Goodwin, "Monsters vs. Jane Austen", *The Daily Beast*(2009. 3. 31), http://
     www.thedailybeast.com/articles/2009/03/31/monsters-vs-jane-austen.html에
     서 인용된 Seth Grahame-Smith.

20   https://austenprose.com/.

21   Abigail Reynolds, *What Would Mr Darcy Do?*(Sourcebooks, 2011).

22   Brenda J. Webb, *Mr Darcy's Forbidden Love*(CreateSpace, 2012).

23   Amanda Grange, *Mr Darcy, Vampyre*(Sourcebooks, 2009).

24   Caitlin Marie Carrington, *Snowbound with Darcy*(Caitlin Marie Carrington, 2018).

25   Enid Wilson, *My Darcy Vibrates*···(Steamy D. 2011).

26   Sarah Roberts et al.(2010), "Darcin: a male pheromone that stimulates female mem-
     ory and sexual attraction to an individual male's odour", *BMC Biology* 8, article 75.

27   출처는 Holly Luetkenhaus and Zoe Weinstein, *Austentatious: The evolving world of
     Jane Austen fans*(University of Iowa Press, 2019), ch. 5. 이 팬픽은 '우리만의 아카이
     브'에 게시되었으나 더 이상 이용할 수 없다.

28   제인 오스틴 소설 속 인종과 다양성에 대한 자세한 논의는 "Beyond the

bit of ivory", *Persuasions* 41(2) 특별판(2021년 여름), https://jasna.org/publications-2/persuasions-online/volume-41-no-2 참조.

29   Constance Hill, *Jane Austen: Her homes and her friends*(John Lane, 1902), p. 14.

30   Francis Darwin, *Rustic Sounds and Other Studies in Literature and Natural History* (John Murray, 1917), pp. 76~77. 이 언급과 테니슨Tennyson 경에 대한 언급의 출처는 Peter Graham(2004), "Why Lyme Regis?", *Persuasions* 26, pp. 27~40.

31   이브소프 등 제인 오스틴과 관련된 주택에 대한 자세한 내용은 Nigel Nicolson, *The World of Jane Austen*(Weidenfeld & Nicolson, 1991) 참조.

32   제인 오스틴 시대의 벽지는 링컨셔주 노스 하이크햄 브루스 파인 페이퍼스(http://www.brucefinepapers.com)가 박물관을 위해 인쇄하고 런던의 해밀턴 웨스턴 월페이퍼즈(https://hamiltonweston.com)가 공급했다.

33   Nicola Watson, "Austen at her desk", The Literary Tourist blog(2014. 2. 5), http://www.open.ac.uk/blogs/literarytourist/?p=89. 또한 Nicola Watson, *The Literary Tourist: Readers and places in Romantic and Victorian Britain*(Palgrave Macmillan, 2006).

34   Constance Hill, *Jane Austen*, p. 172. 제인 오스틴을 사랑하는 사람들이 그녀의 유산을 해석한 방법에 대한 훌륭한 분석을 보려면 Claudia Johnson, *Jane Austen's Cults and Cultures*(University of Chicago Press, 2012) 참조.

35   George Newman and Paul Bloom(2014), "Physical contact influences how much people pay at celebrity auctions", *PNAS* 111(10), pp. 3705~3708. 연구자들은 전염 효과contagion effect가 도덕적으로 부정적 인식을 받는 유명인에게는 동일한 방식으로 작동하지 않을 수 있음을 발견했다. 이 경우 불명예스러운 금융가 버나드 메이도프와 신체적으로 연결된다고 인식되는 물건에는 프리미엄이 붙지 않았다. 그러나 이는 이 책 마지막 장에서 살펴보겠지만 연쇄살인범 및 기타 범죄자와 관련된 물건에 대한 강력한 시장이 존재하는

이유를 설명하지는 못한다.

심리적 전염에 대한 자세한 내용은 뉴먼과 블룸의 이전 논문인 George Newman, Gil Diesendruck and Paul Bloom(2011), "Celebrity contagion and the value of objects", *Journal of Consumer Research* 38(2), pp. 215~228; Kristan Marchak and Geoffrey Hall(2017), "Transforming celebrity objects: implications for an account of psychological contagion", *Journal of Cognition and Culture* 17, pp. 51~72 참조.

6장 동물로 태어난 사람들

1 '테리안트로피therianthropy'라는 단어는 짐승과 인간을 뜻하는 그리스어에서 유래했다. 테리안Therian은 '테리안트로프therianthrope'의 줄임말이다.

2 앨라배마주의 한 사회심리학자가 해당 주만을 대상으로 실시한 미공개 설문 조사에 따르면 테리안은 일반 인구의 0.03퍼센트, 즉 1만 명 중 세 명을 차지하는 것으로 추정된다. 2020년 8월 4일 울프 반잔트Wolf VanZandt와의 인터뷰 내용에서 발췌.

3 이 장에 등장하는 모든 테리안은 신원 보호를 위해 실명을 숨겼다.

4 일본에서는 여우에게 빙의되었다는 믿음을 **키츠네츠키**きつねつき라고 한다. 일부 정신과 의사들은 이를 늑대 인간병과 유사한 정신 질환으로 간주하기도 한다.

5 테리안 집단에서 나타나는 환각지 및 기타 의인화 경험의 유병률에 대한 설문 조사 데이터는 Courtney Plante, Stephen Reysen, Sharon Roberts and Kathleen Gerbasi, *Fur Science! A summary of five years of research from the International Anthropomorphic Research Project*(FurScience, 2016), p. 116 참조. IARP의 연구에 대한 자세한 정보는 https://furscience.com 참조.

6 Ronald Melzack(1992), "Phantom limbs", *Scientific American* 266(4), pp.

120~126. 이러한 주제에 대한 자세한 연구는 Peter Halligan(2002), "Phantom limbs: the body in mind", *Cognitive Neuropsychiatry* 7(3), pp. 251~268; Peter Brugger(2000), "Beyond re-membering: phantom sensations of congenitally absent limbs", *PNAS* 97(11), pp. 6167~6172 참조.

7   Devin Proctor(2019), "On Being Non-Human: Otherkin Identification and Virtual Space", 조지워싱턴대학교 컬럼비아 예술과학대학 학위 논문 제출.

8   Paul Keck et al.(1988), "Lycanthropy: alive and well in the twentieth century", *Psychological Medicine* 18(1), pp. 113~120.

9   Helen Thomson, *Unthinkable: An Extraordinary Journey through the World's Strangest Brains*(John Murray, 2018), ch. 6.

10   Helen Clegg, Roz Collings and Elizabeth Roxburgh(2019), "Therianthropy: wellbeing, schizotypy, and autism in individuals who self-identify as non-human", *Society and Animals* 27, pp. 403~426.
     듀케인대학교 심리학자 엘리자베스 파인Elizabeth Fein은 별도의 연구를 통해 퍼리족 팬덤의 자폐스펙트럼 발병률이 5~15퍼센트에 이른다는 사실을 발견했다. 일화를 통해 볼 때, 그녀는 더 많은 데이터를 수집하지 않고는 확신할 수 없지만 테리안(그들 중 일부는 퍼리이기도 하다) 발병률도 비슷할 수 있다고 생각한다.

11   조현병적 특성의 비교적 건강한 표현 양태에 관해서는 Christine Mohr and Gordon Claridge(2015), "Schizotypy—do not worry, it is not all worrisome", *Schizophrenia Bulletin* 41(2), pp. S436~S443 참조.

12   거바시와 파인이 테리안 커뮤니티와 함께 수행한 작업에 대한 유용한 분석은 Kathleen Gerbasi and Elizabeth Fein, "Furries, therians and otherkin, oh my! What do all those words mean anyway?", in Thurston Howl ed., *Furries Among Us 2: More essays on furries by furries*(Thurston Howl Publications, 2017), pp. 162~176에

서 찾아볼 수 있다.

13 새 킹제임스 번역본, 1장 28절.

14 René Descartes, *Discourse on the Method*(1637).

15 인간과 동물의 상호작용의 역사와 과학에 대해 자세히 알고 싶다면 Margo DeMello, *Animals and Society: An introduction to human-animal studies*(Columbia University Press, 2012); Samantha Hurn, *Humans and Other Animals: Cross-cultural perspectives on human-animal interactives*(Pluto Press, 2012) 참조.

16 Daniel Brinton(1894), "Nagualism: a study in Native American folklore and history"에서 발췌. 전미철학협회American Philosophical Society(1894. 1. 5)에서 읽음.

17 이 문단의 내용은 둔갑에 관한 민속 이야기의 문화사를 다룬 훌륭한 원전인 John Kachuba, *Shapeshifters: A history*(Reaktion Books, 2019)에서 일부 발췌했다.

18 Thomas Thwaites, *Goat Man: How I Took a Holiday from Being Human*(Princeton Architectural Press, 2016), p. 169. 비슷한 시기에 의료 윤리 강사였던 찰스 포스터Charles Foster는 오소리, 여우, 수달, 사슴 등의 동물처럼 사는 실험을 했는데 그 내용은 Charles Foster, *Being a Beast*(Profile Books, 2016)에 기술되어 있다.

19 2016년 5월 15일 자 〈가디언〉에 게재된 토마스 트웨이츠와의 인터뷰 중에서 발췌. 다음에서 확인할 수 있다. https://www.theguardian.com/science/shortcuts/2016/may/15/no-kidding-what-learned-from-becoming-goatman.

20 이는 베트남 참전 용사들이 외상 후 스트레스 장애 발병률이 높은 데 기여했을 수 있다. Karestan Koenen et al.(2003), "Risk factors for course of posttraumatic stress disorder among Vietnam veterans: a 14-year follow-up of American Legionnaires", *Journal of Consulting and Clinical Psychology* 71(6), pp. 980~986 참조. 또한 Elisa Bolton(2002), "The impact of homecoming reception on the adaptation of peacekeepers following deployment", *Military Psychology* 14, pp. 241~251 참조.

21 심리학자 헬렌 클레그는 일반적으로 위엄 있고 귀엽고 충성스럽고 용감
    하다고 여기는, 고양이와 개 등 긍정적으로 인식되는 테리오타입을 가진
    테리안이 비교적 광범위한 커뮤니티에서 더 쉽게 적응하고 더 수용되는
    느낌을 받는다고 본다. 그녀는 이메일에서 "사회에서 긍정적으로 평가받
    는 동물이 되면 내면적으로 테리안으로서의 자신의 지위를 더 잘 받아들
    일 수 있다"고 설명했다. 이는 긍정적이거나 부정적인 고정관념이 사람들
    행복에 큰 영향을 미칠 수 있다는 이전의 심리학 연구 결과와도 일치한다.
    Helen Clegg, Roz Collings and Elizabeth Roxburgh(2019), p. 421.

22 최근 한 테리안 포럼에서 실시한 설문 조사에 따르면 응답자 약 35퍼센트
    가 동물에게 성적 매력을 느낀다고 답했다. 이 35퍼센트 대부분은 같은 유
    형의 동물에게 매력을 느낀다고 답했다.

23 불우한 집단과 동일시하는 것이 심리적 웰빙을 향상시킬 수 있다는 생각
    은 심리학에서 '거부-동일시 모델rejection-identification model'로 알려져 있다.
    자세한 설명은 Michael Schmitt and Nyla Branscombe, "The meaning and conse-
    quences of perceived discrimination in disadvantaged and privileged social groups",
    in Wolfgang Stroebe and Miles Hewstone eds., *European Review of Social Psycholo-
    gy*(John Wiley, 2002), ch. 6 참조. 또한 2장 19번 주석에서 설명하는 마릴린 브
    루어의 최적 차별성 이론도 이와 관련되어 있다.
    연구자들은 퍼리, 브로니, 일본 아니메 및 망가 팬을 포함한 다양한 팬 집
    단 사이에서 집단 낙인, 정체성, 심리적 웰빙 사이의 연관성을 발견했다.
    Andrew Tague, Stephen Reysen and Courtney Plante(2020), "Belongingness as a
    mediator of the relationship between felt stigma and identification in fans", *Journal
    of Social Psychology* 160(3), pp. 324~331 참조.

7장 팬덤이 위기에 빠질 때

1   https://www.imdb.com.

2   Julie Burchill, *Damaged Gods: Cults and heroes reappraised*(Century, 1986); Henry Jenkins, *Textual Poachers: Television fans and participatory culture*(Routledge, 2013), pp. 13~14에서 인용.

3   마크 채프먼과 팬덤의 병리적 모델에 대한 자세한 내용은 Mark Duffett, *Understanding Fandom: An introduction to the study of media fan culture*(Blooms-bury, 2013), ch. 4 참조.

4   셰필드핼럼대학교 데이비드 클라크David Clarke가 2005년 정보 공개 요청을 통해 메트로폴리탄 경찰에서 입수한 논문을 기반으로 한다. 자세한 정보는 https://drdavidclarke.co.uk/2015/05/17/ufo-new-religious-move-ments-and-the-millennium/ 참조.

5   Laura Vroomen(2002), "'This Woman's Work': Kate Bush, female fans and practic-es of distinction", 워릭대학교 여성 성 연구 센터Centre for the Study of Women and Gender 박사 학위 논문.

6   Fred and Judy Vermorel, *Starlust: The secret life of fans*(W. H. Allen, 1985).

7   이메일 서신.

8   Henry Jenkins(2012), "Fan studies at the crossroads: an interview with Lynn Zu-bernis and Katherine Larsen(part two)", http://henryjenkins.org/blog/2012/09/fan-studies-at-the-crossroads-an-interview-with-lynn-zubernis-and-kather-ine-larsen-part-two.html. 이 주제에 관해 더 자세히 알고 싶다면 Elizabeth Cohen(2015), "Sports fans and sci-fi fanatics: the social stigma of popular media fandom", *Psychology of Popular Media Culture* 6(3), pp. 193~207 참조.

9   린 주버니스의 최신 저서는 *There'll Be Peace When You Are Done: Actors and fans celebrate the legacy of Supernatural*(Smart Pop, 2020)이다.

10   Casey Johnston, "The death of the 'gamers' and the women who 'killed' them", *Ars Technica*(2014. 8. 29), https://arstechnica.com/gaming/2014/08/the-death-of-the-gamers- and-the-women-who-killed-them.

11   게이머게이트 및 인터넷 기반 팬덤의 양극화 이면에 있는 정체성 역학에 대한 분석은 Hannah Abramson(2020), "Haters, gatekeepers, and stans: the effects of social media on fandoms and the established order", *The Phoenix Papers* 4(2), pp. 119~130 참조.

12   Josef Adalian et al., "The 25 most devoted fan bases", *Vulture*(2012. 10. 15), https://www.vulture.com/2012/10/25-most-devoted-fans.html.

13   Sarah Hughes, "Interview—George R. R. Martin: 'Game of Thrones finishing is freeing, I'm at my own pace'", *The Observer*(2019. 8. 18), https://www.theguardian.com/ books/2019/aug/18/george-rr-martin-interview-game-of-thrones-at-own-pace-now.

14   Darren Tak Lun Wong and Lefteris Patlamazoglou(2020), "Bereavement and coping following the death of a personally significant popular musician", *Death Studies*, DOI: 10.1080/07481187.2020.1809031.

15   저자 인터뷰.

16   예를 들어 Jimmy Sanderson and Pauline Cheong(2010), "Tweeting prayers and communicating grief over Michael Jackson online", *Bulletin of Science, Technology and Society* 30(5), pp. 328~340에 따르면 마이클 잭슨이 사망한 후 팬들은 트위터, 페이스북, TMZ.com에 올린 글에서 엘리자베스 퀴블러 로스의 애도 모형에 따른 5단계를 거쳤다.

17   Didier Courbet and Marie-Pierre Fourquet-Courbet(2014), "When a celebrity dies ⋯ social identity, uses of social media, and the mourning process among fans: the case of Michael Jackson", *Celebrity Studies* 5(3), pp. 275~290.

18 영국 트위터 https://twitter.com/TwitterUK/status/686504368456253440.

19 Shelly Tan, "An illustrated guide to all 6,887 deaths in 'Game of Thrones'", *Washington Post*(2019. 5. 21), https://www. washingtonpost.com/graphics/entertainment/game-of-thrones/.

20 Emory Daniel Jr. and David Westerman(2017), "Valar morghulis(all parasocial men must die): having nonfictional responses to a fictional character", *Communication Research Reports* 34(2), pp. 143~152.

21 〈슬레이트Slate〉의 가상 〈왕좌의 게임〉 묘지는 http://www.slate.com/articles/arts/television/2014/04/game_of_thrones_deaths_mourn_dead_characters_at_their_virtual_graveyard.html에서 확인할 수 있다.

22 Rosa Schiavone, Stijn Reijnders and Balázs Boross(2019), "Losing an imagined friend: deriving meaning from fictional death in popular culture", *Participations: Journal of Audience and Reception Studies* 16(2), pp. 118~134.

23 이러한 헤징hedging 전략을 심리학에서는 '반사된 실패 차단하기cutting off reflected failure, corfing'이라고 하며 2장에서 간략하게 다룬 개념이기도 하다. 팬들이 자신의 정체성에 대한 위협에 대처하는 방법에 관해 더 알고 싶다면 Nola Agha and David Tyler(2017), "An investigation of highly identified fans who bet against their favorite teams", *Sport Management Review* 20, pp. 296~308; Elizabeth Delia(2017), "March madness: coping with fan identity threat", *Sport Management Review* 20, pp. 408~421; Daniel Wann and Jeffrey James, *Sports Fans: The psychology and social impact of fandom*, 2nd edition(Taylor&Francis, 2019), pp. 187~193 참조.

24 Emily Nussbaum, "Confessions of the human shield", *I Like to Watch: Arguing my way through the TV revolution*(Random House, 2019), pp. 112~113.

25 www.MJJCommunity.com.

26 Joe Coscarelli, "Michael Jackson fans are tenacious. 'Leaving Neverland' has them poised for battle", *New York Times*(2019. 3. 4), https://www.nytimes.com/2019/03/04/arts/ music/michael-jackson-leaving-neverland-fans.html에서 확인할 수 있다.

27 Joon Sung Lee, Dae Hee Kwak and Jessica Braunstein-Minkove(2016), "Coping with athlete endorsers' immoral behavior: roles of athlete identification and moral emotion on moral reasoning strategies", *Journal of Sport Management* 30, pp. 176~191.

28 그 동기에 대한 자세한 내용은 https://www.mjinnocent.com/에서 확인할 수 있다.

29 '자코Jacco'는 코크니에서 원숭이를 가리키는 은어다. 이 단어는 1820년대 런던 웨스트민스터의 동물 격투장에서 원숭이 시합에 등장했던 유명한 격투 원숭이 자코 마카코Jacco Macacco에서 유래한 것으로 추정된다.

30 Paul Murray Kendall, *Richard the Third*(George Allen and Unwin, 1956), Appendix II, p. 420.

31 스스로 인정한 바에 따르면 리처드 3세의 라이벌이자 후계자였던 헨리 7세에게 충성했던 사람들의 자료를 근거로 글을 썼다.

32 Thomas More, *The History of King Richard III*, ed. Paul Kendall(The Folio Society, 1965), p. 35.

33 *The History of King Richard III*, p. 143.

34 William Shakespeare, *Richard III*, 1. 3. 246(Cambridge University Press, 1954).

35 *Richard III*, 1. 1. 14~17.

36 *Richard III*, 1. 1. 19~23.

37 *Richard III*, 1. 1. 30~35.

38 Horace Walpole, *Historic Doubts on the Life and Reign of King Richard III*, ed. Paul

Kendall(The Folio Society, 1965), p. 231.

39 *Historic Doubts on the Life and Reign of King Richard III*, p. 220.

40 Jane Austen, *The History of England* in "*Juvenilia*"(Cambridge University Press, 2006).

41 Jeremy Potter, *Good King Richard? An account of Richard III and his reputation 1483-1983*(Constable, 1983), p. 258.

42 *The Ricardian Bulletin*(2020. 9).

43 많은 회원들이 리처드 3세에 대한 이러한 대안적 관점을 처음 접한 것은 Paul Murray Kendall, *Richard the Third* 그리고 Josephine Tey의 탐정소설인 *The Daughter of Time*(Peter Davies, 1951)을 통해서였다.

44 이야기 전체 〈웰 멧Well Met〉은 '우리만의 아카이브' https://archiveofourown. org/works/2238837에서 확인할 수 있다. 해리스의 리카르디언 팬픽 두 편 이 *Grant Me the Carving of My Name: A collection of short stories inspired by Richard III*, ed. Alex Marchant(Marchant Ventures, 2018)에 더 실려 있다. 그녀의 글과 출판된 작품에 대한 자세한 내용은 https://narrellemharris.com 참조.

45 자세한 내용은 Anne Sutton and P. W. Hammond, *The Coronation of Richard III: the Extant Documents*(Alan Sutton, 1983) 참조.

46 'Voice for Richard' 프로젝트는 이본 몰리-치숄름Yvonne Morley-Chisholm이 운영한다. www.yourvoicebox.co.uk.

47 리처드 3세는 때때로 의회에서 언급된다. 1980년 방송법은 본래 일반인이 사망자를 대신해 제작자를 명예훼손으로 고소할 수 있도록 허용했지만 셰익스피어의 〈리처드 3세Richard III〉가 방송될 때마다 리카르디언이 이를 악용한다는 지적이 제기되자 개정되었다. '리처드 3세 조항'으로 알려진 이 개정안은 사망 후 5년 이내에 방송된 프로그램만 고인을 대신하여 고소할 수 있도록 허용했다. 자세한 내용은 *Good King Richard?*, pp. 263~264 참조.

48 Philippa Langley and Michael Jones, *The King's Grave: The search for Richard III*

(John Murray, 2013), pp. 212~216.

49 Channel 4, *Richard III: The King in the Car Park*, 2013년 2월 4일 방송.

50 랭글리는 2022년 방송을 목표로 실종된 왕자 프로젝트에 대한 TV 다큐멘
터리를 제작하고 있다. 그녀의 연구에 대한 자세한 내용은 https://www.
revealingrichardiii.com/langley.html 참조.

8장 다크 팬덤 탐구

1 콜럼바인 '지하실 테이프' 녹취록은 https://schoolshooters.info/sites/default/
files/columbine_basement_tapes_1.0.pdf에서 확인할 수 있다.

2 해리스와 클레볼드의 불안한 세계관에 동의하는 사람들도 실제로 이런 일
을 행동에 옮길 가능성은 거의 없다. 테러리즘에 대한 연구에 따르면 급진
적 사상을 가진 사람들 중 극소수만이 폭력을 행사하는 것으로 나타났다.
따라서 급진적 사고를 가진 사람들을 표적으로 삼아 테러 행위를 예방하
려는 시도는 그다지 효율적 전략이 아니다(소외된 커뮤니티의 반발을 불러일으
킬 수도 있다). 신념과 행동 사이의 이러한 단절에 대한 자세한 내용은 Clark
McCarley and Sophia Moskalenko(2016), "Understanding political radicalization:
the two-pyramids model", *American Psychologist* 72(3), pp. 205~216; Peter Neu-
mann(2013), "The trouble with radicalization", *International Affairs* 89(4), pp.
873~893 참조.

3 Andrew Rico(2015), "Fans of Columbine shooters Eric Harris and Dylan Klebold",
Transformative Works and Cultures 20에서 인용, https://doi.org/10.3983/
twc.2015.0671에서 확인할 수 있다.

4 Jenni Raitanen and Atte Oksanen(2018), "Global online subculture surrounding
school shootings", *American Behavioral Scientist* 62(2), pp. 195~209.

5   Sveinung Sandberg et al.(2014), "Stories in action: the cultural influences of school shootings on the terrorist attacks in Norway", *Critical Studies on Terrorism* 7(2), pp. 277~296.

6   예컨대 Nina Lindberg et al.(2012), "Adolescents expressing school massacre threats online: something to be extremely worried about?", *Child and Adolescent Psychiatry and Mental Health* 6:39 참조.

7   Jenni Raitanen, Sveinung Sandberg and Atte Oksanen(2019), "The bullying-school shooting nexus: bridging master narratives of mass violence with personal narratives of social exclusion", *Deviant Behavior* 40(1), pp. 96~109에서 발췌.

8   Tumblr(2019. 12. 6).

9   심리학에서 '거부-동일시 모델'로 알려진 이 효과에 대한 자세한 내용은 6장 23번 주석 참조.

10   Mark Follman and Becca Andrews, "How Columbine spawned dozens of copy-cats", *Mother Jones*(2015. 10. 5), http://www.motherjones.com/politics/2015/10/columbine-effect-mass-shootings-copycat-data에서 확인할 수 있다.

11   Peter Langman(2018), "Role models, contagions, and copycats: an exploration of the influence of prior killers on subsequent attacks", www.schoolshooters.info에서 확인할 수 있다.

12   안데르스 브레이빅은 2011년 7월 22일 노르웨이에서 두 차례에 걸쳐 77명을 살해했으며, 그중 69명을 청소년 여름 캠프에서 살해했다.

13   이 댓글은 학살 12일 후인 2019년 3월 27일에 8chan에 게시되었다.

14   Graham Macklin and Tore Bjørgo(2021), "Breivik's long shadow? The impact of the July 22, 2011 attacks on the modus operandi of extreme-right lone actor terrorists", *Perspectives on Terrorism* 15(3), pp. 14~36. 몇몇 연구자들은 학교 총격 사건과 정치적으로 영감을 받은 대량 살인에 공통점이 많다고 지적했다.

Sandberg et al.(2014); Nils Böckler et al.(2018), "Shootings", *Violence and Gender* 5(2), pp. 70~80 참조.

15 명예훼손방지연맹Anti-Defamation League, 뉴욕, www.adl.org.

16 자살에 대한 언론 보도와 자살률의 연관성은 잘 알려져 있다. Daniel Ownby and Wesley Routon(2020), "Tragedy following tragedies: estimating the copycat effect of media-covered suicide in the age of digital news", *The American Economist* 65(2), pp. 312~329.

17 다행히도 생각과 행동 사이에는 약한 연결 고리만이 존재한다. 심리학 연구에 따르면 사람들 대다수가 한 번쯤은 누군가를 죽이고 싶다는 환상을 가지는 것으로 나타났다. 예를 들어 텍사스대학교의 한 연구에 따르면 남학생 91퍼센트와 여학생 76퍼센트가 적어도 한 번 이상 살인 충동을 느낀 적이 있다고 응답했다. Joshua Duntley(2005), "Homicidal ideations", 텍사스대학교 박사 학위 논문, https://repositories.lib.utexas.edu/bitstream/handle/2152/1897/duntleyj48072.pdf에서 확인할 수 있다.
극단주의적 사고와 극단주의적 행동의 심리적 차이에 대한 자세한 내용은 Clark McCauley and Sophia Moskalenko(2016), and Peter Neumann(2013) 참조.

18 언어와 공격성 사이의 연관성과 언어분석의 예측력에 대한 연구 대부분은 학교 총기 난사범이나 기타 '고독한 행위자'가 아닌 극단주의 집단에 초점을 맞추고 있다. James Pennebaker(2011), "Using computer analyses to identify language style and aggressive intent: the secret life of function words", *Dynamics of Asymmetric Conflict* 4(2), pp. 92~102; Lucian Conway III et al.(2011), "The hidden implications of radical group rhetoric: integrative complexity and terrorism", *Dynamics of Asymmetric Conflict* 4(2), pp. 155~165 참조.

19 태런트, 브레이빅, 콜럼바인 총기 난사범 같은 테러리스트를 '외로운 늑대'로 묘사하는 것이 왜 도움이 되지 않는지에 대한 심층 분석은 Bart Schuur-

man et al.(2017), "End of the lone wolf: the typology that should not have been", *Studies in Conflict and Terrorism* 42(8), pp. 771~778 참조.

20 Lasse Lindekilde, Stefan Malthaner and Francis O'Connor(2019), "Peripheral and embedded: relational patterns of lone-actor terrorist radicalization", *Dynamics of Asymmetric Conflict* (12)1, pp. 20~41; Clark McCauley, Sophia Moskalenko and Benjamin Van Son(2013), "Characteristics of lone-wolf violent offenders: a comparison of school attackers and assassins", *Perspectives on Terrorism* 7(1), pp. 4~24 참조.

21 이는 대다수를 차지하는 남성 연쇄살인범에 해당되며, 여성 연쇄살인범은 자신과 가까운 사람을 살해하는 경향이 있다.

22 Harold Schechter, *Deviant: The shocking true story of Ed Gein, the original Psycho*(Pocket Books, 1989), p. 238.

23 이러한 세부 사항 중 일부는 Michael Bond, "Why are we eternally fascinated by serial killers?", 〈BBC 퓨처〉(2016. 3. 31)에 나오며 https://www.bbc.com/future/article/20160331-why-are-we-eternally-fascinated-by-serial-killers에서 확인할 수 있다.

24 이 상품들은 모두 2021년 9월 15일에 판매되었다.

FANS

팬덤의 시대

초판 1쇄 발행 2023년 11월 21일
초판 2쇄 발행 2024년 1월 2일

지은이 마이클 본드
옮긴이 강동혁
발행인 김형보
편집 최윤경, 강태영, 임재희, 홍민기, 박찬재
마케팅 이연실, 이다영, 송신아 **디자인** 송은비 **경영지원** 최윤영

발행처 어크로스출판그룹(주)
출판신고 2018년 12월 20일 제 2018-000339호
주소 서울시 마포구 양화로10길 50 마이빌딩 3층
전화 070-5038-3533(편집) 070-8724-5877(영업) **팩스** 02-6085-7676
이메일 across@acrossbook.com **홈페이지** www.acrossbook.com

한국어판 출판권 ⓒ 어크로스출판그룹(주) 2023

ISBN 979-11-6774-124-0 03180

만든 사람들
편집 홍민기 **디자인** 송은비 **교정교열** 박선미